Menschen in Figurationen
Ein Norbert-Elias-Lesebuch

Uni-Taschenbücher 1852

Eine Arbeitsgemeinschaft der Verlage

Wilhelm Fink Verlag München
Gustav Fischer Verlag Jena und Stuttgart
Francke Verlag Tübingen und Basel
Paul Haupt Verlag Bern · Stuttgart · Wien
Hüthig Verlagsgemeinschaft
Decker & Müller GmbH Heidelberg
Leske Verlag + Budrich GmbH Opladen
J. C. B. Mohr (Paul Siebeck) Tübingen
Quelle & Meyer Heidelberg · Wiesbaden
Ernst Reinhardt Verlag München und Basel
Schäffer-Poeschel Verlag · Stuttgart
Ferdinand Schöningh Verlag Paderborn · München · Wien · Zürich
Eugen Ulmer Verlag Stuttgart
Vandenhoeck & Ruprecht in Göttingen und Zürich

Menschen in Figurationen

Ein Lesebuch zur Einführung in die Prozeß- und Figurationssoziologie von Norbert Elias

Zusammengestellt und eingeleitet von
Hans-Peter Bartels

Springer Fachmedien Wiesbaden GmbH

ISBN 978-3-322-86679-0   ISBN 978-3-322-86678-3 (eBook)
DOI 10.1007/978-3-322-86678-3

© 1995 by Springer Fachmedien Wiesbaden
Ursprünglich erschienen bei Leske + Buderich, Opladen 1995
Softcover reprint of the hardcover 1st edition 1995
Satz: Leske + Budrich
Einbandgestaltung: Alfred Krugmann
Druck und Verarbeitung: Presse-Druck, Augsburg

Das Werk einschließlich aller seiner Teile ist urheberrechtlich geschützt. Jede Verwertung außerhalb der engen Grenzen des Urheberrechtsgesetzes ist ohne Zustimmung des Verlags unzulässig und strafbar. Das gilt insbesondere für Vervielfältigungen, Übersetzungen, Mikroverfilmungen und die Einspeicherung und Verarbeitung in elektronischen Systemen.

Inhalt

Einleitung 9
1. Images und Selbstbildnisse 9
2. „Man läßt sich fallen und man fängt sich auf"
   – Biographisches 12
3. Eine soziologische Zentraltheorie 17

**I. Zum Menschen- und Gesellschaftsbild
Die Gesellschaft der Individuen** 21

1. Homo non-clausus 23
a) Thesen 23
b) Figuren, die bei der Begegnung von Menschen entstehen
   (aus: *Die Gesellschaft der Individuen*) 26

2. Gesellschaft als Prozeß 33
   a) Thesen 33
   b) Spielmodelle (aus: *Was ist Soziologie?*) 36

3. Zivilisation 51
a) Thesen 51
b) Über den Gebrauch der Gabel beim Essen
   (aus: *Über den Prozeß der Zivilisation, Bd. 1*) 51

4. Staatenbildung 55
a) Thesen 55
b) Das Steuermonopol (aus: *Über den Prozeß der
   Zivilisation, Bd. 2*) 57

5.	Die Doppelbinder-Falle	65
a)	Thesen	65
b)	„Was können wir tun, um den Krieg zu verhindern?" (aus: *Humana conditio*)	66

II.	**Zum Weltbild: Die große Evolution**	**73**
a)	Thesen	73
b)	Integration und Differenzierung (aus: *Gedanken über die große Evolution. Fragment II*)	75

III.	**Zur Wissenssoziologie: Engagement und Distanzierung**	**83**
a)	Thesen	83
b)	... Wieviel Menschen nicht wissen können (aus: *Die Fischer im Mahlstrom*)	87

IV.	**Zu Sozialwissenschaften und Wissenschaftsmethoden: Das mehr oder weniger Wandelbare**	**95**
1.	Die Ordnung des Wandels	97
a)	Thesen	97
b)	Ein Kontinuum wissenschaftlicher Modelle (aus: *Engagement und Distanzierung*)	99
2.	Autonomie des Gegenstandsgebietes	106
a)	Thesen	106
b)	Zu spät oder zu früh. Notizen zur Einordnung der Prozeß- und Figurationstheorie (aus: *Notizen zum Lebenslauf*	109
3.	Soziologie und Geschichte	128
a)	Thesen	128
b)	Einmaligkeit und Wiederholung (aus: *Die höfische Gesellschaft*)	131
4.	Fortschritt	140
a)	Thesen	140
b)	Zeitreguliert (aus: *Über die Zeit*)	144

V. Fallstudien 153
1. Über den Klatsch (aus: *Etablierte und Außenseiter*) 153
2. Der Paukboden der satisfaktionsfähigen Gesellschaft
   (aus: *Studien über die Deutschen*) 168
3. Fürstendiener und Künstlergenie
   (aus: *Mozart*) 175

Ausgewählte Bibliographie der Werke von Norbert Elias 181

Einleitung

1. *Images und Selbstbildnisse*

Wer eigentlich Norbert Elias war, schien selbst kurz nach seinem Tode noch etwas unklar. Die *Deutsche Presseagentur* bezeichnet ihn am 2. August 1990 in der Überschrift ihrer ersten Meldung um 12.31 Uhr als „Soziologen, Kulturphilosophen und Psychologen". Im Titel einer zweiten, längeren Meldung um 13.52 Uhr steht noch „Soziologe und Kulturphilosoph". Erst der ausführliche Nachruf um 14.58 Uhr legt sich auf den Hauptberuf des Verstorbenen fest: „Menschenwissenschaftler".

Norbert Elias, der Spätgekommene, der am 1. August 1990 in Amsterdam im Alter von 93 Jahren gestorben ist, gehört heute bereits zu den Klassikern der Soziologie, in einem Atemzug zu nennen mit Auguste Comte, Karl Marx und Max Weber. Der *Süddeutschen Zeitung* galt er am Ende seines Lebens als einer „der am meisten unterschätzten großen Denker unserer Zeit"[1], der *FAZ* als vielleicht überhaupt „der Denker der jetzt anbrechenden Zeit"[2], *dpa* zählt ihn professionell zurückhaltend – weil man nie wissen kann, was noch kommt – jedenfalls zu den „bedeutendsten Soziologen unseres Jahrhunderts".[3]

Ulrich Greiner schreibt in der *Zeit*: „(...) es mag sein, daß die große Zeit der Elias-Lektüre und der Elias-Wirkung erst noch kommt. Sieht es doch so aus, als hätten die Ideologien und Phantasmagorien des 19. Jahrhunderts ihre Kraft verloren, als könnten wir endlich Elias lesen und erkennen, daß er damals auch deshalb nicht dazugehörte, weil er seiner Zeit voraus war. Er war es als Wissenschaftler, und er war es als Mensch. Solche Unerschrockenheit und Geistesschärfe, solche Freundlichkeit und Menschenliebe bleiben ein Lichtblick."[4] Ulrich Beck schreibt im Spiegel: „Ohne ihn wird die Soziologie die Herausforderungen der zerbrechlich wirkenden

Moderne nie begreifen können."[5] Und die *Frankfurter Allgemeine Zeitung* kommt zu dem Schluß: „Es spricht alles dafür, daß seine Zukunft gerade erst begonnen hat."[6]

Manch irreführende Etiketten sind Elias, von dem viele inzwischen das Buch „Über den Prozeß der Zivilisation" kennen, aber die meisten eben kaum mehr als dieses, angeheftet worden: Geschichtssoziologe, Kulturhistoriker, Zivilisationskritiker (taz)[7] oder – siehe oben – Kulturphilosoph. Norbert Elias hat tatsächlich Philosophie studiert, wurde 1924 mit 26 Jahren Doktor der Philosophie; erst danach wandte er sich dem damals sehr neuen, modernen Fach Soziologie zu – um Soziologe zu werden und es ein Leben lang zu bleiben. Auch wenn es ehrend gemeint ist, ihn, den weisen, alten Gelehrten, einen Philosophen zu nennen, muß Elias doch nach allem, was er selbst geschrieben hat, dagegen protestieren. Er tut es etwa in einem Brief an die *Zeit*, in dem er feststellt: „Mit dem schlechten Bild, das Sie von einem Soziologen haben, stehen Sie sicherlich nicht allein. Auch nicht mit dem großartigen Bild vom Philosophen. Die Soziologie geht durch eine schwierige Phase, nicht ganz ohne Zusammenhang mit den Ereignissen der sechziger oder siebziger Jahre. Ich selbst halte viel von der Soziologie. Sie hat eine große Zukunft, und ich helfe ein bißchen dabei. Die Philosophie ist ganz epigonal. Ihr hoher Ruf ist der Nachruhm einer größeren Zeit."[8]

Elias, dessen langes Leben sich beinah mit der ganzen Geschichte der Soziologie als noch relativ junger akademischer Fachdisziplin deckt, beklagt etwa 1984, daß die Soziologie „bis heute" in ihrer „vorwissenschaftlichen Phase" stecke[9]; sie sei, so schreibt er in seinen „Notizen zum Lebenslauf", unterentwickelt. Die Struktur der menschlichen Probleme werde noch immer nicht „mit derjenigen Klarheit herausgearbeitet (...), mit der sich soziologische Probleme darstellen und lösen lassen."[10] Die Aufgabe der Soziologie in einem Satz zusammengefaßt: Wenn die Menschen „ihr Leben besser regeln wollen, als es heute der Fall ist, dann müssen sie wissen, wie die Dinge zusammenhängen." Und Elias fügt hinzu: „Ich meine das ganz praktisch, denn andernfalls handeln wir falsch. Es ist das Elend der gegenwärtigen Menschheit, daß sie sich so oft durch unrealistische Ideen leiten läßt."[11]

Soziologie ist zu lange noch Teil sozialer Glaubenssysteme geblieben, hat Ideologie produziert und reproduziert; jede neue soziologische Schule beginnt von vorn; die Standards des soziologischen Erkenntnisfortschritts sind noch niedrig; statt Mythen zu jagen, werden immer neue Mythen in die Welt gesetzt. Hätte sie früher Norbert Elias und seine empirisch-theoretische Wissenschaft von der Gesellschaft, die viele Menschen miteinander bilden, zur Kenntnis genommen – der Soziologie wären manche Umwege erspart geblieben. So sieht es Elias auch selbst.

Am Ende seines Weges aber blickt Norbert Elias durchaus zufrieden und selbstbewußt auf den Beitrag, den er zur Entwicklung der Sozialwissenschaften geleistet hat. In einem biographischen Interview sagt er: „(...) ich selbst halte mich in der Soziologie für ziemlich innovatorisch, und all diese Innovationen waren damals im Grunde nicht akzeptabel."[12] Und: „Es müßte mehr Menschen geben wie mich, die keine Angst vor dem haben, was sie entdecken. Offenbar fürchten Menschen, daß sie etwas Unerfreuliches herausfinden werden, wenn sie realistisch über sich nachdenken."[13]

Elias konnte in den Jahrzehnten des Exils nicht wissen, ob und wann seine Arbeit Beachtung und Anerkennung finden würde, aber die Zuversicht hat er nie aufgegeben: „Es war ein Entweder-Oder: entweder werde ich großen Erfolg haben oder untergehen."[14] Er hat nie den Glauben an sich selbst verloren – „den Glauben, daß ich etwas relativ Bedeutendes leisten könnte. Dieser Glaube ist durch nichts erschüttert worden."[15] Wenn man nach den vier bekanntesten deutschen Soziologen frage, so gibt er 1984 zu Protokoll, dann würde man nun wohl zweierlei zu hören bekommen: „(...)daß ich einer von ihnen bin, und daß ich ein völliger Außenseiter bin. (...) Meine Ideen werden nur in sehr kleinen Kreisen anerkannt und aufgegriffen."[16] Er arbeite noch immer hart, in dem Bewußtsein, eine Situation herbeiführen zu müssen, „in der mein Werk tatsächlich zu einem Teil der soziologischen Tradition wird." Und so hofft er auch 87jährig, „daß ich die Zeit haben werde, mehr zu schreiben, um mich besser verständlich zu machen."[17]

In einem 1985 gesendeten *WDR*-Fernsehfilm sagt Norbert Elias: „Ich bin ganz zufrieden. Es lohnt sich lange zu leben, wenn man guter Gesundheit und guten Geistes ist."[18] Auch Ulrich Greiner, der 1987 in der *Zeit* eines der schönsten Elias-Portraits veröffentlicht hat, fragt den alten Mann nach dem Resümee seines Lebens – wie fühlt man sich nach alledem? „Das kann ich Ihnen genau sagen, und nun leuchten seine Augen, ich fühle mich wie der Reiter überm Bodensee. – Am andern Ufer angekommen? – Am andern Ufer angekommen."[19]

2. „Man läßt sich fallen und man fängt sich auf" – Biographisches

Norbert Elias wurde am 22. Juni 1897 in Breslau als Sohn jüdischer Eltern geboren. Der Vater, Hermann Elias, war Textilfabrikant, wohlhabend, gutbürgerlich, „sehr preußisch".[20] Breslau hatte damals die drittgrößte jüdische Gemeinde in Deutschland, nach Berlin und Frankfurt am Main. Auf die fast neun Jahrzehnte später gestellte Frage, ob er, der Wissenschaftler und Atheist Norbert Elias, sich als Juden betrachte, antwortete er: „Ich habe keine Wahl, ich bin ein Jude, was immer ich sage oder tue."[21] Und an anderer Stelle: „Ich habe nie einen Hehl daraus gemacht, daß ich der Herkunft nach ein deutscher Jude bin. Ich glaube, man sieht es mir an."[22]

Zur Lebensgeschichte von Norbert Elias gibt es gegenwärtig drei zentrale Texte: erstens, Elias eigene „Notizen zum Lebenslauf", rund 70 Druckseiten, Anfang der 80er Jahre geschrieben und erstmals 1984 in einem Suhrkamp-Band mit Materialien zu seiner Zivilisationstheorie veröffentlicht; zweitens, ein langes biographisches Interview, für das die holländischen Soziologen A.J. Heerma van Voss und A. van Stolk 1984 in sieben Gesprächen insgesamt 20 Stunden das Tonband laufen ließen, aus dem Englischen übersetzt von Michael Schröter und zusammen mit den „Notizen zum Lebenslauf" 1990 veröffentlicht unter dem Titel „Norbert Elias über sich selbst", und drittens eine auf die frühe Zeit und das Zivilisations-Buch konzentrierte Biographie von Hermann Korte: „Über Norbert Elias – Das Werden eines Menschenwissenschaftlers", 1988 erschienen.

Elias, zunächst ein „schwächliches Kind"[23], kam 1903 auf die Vorschule des preußisch-humanistischen Johannes-Gymnasiums in Breslau. Er gehörte in seiner Schulzeit zu den besseren Schülern. Am 22. Juni 1915 bestand er die Reifeprüfung, am 1. Juli meldete sich Norbert Elias als Kriegsfreiwilliger, wie seine anderen Klassenkameraden. Er diente als Telegraphist an der Ostfront, dann im Westen in den Schützengräben der Somme-Schlacht. Schreckliche Erinnerungen: „Der Schmutz, der Morast, das Blut, die sterbenden Pferde, die sterbenden Kameraden neben einem, das Trommelfeuer."[24] Elias erlitt einen Zusammenbruch, wurde nach Hause geschickt, nicht mehr „felddienstfähig". Er tat dann in Breslau Dienst als Sanitätssoldat. Parallel dazu konnte er an der Universität beginnen, Medizin zu studieren, hörte daneben auch Philosophie. 1919 brach er das Medizinstudium nach dem Physikum ab und wechselte ganz in die philosophische Richtung. Er ging nach Heidelberg (1919), hielt in einem Seminar von Karl Jaspers ein Referat über „Zivilisationsliteraten", dann nach Freiburg (1920), wo Husserl lehrte. Elias promovierte in Breslau mit einem „Beitrag zur Philosophie der Geschichte", Titel: „Idee und Individuum". Damit die Arbeit von seinem Doktorvater Richard Hönigswald akzeptiert werden konnte, mußte er Änderungen vornehmen. Geprüft wurde er in den Hauptfächern Philosophie und Psychologie und in den Nebenfächern Kunstgeschichte und Chemie – gemeinsam mit seinem medizinischen „Vorstudium" eine sehr breite wissenschaftliche Grundlage.

Nach dem Rigorosum im Juni 1922 bekam Elias, der seiner Familie nicht länger auf der Tasche liegen wollte, eine Stelle in einer Fabrik, die Kleineisenteile herstellte und etwa 800 Arbeiter beschäftigte. Elias wurde Leiter der Export-Abteilung. Eigentlich aber wollte er lehren und forschen, eine Hochschullaufbahn einschlagen. Nachdem sein Promotionsverfahren 1924 endlich abgeschlossen war und sich auch die wirtschaftlichen Verhältnisse der Eltern wieder gebessert hatten, ging Elias nach Heidelberg, um sich der Soziologie zuzuwenden. In Heidelberg lernte er bei Alfred Weber und Karl Mannheim, für den er bald zu einer Art Assistent wurde. Seinen ersten „Auftritt" als Soziologe hatte Elias dann auf dem 6. Deutschen Soziologentag in Zürich, wo er sich an zwei Diskussionen über „Die Konkurrenz" und „Anfänge der Kunst" beteiligte.

1930 ging Elias als offizieller Assistent mit Mannheim mit nach Frankfurt ans Soziologische Seminar der Goethe-Universität, im selben Gebäude untergebracht wie das Institut für Sozialforschung, dessen Direktor Max Horkheimer war und wo auch Adorno arbeitete. Elias unterrichtete mit viel didaktischem Geschick, betreute die Studenten am Seminar und widmete sich seiner Habilitationsschrift: „Der höfische Mensch", später ergänzt und nach fast 40 Jahren unter dem Titel „Die höfische Gesellschaft" veröffentlicht. Das Habilitationsverfahren kam aber bis zur Machtübernahme der Nazis nicht mehr zum Abschluß – es fehlte noch die Probevorlesung. Am 13. März 1933 wurde das Institut für Sozialforschung geschlossen und mit ihm das Soziologische Seminar.

Elias verließ Deutschland, versuchte in der Schweiz und in Frankreich eine Universitätsstelle zu bekommen und betrieb in Paris mit ein wenig Kapital seiner Eltern eine kleine Holzspielzeugfabrikation, die allerdings nicht viel zum Überleben beitrug. Durch

Vermittlung seines Studienfreundes Alfred Glucksmann, eines Mediziners, ging Elias 1935 über Breslau nach London. Auch hier gab es keinen Einstieg in eine Universitätskarriere, aber ein Stipendium einer jüdischen Flüchtlingsorganisation und die Bibliothek des Britischen Museums, wo er ungestört arbeiten konnte – versenkt in ein Epochenwerk der Sozialwissenschaften, wie acht Jahrzehnte zuvor an gleicher Stelle Karl Marx.

Die beiden Bände „Über den Prozeß der Zivilisation" sind in gewisser Weise eine Fortsetzung der Habilitationsschrift. Hier entfaltet sich das volle Programm Eliasscher Soziologie. Ein Vorabdruck des ersten Bandes erschien schon 1937 (bei *C. Schulze & Co.*, Gräfenhainichen); die Veröffentlichung der ganzen Arbeit im Verlag *Academia Prag* scheiterte am Einmarsch der deutschen Truppen in der Tschechoslowakei; schließlich kam das Buch, in Deutschland gedruckt, 1939 bei Fritz Karger im Baseler Verlag *Haus zum Falken* heraus. Elias war inzwischen 42, und es war sein erstes gedrucktes Buch.

Die Veröffentlichung im europäischen Exil und der Krieg machen eine angemessene Diskussion über Elias' großes Werk unmöglich. Es gibt nur wenige wissenschaftliche Rezensionen, so von Siegmund H. Foulkes (*Internationale Zeitschrift für Psychoanalyse*, 1939), Menno ter Braak (*Het Vaderland*, 1939), Franz Borkenau (*Sociological Review*, 1938 und 1939) und Raymond Aron (*Les Annales Sociologiques*, 1941). Auch Thomas Mann liest in dem Zivilisationsbuch, das der Autor ihm zugeschickt hat. Er notiert am 8. August 1939 in sein Tagebuch: „Das Buch von Elias wertvoller als ich dachte, namentlich die Bilder aus dem späten Mittelalter und der ausgehenden Ritterzeit."[25]

Norbert Elias hatte es inzwischen doch geschafft, im Universitätsbetrieb arbeiten zu können: auf einer Stelle als Senior Research Assistant an der London School of Economics (LSE). Mit dieser wurde er bald nach Kriegsausbruch wegen der deutschen Bombenangriffe auf London nach Cambridge evakuiert. Die plötzliche Internierung aller Deutschen in England angesichts einer befürchteten Invasion der Wehrmacht beendete Elias' Hochschullaufbahn dann aber schlagartig.

1938 hatten die Eltern ihren Sohn im Londoner Exil besucht. Er beschwor sie zu bleiben: „Ich wollte nicht, daß sie nach Breslau zurückgingen, weil ich das Gefühl hatte, daß sie dort in Gefahr waren."[26] Doch die Eltern waren alt, sie wollten in Breslau bleiben. Der Vater starb dort 1940. Sophie Elias starb in Auschwitz, vermutlich 1941.

Nach acht Monaten aus dem Internierungslager entlassen, war für Elias kein Platz mehr an der LSE; er bekam eine Stelle bei der Bildungsorganisation der Labour Party, dann bei der Abteilung für Erwachsenenbildung der Londoner Universität. Daneben versuchte er sich als Gruppentherapeut. Erst 1954, mit 57 Jahren, konnte er wieder als Wissenschaftler an einer Universität arbeiten: in Leicester. Professor wurde er schließlich mit 64 Jahren, 1961, als er (bis 1964) den Lehrstuhl für Soziologie an der Universität von Ghana in Accra bekam.

Nach seiner Pensionierung wohnte Elias wieder in Leicester, nahm an wissenschaftlichen Kongressen teil, so am 15. Deutschen Soziologentag in Heidelberg 1964 (sein erster akademischer Auftritt in Deutschland nach über 30 Jahren), hielt Gastvorlesungen in Amsterdam und Den Haag, in Münster, Konstanz, Aachen, Frankfurt, Bochum und Bielefeld. Ab 1975 hatte er eine Wohnung in Amsterdam im Haus seines Freundes und Fachkollegen Johan Goudsblom, ab 1978 daneben eine Wohnung in Bielefeld, wo er begann, am Zentrum für interdisziplinäre Forschung zu arbeiten. 1984 ließ er sich ganz in Amsterdam nieder.

Der späte Erfolg von Norbert Elias, der „eigentliche Durchbruch", wie Hermann Korte schreibt[27], begann mit der Taschenbuchausgabe seines Zivilisations-Buches, die 1976 bei *Suhrkamp* erschien. Zuvor, 1969, hatte es in der Schweiz, beim Berner Verlag *Francke*, dem Nachfolger von Kargers *Haus zum Falken*, eine relativ teure, leinengebundene Neuauflage gegeben. Im selben Jahr erschien bei *Luchterhand* „Die höfische Gesellschaft"; ein Jahr darauf bei *Juventa* „Was ist Soziologie?". Aber es war gerade nicht der rechte Augenblick für ungewohnte Gedanken. Die Frankfurter Schule hatte Konjunktur, die marxistischen Klassiker und Exegeten wurde gelesen – und die nordamerikanische Systemtheorie war in Deutschland erfolgreich.

Elias paßte nicht in den soziologischen Mainstream, auch nicht in die erklärten Gegenströmungen. Sein Werk lag neben den oder quer zu den Linien der etablierten Schulen. Vielleicht gerade deshalb, wegen des verbreiteten Unbehagens an einer orientierungslosen Soziologie, wurde das sperrige, auch in der Taschenbuchausgabe zweibändige und mehr als 800 Seiten starke Buch „Über den Prozeß der Zivilisation" zu einem sensationellen Bestseller. Schon 1976, im ersten Jahr, verkaufte *Suhrkamp* in Deutschland 20.000 Exemplare, bis heute weit über 100.000, und das Buch wurde in viele Sprachen übersetzt.

Ende 1977 erhielt der 80jährige den erstmals verliehenen Theodor W. Adorno-Preis der Stadt Frankfurt. In seiner Laudatio sagte

Wolf Lepenies, mit dieser Ehrung solle deutlich gemacht werden, „welch weltweite Anerkennung in den letzten Jahren das Werk eines Gelehrten gefunden hat, der lange, zu lange Zeit von zu wenigen zur Kenntnis genommen wurde." Die Stadt ehre Norbert Elias in einem „korrekturstiftenden Sinne".[28] Elias, inzwischen Ehrenmitglied der Deutschen Gesellschaft für Soziologie, sei „von einem Außenseiter zu einer Mittelpunktfigur der Sozialwissenschaften geworden".[29] Und: „Die Verleihung des Theodor W. Adorno-Preises kennzeichnet einen vorläufigen Höhepunkt in diesem Prozeß der Entdeckung und Wiederentdeckung eines großen Soziologen."[30]

Bis zu seinem Tod hat dieser Große seines Fachs nun ununterbrochen geschrieben und (auch Älteres) veröffentlicht, Bücher wegen des schönen Erfolges nur noch im *Suhrkamp*-Verlag: „Über die Einsamkeit der Sterbenden in unseren Tagen" (1982), „Engagement und Distanzierung" (1983), „Über die Zeit" (1984), „Humana conditio" (1985), „Die Gesellschaft der Individuen" (1987), „Studien über die Deutschen" (1989), „Etablierte und Außenseiter" (gemeinsam mit John L. Scotson, 1990). Sein „Mozart"-Buch, der letzte Text, an dem er gearbeitet hatte, erschien postum 1991. Viele Übersetzer- und Herausgeberarbeiten hat dabei, zurückhaltend und brillant dienend, Michael Schröter geleistet. Peter Gleichmann, Johan Goudsblom und Hermann Korte haben zwei hilfreiche Materialienbände zur Zivilisationstheorie herausgegeben (1978, 1984).

Das Eliassche Werk findet Verbreitung. Hatten in den 60er und 70er Jahren noch Dieter Claessens und andere den im Exil lebenden Soziologen als „Geheimtip"[31] empfehlen müssen, gehört er in den 90er Jahren zum Kanon, wohlvertraut den heute Etablierten wie Ulrich Beck oder Lars Clausen – hartnäckig ignoriert gerade noch von den beiden konkurrierenden soziologischen Superstars in Deutschland, Luhmann und Habermas.[32]

Zu seinem 90. Geburtstag brachte der Jubilar, quasi als Geburtstagsgeschenk für seine Leser, einen Gedichtband heraus: „Los der Menschen" (1987), Gedichte und Nachdichtungen aus verschiedenen Lebensaltern, niedergeschrieben, so schreibt er, „in der Hoffnung, mit anderen Menschen die Freude teilen oder auch Kummer, Verzweiflung, Heiterkeit und Gelassenheit".[33] Dem Band ist ein Gedicht vorangestellt, das mit folgenden Zeilen beginnt: „manchmal an Regentagen/ist es schwer/die Hand zu heben/man vermag nicht mehr/den Fuß zu rühren/um zu gehen/Stirn und Mund sind leer/man hört die Zeit an sich vorüberwehen/man sitzt bei sich/in nichts gespannt/und will/und nichts gehorcht/nichts rührt sich/still/

sind Arm und Bein/man spürt sich/als Fremdes/als ein sehr gebeugtes/Tier/das zum Ende will."

Aber das Gedicht endet: „man fällt ins Leere/und man läßt sich fallen/grundloses Spiel/man läßt sich fallen/und man fängt sich auf."[34]

3. Eine soziologische Zentraltheorie

Die Quintessenz eines so weitgespannten Gesamtwerkes wie des Eliasschen läßt sich kaum – erstens, zweitens, drittens – in wenigen Sätzen zusammenfassen. Aber sie läßt sich auf einen Punkt bringen, der als Gedanke alle Elias-Arbeiten durchzieht und ihnen zugrundeliegt: daß nämlich die langfristigen Verhaltensänderungen der einzelnen Menschen in einer erforschbaren Beziehung stehen den Griff zu bekommen, mehr realitätsnahes Wissen, nicht soziale Phantasien, Ideologien, Metaphysik, Mystik und Magie. Distanzierung vor Engagement.

Die Hauptmethode der Eliasschen Forschung ist der Vergleich: der Vergleich unterschiedlicher gesellschaftlicher Formationen (wie Adel und Bürgertum), unterschiedlicher Phasen eines Prozesses (Frankreich am Beginn und am Ende der Verhofung), unterschiedlicher Länder (etwa Deutschland und England im 19. und 20. Jahrhundert). Dabei geht es ihm nicht in erster Linie um die Jagd nach dem Material, sondern um neues Erklärungswissen über die Verflechtung, die Interdependenz, die Ordnung des Nacheinander, das heißt über den Prozeßcharakter des beobachteten Tatsachenfeldes. „Über den Prozeß der Zivilisation" ist eben nicht als theoretisch fundierte, recht kuriose Kulturgeschichte der frühen Neuzeit zu verstehen, sondern ist eine Modellstudie über den Zusammenhang von „Wandlungen des Verhaltens" (am Beispiel weltlicher Oberschichten des Abendlandes) und „Wandlungen der Gesellschaft" – so heißen auch die beiden Bände im Untertitel. Elias zentrales Anliegen ist eine Theorie der sozialen Evolution, eine große Theorie der Gesellschaft: Wie ist das, was (zu beobachten) ist, geworden? Warum wurde es so und nicht anders?

Bemerkenswert am Stil seiner Werke ist die konsequent verfolgte Strategie der „Begriffsvermeidung".[37] Weil beinah alle geläufigen soziologischen Begriffe so viel Ideologie, so viel soziale Polarisierung, so viel von den Machtkämpfen konkreter Menschenverbände transportieren, versucht Elias seine theoretischen Kategorien so wenig wie möglich auf verbrauchte Worte, auf umkämpfte Begriffsdefinitionen zu reduzieren. Damit entgeht er der Gefahr der Vergegenständlichung und Zustandsreduktion, der Gefahr auch, wenn man über Gesellschaft spricht, von Menschen zu abstrahieren – als seien sie etwas Abgeleitetes oder Zusätzliches. Elias erklärt wort- und bildreich, aber präzise, was er meint, er klappert nicht mit Begriffsknochen im Theorieskelett. Und er versteckt seinen Erkenntnisbeitrag nicht, wie er es etwa der Philosophie vorwirft, hinter einem „schweren Vorhang gelehrter Worte".[38]

Die gewaltige theoretische Leistung von Norbert Elias ist sicher nicht völlig unabhängig von seiner Biographie zu verstehen. Wer so nachdrücklich zu lernen hatte, sich zurückzunehmen, mit existenziellen Rückschlägen, Nichtbeachtung und Isolation zu leben, der setzt wohl alles daran, die Ergebnisse seiner Forschungsarbeit verständlich zu machen. Er hat keine akademische Machtposition, keine Lobby, kaum Publikum, das seine Sprache spricht.

Also muß er noch mehr Geduld haben, sich noch einfacher und klarer ausdrücken, warten – noch mehr Distanz gewinnen. Elias hat nie aufgehört, wissenschaftlich zu arbeiten, er hat nie einen anderen Beruf angestrebt, hat auf den Wegen des Exils – Frankreich, England, Ghana, Holland – keine Familie gegründet. „Meine Arbeit", hat er einmal gesagt, „ist das Zentrum dessen, was ich für mich als sinnvoll empfinde." [39] Nach allem – er hat Glück mit sich gehabt.

Das vorliegende Buch ist ein Lesebuch zur Einführung in die Soziologie von Norbert Elias. Es gibt einen – von der Einführung abgesehen: unkommentierten – Überblick über einen wesentlichen Teil des veröffentlichten Werkes. Den einzelnen Lesetexten sind knappe, thesenhafte Zusammenfassungen der Eliasschen Position zum jeweiligen Thema vorangestellt. Diese Thesenskizzen lehnen sich denkbar eng an Elias-Text an, sind aber nicht immer wörtliche Zitate.

Anmerkungen

1 Zitiert nach: „Blick unter die Röcke der Gesellschaft", Der Spiegel, 23. Mai 1988
2 Gustav Seibt: „Der Spätgekommene", Frankfurter Allgemeine Zeitung, 3. August 1990
3 Meldung der Deutschen Presseagentur Nr. 244 vom 2. August 1990 (13.52 Uhr)
4 Ulrich Greiner: „Norbert Elias", Die Zeit, 10. August 1990
5 Ulrich Beck: „Mit der Liebe des Käfers", Der Spiegel, 6. August 1990
6 Gustav Seibt, a.a.O.
7 Elke Schmitter: „Norbert Elias ist tot", die tageszeitung, 3. August 1990
8 Zitiert nach: Ulrich Greiner: „Der Menschenwissenschaftler", Die Zeit, 1. Mai 1987
9 Norbert Elias: Biographisches Interview (mit A.J. Heerma van Voss und A. van Stolk), in: Norbert Elias über sich selbst, Frankfurt a.M. 1990, S. 55
10 Norbert Elias: Notizen zum Lebenslauf, in: Peter Gleichmann/Johan Goudsblom/Hermann Korte (Hrsg.): Macht und Zivilisation. Materialien zu Norbert Elias' Zivilisationstheorie 2, Frankfurt a.M. 1984, S. 49
11 Norbert Elias: Biographisches Interview, a.a.O., S. 62f.
12 Ebda., S. 85
13 Ebda., S. 63
14 Ebda., S. 22
15 Ebda., S. 86
16 Ebda., S. 95
17 Ebda., S. 93
18 Zitiert nach: Ulrich Greiner: „Der Menschenwissenschaftler", a.a.O.
19 Ulrich Greiner: „Der Menschenwissenschaftler", a.a.O.; das gleiche Bild vom Reiter über den Bodensee findet sich auch in: Norbert Elias: Biographisches Interview, a.a.O., S. 86

20 Norbert Elias: Biographisches Interview, a.a.O., S. 13
21 Ebda., S. 100
22 Norbert Elias: Notizen zum Lebenslauf, a.a.O., S. 48
23 Hermann Korte: Über Norbert Elias – Das Werden eines Menschenwissenschaftlers, Frankfurt a.M. 1988, S. 67
24 Zitiert nach: Hermann Korte, a.a.O., S. 70
25 Zitiert nach: Hermann Korte, a.a.O., S. 13
26 Norbert Elias: Biographisches Interview, a.a.O., S. 68
27 Hermann Korte, a.a.O., S. 25
28 Wolf Lepenies: Ein Außenseiter voll unbefangener Einsicht, in: Norbert Elias/Wolf Lepenies: Zwei Reden anläßlich der Verleihung des Theodor W. Adorno-Preises 1977, Frankfurt a.M. 1977, S. 9
29 Ebda., S. 29
30 Ebda., S. 27
31 Ebda., S. 26
32 Hermann Korte, a.a.O., S. 146
33 Norbert Elias: Los der Menschen. Gedichte/Nachdichtungen, Frankfurt a.M. 1987, S. 7
34 Ebda., S. 8
35 Hermann Korte, a.a.O., S. 150
36 Zitiert nach: Hermann Korte, a.a.O., S. 85
37 Dies Bonmot geht wohl auf Johan Goudsblom zurück.
38 Norbert Elias: Notizen zum Lebenslauf, a.a.O., S. 64
39 Norbert Elias: Biographisches Interview, a.a.O., S. 95

I. Zum Menschen- und Gesellschaftsbild: Die Gesellschaft der Individuen

1. Homo non-clausus

Menschen sind keine fensterlosen Monaden, keine vereinzelten „Subjekte", denen die ganze Welt, also auch alle anderen Menschen, als „Außenwelt" gegenübersteht und deren „Innenwelt" wie durch eine unsichtbare Mauer von dieser „Außenwelt", also auch von anderen Menschen, abgetrennt ist. (Einsamkeit, 81)* Der „homo clausus" ist ein Phantasiebild.

- *Beim Nachdenken über menschliche Angelegenheiten geht man besser immer von den Menschen statt von dem Menschen aus, also von menschlichen Pluralitäten, von Gruppen von Menschen, von den Gesellschaften, die viele Menschen (und unter ihnen man selbst) miteinander bilden. (Notizen, 28; 63) An die Stelle der Vorstellung, daß das Individuum hart von der Gesellschaft, die es umgibt, getrennt ist, tritt in der Figurationssoziologie das Bild vieler einzelner Menschen, die kraft ihrer elementaren Ausgerichtetheit, ihrer Angewiesenheit aufeinander und ihrer Abhängigkeit voneinander auf die verschiedenste Weise aneinander gebunden sind und demgemäß miteinander Interdependenzgeflechte oder Figurationen mit mehr oder weniger labilen Machtbalancen verschiedenster Art bilden. (WiS, 12)*
- *Daß zwei oder mehr Menschen ihre Kräfte aneinander messen, ist ein elementarer Sachverhalt, dem man begegnet, wo immer Menschen in Beziehung zueinander stehen oder in Beziehung zueinander treten. (WiS, 76) Mehr oder weniger fluktuierende Machtbalancen bilden ein integrales Element aller menschlichen Beziehungen. (WiS, 76f.) Dabei ist die Art der Machtquellen vielgestaltig, polymorph. (WiS, 97)*

* Die abgekürzte Zitierweise in den Thesenskizzen verweist auf die Bibliographie am Ende dieses Buches.

- *Die Tatsache, daß menschliche Beziehungen absolut unnormiert und unreguliert sind, bedeutet in keiner Weise, daß sie auch unstrukturiert sind. (WiS, 78) Die Interdependenz vieler Menschen wird mit hoher Wahrscheinlichkeit die einzelnen Menschen häufig dazu zwingen, in einer Weise zu handeln, in der sie ohne diesen Zwang nicht handeln würden. (WiS, 98)*
- *Bei der begrifflichen Polarisierung von Individuum und Gesellschaft handelt es sich auch um den Wiederschein verschiedener gesellschaftlicher Glaubenssysteme und Ideale. Das Verhältnis von Individuum und Gesellschaft ist in unserer Zeit einer der Brennpunkte, wenn nicht der Brennpunkt, im Kampf der Wertsysteme, der sozialen Glaubensartikel und Ideale geworden, die einige der mächtigsten Menschenverbände voneinander trennen. (ED, 51f.)*
- *Der Begriff der Figuration dient nun dazu, ein einfaches begriffliches Werkzeug zu schaffen, mit dessen Hilfe man den gesellschaftlichen Zwang, so zu sprechen und zu denken, als ob „Individuum" und „Gesellschaft" zwei verschiedene und überdies auch noch antagonistische Figuren sind, zu lockern. (WiS, 141) Alle etwas entmenschlichenden Begriffe der Gesellschaftswissenschaften müssen auf Menschen zurückbezogen werden. (WiS, 68)*
- *Menschen sind vor aller Erfahrung auf das Leben unter Menschen, Tieren, Pflanzen und Mineralien abgestellt. (Notizen, 17) Menschen besitzen entsprechend der einzigartigen Vielheit ihrer Integrationsstufen eine Selbststeuerungsapparatur, die an Variabilität die aller anderen Naturgebilde übertrifft. Weder die Vorstellung, sie seien ein Stück Materie, gesteuert in ihrem Verhalten wie Atome und Moleküle oder reduzierbar auf sie, noch die Vorstellung, sie seien gesteuert von einer nicht-naturalen, immateriellen Substanz, wird ihnen gerecht. (Fragment I, 205) Die Zellen, die miteinander einen Menschen bilden, sterben, wenn der Mensch stirbt; die Atome, die einen Menschen bilden, verändern sich kaum. (Fragment II, 260f.) Während Menschen zum Teil wie andere Tiere funktionieren, funktionieren und verhalten sie sich als ganze wie kein anderes Tier. (ED, 50)*
- *Menschliche Gesellschaften können sich wandeln, ohne daß sich die biologische Konstitution der Menschen wandelt. (WiS, 115) Die menschliche Verhaltenssteuerung ist von Natur, also aufgrund der ererbten Konstitution des menschlichen Organismus, so eingerichtet, daß sie in geringerem Maße von ein-*

geborenen Antrieben und in höherem Maße von durch individuelle Erfahrung, durch Lernen geprägten Antrieben bestimmt wird als die irgend eines anderen Lebewesens. (WiS, 116) Die innerhalb ihrer natürlichen Grundlagen grenzenlose Wandelbarkeit des menschlichen Erfahrens und Verhaltens und die konstitutionelle Angewiesenheit des menschlichen Kindes auf das Lernen von anderen Menschen gehören zu den Universalien der menschlichen Gesellschaft. (WiS, 118) Die spezifische, dem evolutionären Wandel entsprungene Wandelbarkeit der Menschen ist das Unwandelbare. (WiS, 123)

– *Der Mensch ist ständig in Bewegung; er durchläuft nicht nur einen Prozeß, er ist ein Prozeß. Er entwickelt sich. (WiS, 127)*
– *Menschen bedürfen der emotionalen Stimulation durch andere Menschen. Man kann sich – modellartig – jeden Menschen zu einer gegebenen Zeit als ein Wesen mit vielen Valenzen vorstellen, die sich auf andere Menschen richten, von denen einige in anderen Menschen ihre feste Bindung und Verankerung gefunden haben, andere dagegen, frei und ungesättigt, auf der Suche nach Bindung und Verankerung in anderen Menschen sind. (WiS, 147) Was für menschliche Gefühlsbindungen charakteristisch ist, ist die Möglichkeit affektiver Permanenz über den Sexualakt hinaus und die Möglichkeit sehr starker emotionaler Bindungen verschiedener Art ohne sexuelle Tönung. (WiS, 148)*
– *Jeder Mensch hat ungeplante Eltern und beginnt damit, daß er in Reaktion auf sie oder auf Ersatzeltern handelt. Seine Willensakte erfolgen im Dienst von Bedürfnissen, die nicht das Ergebnis eines Willensaktes sind. Ebensowenig sind andere Menschen, ihre Pläne und Wünsche, die die eigenen erfüllen oder enttäuschen, das Ergebnis von Willensakten. Und ebensowenig ist es von einem Menschen gewollt oder bewirkt, daß er als Kind völlig von anderen abhängig ist – und es bis zu einem gewissen Grade das ganze Leben hindurch bleibt. (FiM, 167)*
– *Unser unmittelbares Zeitbewußtsein ist in hohem Maße durch die Länge eines Menschenlebens mitbestimmt. (Fragment II, 240) Unter allen Lebewesen sind es allein die Menschen, die wissen, daß sie sterben werden; sie allein können ihr eigenes Ende voraussehen, sind sich dessen bewußt, daß es jederzeit kommen kann, und treffen besondere Maßnahmen – als Einzelne und als Gruppen –, um sich vor der Gefahr der Vernichtung zu schützen. Das war durch die Jahrtausende hin die Zentral-*

funktion des gesellschaftlichen Zusammenlebens von Menschen und ist es bis heute geblieben. (Einsamkeit, 11)
- *Der Tod ist ein Problem der Lebenden. Tote Menschen haben keine Probleme. (Einsamkeit, 10) – Daß der Sinn alles dessen, was ein Mensch tut, in dem liegt, was er für andere bedeutet, und zwar nicht nur für die Gegenwärtigen, sondern auch für die Kommenden, also seine Abhängigkeit von dem Fortgang der menschlichen Gesellschaft durch die Generationen hin, gehört sicherlich zu den fundamentalen Abhängigkeiten der Menschen voneinander. (Einsamkeit, 54)*

Figuren, die bei der Begegnung von Menschen entstehen

aus: Die Gesellschaft der Individuen, in: Die Gesellschaft der Individuen, Frankfurt a.M. 1987, S. 39-48

Halb bewußt, halb unbewußt tragen bis heute die meisten Menschen einen eigentümlichen Schöpfungsmythos mit sich: Sie stellen sich vor, daß am „Anfang" zunächst ein einzelner Mensch in die Welt trat und daß sich andere Menschen erst nachträglich zu ihm gesellten. So steht es bereits in der Bibel. Aber Nachklänge dieser Bewußtseinsform zeigen sich heute auch in mancherlei anderen Fassungen. Säkularisiert tritt der alte Adam von neuem in Erscheinung, wenn man etwa von „dem Urmenschen" oder „dem Urvater" spricht. Es sieht so aus, als ob den erwachsenen Menschen beim Nachdenken über ihren Ursprung die Tatsache, daß sie selbst, daß alle erwachsenen Menschen als kleine Kinder zur Welt kamen, unwillkürlich entschwände. Immer von neuem, bei den wissenschaftlichen Ursprungsmythen nicht anders als bei den religiösen, fühlen sie sich zu der Vorstellung gedrängt: Am Anfang war ein einzelner Mensch, und zwar ein einzelner Erwachsener.

Solange wir freilich im Bereich der Erfahrungen bleiben, können wir es nicht anders sehen, als daß der einzelne Mensch von anderen Menschen gezeugt und geboren wird. Welches auch die Ahnen der Menschen gewesen sein mögen, so weit wir zurückblicken, wir begegnen der nie abreißenden Kette von Eltern und Kindern, die Eltern werden. Und man kann in der Tat nicht verstehen, wie und warum die einzelnen Menschen durch einander und miteinander zu einer größeren Einheit zusammengebunden sind, wenn man sich diese Vision verdeckt. Jeder einzelne Mensch wird in eine Gruppe von Menschen hineingeboren, die vor ihm da war. Mehr noch: Jeder einzelne Mensch ist von Natur so beschaffen, daß er anderer Menschen, die vor ihm da waren, bedarf, um aufwachsen zu können. Zu den Grundbeständen der menschlichen Existenz gehört das gleichzeitige Dasein mehrerer Menschen in Beziehung zueinander. Und wenn man nun einmal, als Symbol des eigenen Selbstbewußtseins, eines Ursprungsmythos' bedarf, dann scheint es an der Zeit, den herkömmlichen Mythos zu revidieren: Am Anfang, so könnte man sagen, war nicht ein einzelner Mensch, sondern mehrere Menschen, die miteinander lebten, die einander Lust und Leid schufen wie wir, die durch einander und ineinander auf- und untergingen, eine gesellschaftliche Einheit, groß oder klein.

Aber es gibt keinen solchen Sprung aus dem Nichts, und es bedarf keines Ursprungsmythos', um sich die elementare Gesellschaftsbezogenheit des einzelnen Menschen, seine natürliche Abgestelltheit auf ein Leben mit anderen Menschen verständlich zu machen. Die Tatsachen, wie wir sie unmittelbar vor Augen haben, genügen.

Die einzelnen Menschen mögen bei der Geburt ihrer natürlichen Konstitution nach sehr verschieden voneinander sein. Aber nur in Gesellschaft wird aus dem kleinen Kind mit seinen bildsamen und relativ undifferenzierten psychischen Funktionen ein differenzierteres Wesen. Nur in Beziehung und durch Beziehung zu anderen Menschen wird das hilflose, wilde Geschöpf, als das der Mensch zur Welt kommt, zu einem psychisch Erwachsenen, der den Charakter eines Individuums besitzt, der den Namen eines erwachsenen Menschen verdient. Abgeschnitten von solchen Beziehungen wächst es bestenfalls zu einem halbwilden Menschentiere heran: Es mag körperlich erwachsen werden; seinem psychischen Habitus nach bleibt es einem kleinen Kinde ähnlich. Nur wenn es in einem Verbande von Menschen aufwächst, lernt das kleine Menschenwesen artikuliert zu sprechen. Nur in Gesellschaft von anderen, von älteren Menschen, bildet sich in ihm allmählich eine bestimmte Art von Langsicht und von Triebregulierung heraus. Und es hängt von der Geschichte, es hängt von dem Aufbau des Menschenverbandes, in den es hineinwächst, es hängt schließlich von seinem Werdegang und seiner Stellung innerhalb dieses Verbandes ab, welche Sprache, welches Schema der Triebregulierung und welche Art des Erwachsenenhabitus' sich in ihm herausbildet.

Auch innerhalb des gleichen Menschenverbandes ist das Beziehungsschicksal zweier Menschen, ihre individuelle Geschichte, niemals völlig gleich. Jeder Mensch geht von einer einzigartigen Stelle innerhalb seines Beziehungsgeflechtes durch eine einzigartige Geschichte hin dem Tode zu. Aber die Unterschiede zwischen den Werdegängen der einzelnen Menschen, zwischen den Stellen und Beziehungsfunktionen, durch die sie im Laufe ihres Lebens hingehen, sind in einfacheren Menschenverbänden geringer als in reich differenzierten Gesellschaften. Und größer als dort ist dementsprechend hier auch die Individualisierung der Erwachsenen. Mag es auch bei dem heutigen Stand der Denkgewohnheiten zunächst als paradox erscheinen: Individualität und Gesellschaftsbezogenheit eines Menschen stehen nicht nur nicht im Gegensatz zueinander, sondern die einzigartige Ziselierung und Differenzierung der psychischen Funktionen eines Menschen, der wir durch das Wort „Individualität" Ausdruck geben, sie ist überhaupt nur dann und nur dadurch möglich, daß ein Mensch in einem Verbande von Menschen, daß er in einer Gesellschaft aufwächst.

Zweifellos sind die Menschen auch ihrer natürlichen Konstitution nach verschieden. Aber die Konstitution, mit der ein Mensch zur Welt kommt, und ganz besonders die Konstitution seiner psychischen Funktionen ist bildsam. Das neugeborene Kind ist zunächst nicht mehr als der Entwurf eines Menschen. Aus dem, was wir an ihm als unterscheidend, als seine besondere Konstitution wahrnehmen, wächst seine individuelle Erwachsenengestalt nicht gleichermaßen zwangsläufig und eingleisig heraus wie aus dem Samenkorn eine Pflanze bestimmter Gattung, sondern diese unterscheidende Konstitution des Neugeborenen gibt zunächst noch Spielraum zu einer großen Fülle möglicher Individualitäten. Sie zeigt zunächst nichts anderes an als die Grenzen und die Lage der Streuungskurve, auf der die individuelle Gestalt des Erwachsenen einmal liegen kann. Wie diese wirklich beschaffen, welcher Art die schärfer umrissene Gestalt ist, zu der sich die weichen, die bildsamen Züge des Neugeborenen allmählich verfestigen, das hängt niemals allein von seiner Konstitution, das hängt immer von dem Verlauf der Beziehungen zwischen ihm und anderen Menschen ab.

Diese Beziehungen aber, etwa die Familienbeziehung, die Beziehungen zwischen Vater, Mutter, Kind und Geschwistern, variabel, wie sie im einzelnen sein mögen, sind in ihrer Grundstruktur durch den Aufbau der Gesellschaft bestimmt, in die das Kind hineingeboren wird und die vor ihm da war. Sie sind verschieden geartet in Gesellschaftsverbänden verschiedener Struktur. Daher haben die konstitutionellen Eigentümlichkeiten, mit denen ein Mensch zur Welt kommt, in verschiedenen Gesellschaftsverbänden, und auch in verschiedenen geist nicht in der Konstitution, in der ererbten Natur des Neugeborenen bereits von vorneherein endgültig festgelegt. Was aus der unterscheidenden Konstitution des Neugeborenen wird, hängt von dem Aufbau der Gesellschaft ab, in der es heranwächst. Sein Schicksal, wie immer es im einzelnen verlaufen mag, ist als ganzes gesellschaftsspezifisch. Und gesellschaftsspezifisch ist dementsprechend auch die schärfer umrissene Erwachsenengestalt, die Individualität, die aus der weniger differenzierten Gestalt des kleinen Kindes im Hin und Her seines Schicksals allmählich hervorgeht. Den Unterschieden im Aufbau des abendländischen Menschengeflechts entsprechend bildet sich etwa in einem Kinde des 12. Jahrhunderts zwangsläufig eine andere Trieb- und Bewußtseinsstruktur und damit eine andere Individualität heraus als in einem Kinde des 20. Jahrhunderts. Es hat sich bei der Untersuchung des Zivilisationsprozesses deutlich genug gezeigt, in welchem Maße die gesamte Modellierung und mit ihr auch die individuelle Gestaltung der einzelnen Menschen von dem geschichtlichen Wandel der gesellschaftlichen Standards, von der Struktur der menschlichen Beziehungen abhängt. Die Individualisierungsschübe selbst, etwa der Individualisierungsschub der Renaissance, sie sind nicht Folgen einer plötzlichen Mutation im Innern einzelner Menschen oder einer zufälligen Zeugung von besonders vielen begabten Menschen, sondern gesellschaftliche Ereignisse, etwa Folgen eines Aufbrechens älterer Verbände oder einer Veränderung in der sozialen Position des Handwerker-Künstlers, Folgen, kurz gesagt, einer spezifischen Umlagerung in der Struktur der menschlichen Beziehungen.

Auch von dieser Seite her verdeckt man sich leicht die fundamentale Bedeutung der Beziehungen zwischen den Menschen für den Einzelnen in ihrer Mitte. Und auch diese Schwierigkeiten haben, wenigstens zum Teil, ihren Grund in dem Typus der Denkmodelle, durch die man in Gedanken diese Beziehungen zu bewältigen sucht. Hier, wie so oft, sind diese Modelle der simpelsten Beziehung von dreidimensionalen Körpern abgewonnen. Die Umstellung, die Anstrengung, die es erfordert, diese Denkmodelle zu durchbrechen, ist sicherlich nicht geringer als die Anstrengung, die notwendig war, als man in der Physik selbst begann, statt von einzelnen Körpern, statt entweder von der Erde oder von der Sonne her, vielmehr von den Beziehungen zwischen den Körpern her, nämlich in Relationen zu denken. Man stellt sich die Beziehung zwischen Menschen heute oft genug ähnlich vor wie eine Beziehung zwischen Billardkugeln: Sie stoßen zusammen und rollen wieder voneinander fort. Sie üben, so sagt man, eine „Wechselwirkung" aufeinander aus. Aber die Figur, die bei der Begegnung von Menschen entsteht, die „Verflechtungserscheinungen", sie sind etwas anderes als eine solche „Wechselwirkung" von Substanzen, als ein rein additives Zu- und Auseinander.

Man denke etwa an ein verhältnismäßig einfache menschliche Beziehungsfigur, an eine Unterhaltung: Ein Partner spricht. Der andere erwidert. Der erste antwortet zurück. Der zweite erwidert von neuem. Betrachtet man nicht nur eine einzelne Bemerkung und deren Gegenbemerkung, sondern das Gespräch und seinen Verlauf als ganzes, die Reihe der ineinander verflochtenen Gedanken, wie sie einander in steter Interdependenz fortbewegen, dann hat man ein Phänomen vor sich, das weder durch das physikalische Modell einer Wechselwirkung von Kugeln zureichend zu bewältigen ist noch etwa durch das physiologische des Verhältnisses von Reiz und Reaktion. Die Gedanken des einen wie des anderen können sich im Laufe des Gesprächs ändern. Es könnte zum Beispiel sein, daß sich zwischen den beiden Partnern im Laufe des Gesprächs eine gewisse Übereinstimmung herstellt. Es wäre möglich, daß der eine den anderen überzeugt. Dann geht etwas von diesem in jenen über. Es wird in dessen individuelles Gedankengebäude eingebaut. Es verändert dieses Gebäude, und es modifiziert sich zugleich auch seinerseits durch diesen Einbau in ein anderes individuelles Gedankensystem. Das gleiche gilt, wenn die Gegnerschaft sich im Laufe des Gesprächs bestätigt oder gar wächst. Dann gehen die Gedanken des einen als Gegner in den inneren Dialog des anderen ein und treiben auf diese Weise dessen Gedanken fort. Das Eigentümliche einer solchen Verflechtungsfigur besteht darin, daß sich in ihrem Verlauf bei jedem der Partner Gedanken, die vorher noch nicht vorhanden waren, bilden oder schon vorhandene weiterbilden können. Die Richtung und Ordnung dieser Bildung und Umbildung der Gedanken aber erklärt sich nicht allein aus dem Aufbau des einen Partners und nicht allein aus dem des anderen, sondern aus der Beziehung zwischen diesem und jenem. Und eben dies, daß sich Menschen in Beziehung zueinander und durch die Beziehung zueinander verändern, daß sie sich ständig in Beziehung zueinander gestalten und umgestalten, dies ist charakteristisch für das Phänomen der Verflechtung überhaupt.

Man stelle sich vor, jemand versuchte, die Reihe der Antworten des einen Partners in einem solchen Gespräch als eine Einheit für sich zu betrachten, die völlig unabhängig von der Verflechtungsfigur des Gesprächs Bestand hat und eine Ordnung für sich besitzt. So etwa geht man vor, wenn man die Individualität eines Menschen als etwas betrachtet, das unabhängig von seinem Beziehungsschicksal, von dem ständigen Weben der Beziehungsfäden, in dem dieser Mensch wurde und wird, Bestand hat. Daß sich die Menschen – anders als Billardkugeln – in der Beziehung und durch die Beziehung zueinander bilden und wandeln, mag vielleicht noch nicht völlig einsichtig werden, solange man beim Nachdenken ausschließlich erwachsene Menschen vor Augen hat, deren Charakter, deren Trieb- und Bewußtseinsstrukturen sich schon mehr oder weniger verfestigt und verhärtet haben. Auch sie sind ganz gewiß niemals völlig abgeschlossen und fertig. Auch sie können sich noch im Wandel ihres Beziehungsschicksals verändern, wenn auch nur verhältnismäßig schwer und im allgemeinen nur in ihrer bewußteren Selbststeuerung. Aber das, was hier als „Verflechtung" bezeichnet wird, und damit das ganze Verhältnis von Individuum und Gesellschaft, kann niemals verständlich werden, solange man sich, wie es heute so oft der Fall ist, die „Gesellschaft" im wesentlichen als eine Gesellschaft von Erwachsenen vorstellt, von „fertigen" Individuen, die niemals Kinder waren und niemals sterben. Eine wirkliche Klarheit über das Verhältnis von Individuum und Gesellschaft vermag man erst dann zu gewinnen, wenn man das beständige Werden von Individuen inmitten einer Gesellschaft, wenn man den Individualisierungsprozeß in die Theorie der Gesellschaft mit einbezieht. Die Geschichtlichkeit jeder Individualität, das Phänomen des Heranwachsens und Erwachsenwerdens, nimmt beim Aufschluß dessen, was „Gesellschaft" ist, eine Schlüsselstellung ein. Die integrale Gesellschaftlichkeit des Menschen tritt erst dann zutage, wenn man sich klar macht, was die Beziehungen zu anderen Menschen für das kleine Kind bedeuten.

Das Kind ist nicht nur in ganz anderem Maße prägsam als der Erwachsene. Es bedarf der Prägung durch andere, es bedarf der Gesellschaft, damit aus ihm ein psychisch Erwachsener wird. Hier, bei dem Kind, sind es nicht nur Gedanken, nicht nur bewußtseinsgesteuerte Verhaltensweisen, die sich ständig in Beziehung zu anderen und durch die Beziehung zu anderen bilden und umbilden, sondern auch die Triebrichtungen, auch die triebgesteuerten Verhaltensweisen. Gewiß ist das, was sich in dem Neugeborenen langsam an Triebfiguren heranbildet, niemals einfach eine Abbildung dessen, was andere in Beziehung zu ihm tun und lassen. Es ist ganz sein eigen. Es ist seine Antwort auf die Art, in der seine Triebe und Emotionen, die von Natur auf andere Menschen ausgerichtet sind, durch diese anderen Antwort und Befriedigung finden. Erst aufgrund dieses kontinuierlichen Triebgesprächs mit anderen Menschen erhalten die elementaren, die unbehauenen Triebimpulse des kleinen Kindes eine fester umgrenzte Ausrichtung, eine schärfer umrissene Struktur; allein aufgrund eines solchen Triebgesprächs bildet sich in dem Kind jene differenzierte psychische Selbststeuerung heraus, durch die sich die Menschen von allen übrigen Lebewesen unterscheiden: ein mehr oder weniger individueller Charakter. Das Kind kann, um psychisch erwachsen, um ein menschliches Individuum zu werden, die Beziehung zu älteren und mächtigeren Wesen nicht entbehren. Ohne die Einverleibung von gesellschaftlich vorgeformten Modellen, von Teilen und Produkten dieser mächtigeren Wesen, ohne die Ausprägung seiner psychischen Funktionen durch sie, bleibt das kleine Kind, um es noch einmal zu sagen, nicht viel mehr als ein Tier. Und eben weil das hilflose Kind, um ein stärker individualisiertes und differenziertes Wesen zu werden, der gesellschaftlichen Modellierung bedarf, kann man die Individualität des Erwachsenen nur aus seinem Beziehungsschicksal, nur im Zusammenhang mit dem Aufbau der Gesellschaft, in der er heranwuchs, verstehen. So gewiß jeder Mensch ein Ganzes für sich ist, ein Individuum, das sich selbst steuert und das niemand zu steuern vermag, wenn es sich nicht selbst steuert, so gewiß ist zugleich die ganze Gestalt seiner Selbststeuerung, der bewußteren wie der unbewußteren, ein Verflechtungsprodukt, nämlich herangebildet in einem kontinuerlichen Hin und Her von Beziehungen zu anderen Menschen, so gewiß ist die individuelle Gestalt des Erwachsenen eine gesellschaftsspezifische Gestalt.

Das Neugeborene, das kleine Kind – nicht weniger als der Greis – hat einen gesellschaftlich zugewiesenen, durch den spezifischen Aufbau des zugehörigen Menschengeflechts geformten Platz. Ist seine Funktion für die Eltern gering oder wird sie – aufgrund einer Umlagerung der gesellschaftlichen Strukturen – geringer als zuvor, dann zeugen die Menschen entweder weniger Kinder oder töten unter Umständen auch die bereits geborenen. Es gibt keinen Nullpunkt der gesellschaftlichen Bezogenheit des Einzelnen, keinen „Anfang" oder Einschnitt, an dem er als ein verflechtungsfreies Wesen gleichsam von außen an die Gesellschaft herantritt, um sich nachträglich mit anderen Menschen zu verbinden; sondern wie Eltern dasein müssen, damit das Kind zur Welt kommt, wie die Mutter erst mit ihrem Blut, dann mit der Nahrung ihres Leibes das Kind nährt, so ist der Einzelne immer und von Grund auf in Beziehungen zu anderen da, und zwar in Beziehungen von ganz bestimmter, für seinen Verband spezifischer Struktur. Aus der Geschichte dieser seiner Beziehungen, seiner Abhängigkeiten und Angewiesenheiten, und damit, im weiteren Zusammenhang, aus der Geschichte des gesamten Menschengeflechts, in dem er aufwächst und lebt, erhält er sein Gepräge. Diese Geschichte, dieses Menschengeflecht ist in ihm gegenwärtig und durch ihn repräsentiert, ob er nun aktuell in Beziehungen zu anderen steht oder ob er allein ist, tätig inmitten einer Großstadt oder tausend Meilen von seiner Gesellschaft entfernt als Schiffbrüchiger auf einer Insel. Auch Robinson trägt das Gepräge einer bestimmten Gesellschaft, eines bestimmten Volkes und Standes an sich. Losgelöst von jeder Beziehung zu ihnen, wie er auf seiner Insel ist, verhält er sich, wünscht er und plant er ihrem Standard gemäß und wünscht, plant, verhält sich dementsprechend anders als Freitag, so sehr sich nun auch beide kraft einer neuen Lage aneinander anpassen und zueinander hinbilden.

2. Gesellschaft als Prozeß

Der Entwicklungsstand einer Gesellschaft läßt sich bestimmen:
1. nach dem Ausmaß ihrer Kontrollchancen über außermenschliche Geschehenszusammenhänge („Naturereignisse"),
2. nach dem Ausmaß ihrer Kontrollchancen über zwischenmenschliche Zusammenhänge („gesellschaftliche Zusammenhänge"),
3. nach dem Ausmaß der Kontrolle jedes einzelnen ihrer Angehörigen über sich selbst als ein Individuum, das, wie abhängig es auch immer von anderen sein mag, von Kindheit an lernt, sich mehr oder weniger selbst zu steuern („Selbstzucht") (WiS, 173),
4. nach dem Ausmaß ihrer *Kontrollchancen über zwischenstaatliche Verhältnisse* (FiS, 76).

- *Alle Gesellschaften, soweit man sehen kann, haben die allgemeinen Kennzeichen von strukturierten Figurationen mit Unterfigurationen auf mehreren Ebenen, von denen Individuen als Individuen nur eine bilden. (ED, 52f.) Jede relativ komplexere, relativ differenziertere und höher integrierte Figuration von Menschen hat weniger komplexe, weniger differenzierte und weniger integrierte Figurationen, von denen sie abstammt, zur Voraussetzung. (WiS, 179)*
- *Beobachtbare Wandlungstendenzen sind gewiß nicht unabhängig von den gezielten Handlungen der Individuen, die diese Figurationen bilden, aber so, wie sie tatsächlich in Erscheinung treten, sind sie weder von irgendeinem einzelnen Menschen noch von Teilgruppen oder von allen diesen Menschen zusammen geplant, beabsichtigt und zielbewußt herbeigeführt worden. (WiS, 182)*
- *Die Entwicklungsprozesse der menschlichen Gesellschaft haben keinen vorgegebenen Sinn, kein vorgegebenes Ziel. (WiS, 170) Sie haben keinen außerweltlichen „Urheber". Die gesellschaftlichen Abläufe gehen über längere Zeit hin betrachtet*

blind und ungesteuert vor sich. (WiS, 170) Der Wandel ist aber weder ungerichtet noch ordnungslos; die Art, wie die jeweils späteren sozialen Formationen aus den früheren hervorgehen, kann bestimmt und erklärt werden. (WiS, 168)
- *Der gesellschaftliche Verflechtungsprozeß und sein jeweiliger Stand, die jeweilige Figuration, an der sich der einzelne Mensch orientiert, stellen eine eigene Ordnung dar, einen Typ von Phänomenen mit Strukturen, Zusammenhangsformen, Regelmäßigkeiten spezifischer Art, die nicht etwa außerhalb der Individuen existieren, sondern sich eben gerade aus der ständigen Integrierung und der Verflechtung der Individuen ergeben. Auf diese Ordnung, die auch spezifische Typen der Unordnung, Typen der Desintegration und der Entflechtung einschließt, bezieht sich alles, was wir über „Gesellschaften", über „soziale Fakten" sagen. (WiS, 102f.) Die Erschließung dieser Ordnung, der Ordnung des Wandels selbst, ist die Aufgabe der Soziologie. (WiS, 102; 123)*
- *Eine Bewegung kann man nur aus einer Bewegung, einen Wandel nur aus einem Wandel erklären. (WiS, 122)*
- *Die als Organismen, als Pflanzen und Tiere organisierten physikalischen Abläufe besitzen Gesetze und Struktureigentümlichkeiten eigener Art, die sich bei einer Reduktion auf physikalisch-chemische Vorgänge nicht erfassen lassen. Die organisierten Einheiten einer höheren Integrationsstufe, etwa der Gesellschaft von Menschen, besitzen eine relative Autonomie gegenüber den Ereignissen der nächstniedrigeren Integrationsstufen oder Teileinheiten. (WiS, 111) Gesellschaftlicher Wandel kann nicht aus nicht-gesellschaftlichen „Ursachen" erklärt werden. Lange gesellschaftliche Prozesse stellen eine Ordnung sui generis dar, sie sind eine Art Gerüst der Menschheitsgeschichte, verschieden von der Gesetzesordnung der physikalischen Natur. (Notizen, 29)*
- *Die Veränderung der menschlichen Figurationen hängt aufs engste mit der Möglichkeit zusammen, Erfahrungen, die in einer bestimmten Generation gemacht worden sind, als gelerntes gesellschaftliches Wissen (gesellschaftlich akkumulierte Erfahrungen) an die folgenden Generationen weiterzugeben. (HG, 26f.) Das ganze Funktionieren des gesellschaftlichen Zusammenlebens von Menschen wird von der Art ihres Bewußtseins dieses Zusammenlebens, es wird von dem, was sie denken, und der Art, wie sie denken, beeinflußt. (Notizen, 34)*
- *Die wichtigsten Antriebe gesellschaftlicher Prozesse sind:*

1. die Konkurrenz der großen und der kleinen Überlebenseinheiten (Angriffs- und Verteidigungseinheiten: Stämme und Staaten),
2. Fortschritte in der Entwicklung der Orientierungsmittel (Wissen),
3. die Entwicklung der Produktionsmittel,
4. die Entwicklung der Selbstkontrollen.

– *Diese Antriebe verschränken sich, sind interdependent und haben zugleich eine relative Autonomie; keiner ist „Überbau". (Notizen, 47)*
– *Mit der Differenzierung der gesellschaftlichen Funktionen in mehr und mehr spezialisierte gesellschaftliche Tätigkeiten und damit der Trennung und Individuierung der Menschen auf der ökonomischen Ebene geht einher ihre Integrierung, die Organisation ihres Zusammenhalts in immer größeren Überlebenseinheiten, die wir Staaten nennen. Die oft asynchronen Entwicklungsschübe der staatlichen und der beruflichen Strukturen sind zwei völlig unabtrennbare Aspekte der Entwicklung eines gesamtgesellschaftlichen Funktionszusammenhangs. (WiS, 154) Staatsbildungsprozesse und wirtschaftliche Prozesse oder, mit anderen Worten, Prozesse der sozialen Integration und der sozialen Differenzierung sind funktional interdependent, aber die einen sind nicht auf die anderen reduzierbar. (FiM, 126)*
– *Als langfristige Trends der Gesellschaftsentwicklung, zu denen es auch immer wieder Gegenbewegungen gibt, lassen sich beobachten:*

1. größere Differenzierung aller gesellschaftlichen Funktionen (Funktionsteilung, „Arbeitsteilung")
2. größere Komplexität, Verlängerung der Interdependenzketten
3. Übergang von kleineren, einstöckigen zu größeren, vielstöckigen Verteidigungs- und Angriffseinheiten – größere und gleichmäßigere Zurückhaltung der Affekte, vom Fremdzwang zum Selbstzwang (Zivilisation)
4. Identifizierung von Menschen mit Menschen als solchen (Abbau sozialer Barrieren)
5. Verringerung der Ungleichheit und Verteilung der Machtgewichte (Machtdifferentiale). (WiS, 172)

Spielmodelle

aus: Was ist Soziologie? München 1981 (4.), S. 79-95

Vor-Spiel: Modell einer unnormierten Verflechtung

Zwei kleine Stämme A und B kommen sich bei der Jagd nach Beute in einem weiten Urwaldgebiet immer wieder in den Weg. Beide sind hungrig. Aus Gründen, die beiden undurchsichtig sind, ist es seit einiger Zeit für sie immer schwerer geworden, genügend Nahrung zu finden. Die Jagd wird weniger ergiebig, die Suche nach Wurzeln und wilden Früchten wird schwieriger. Um so stärker wird die Konkurrenz und die Feindschaft zwischen beiden Stämmen. Der eine besteht aus großen, kräftig gebauten Männern und Frauen mit wenigen jungen Leuten und wenig Kindern. Aus unbekannten Gründen sterben viele ihrer Kinder kurz nach der Geburt. Es gibt viele alte und wenig junge Menschen im Stamm. Ihre Gegner sind kleiner, weniger kräftig gebaut, schnellfüßiger und im Durchschnitt erheblich jünger. Der Prozentsatz der Kinder unter zwölf Jahren ist hoch.

Die beiden Stämme geraten sich also in den Weg. Sie sind in einen lang hingezogenen Kampf miteinander verwickelt. Die kleineren Leute des Stammes A mit den vielen Kindern schleichen sich nachts an das Lager der anderen heran, töten im Dunkel den einen oder den andern und verschwinden leichtfüßig, wenn deren Stammesangehörige, die langsamer und schwerfälliger sind, sie zu verfolgen suchen. Die letzteren rächen sich einige Zeit darauf. Sie töten Kinder und Frauen der anderen, wenn die Männer auf der Jagd sind.

Man hat es hier, wie bei jeder einigermaßen dauerhaften Beziehung, mit einem Verflechtungsprozeß zu tun. Die beiden Stämme sind Rivalen für Nahrungschancen, die sich verknappen. Sie sind abhängig voneinander: Wie bei einem Schachspiel, das ja ursprünglich ein Kriegsspiel war, bestimmt jeder Zug des einen Stammes den des anderen und umgekehrt. Die internen Arrangements der beiden Stämme werden in höherem oder geringerem Maße durch die Abhängigkeit voneinander bestimmt. Sie haben eine Funktion füreinander: Die Interdependenz von Individuen oder von Gruppen von Individuen als Feinde stellt nicht weniger eine funktionale Beziehung dar als ihre Beziehung als Freunde, als Mitarbeiter, als durch Arbeitsteilung voneinander abhängige Spezialisten. Die Funktion, die sie füreinander haben, beruht letzten Endes darauf, daß sie kraft ihrer Interdependenz einen Zwang aufeinander ausüben können. Die Erklärung für die Handlungen, für die Pläne und Zielsetzungen jedes der beiden Stämme läßt sich nicht finden, wenn man sie als frei gewählte Entscheidungen, als Pläne und

Zielsetzungen des einzelnen Stammes ansieht, wie er erscheint, wenn man ihn ganz für sich und unabhängig von dem anderen betrachtet; sie lassen sich nur finden, wenn man die Zwänge in Betracht zieht, die sie kraft ihrer Interdependenz, kraft ihrer bilateralen Funktion füreinander als Feinde aufeinander ausüben.

Der Begriff der Funktion, so wie er heute in einem Teil der soziologischen, auch der ethnologischen Literatur, und vor allem in der „strukturell-funktionalistischen" Theorie gebraucht wird, beruht nicht nur auf einer ungenügenden Analyse der Sachverhalte, auf die man ihn bezieht, sondern auch auf einer Wertung, die bei der Erklärung und beim Gebrauch nicht expliziert wird. Die Wertung besteht darin, daß man unwillkürlich unter „Funktion" Aufgaben eines Teiles versteht, die „gut" für das Ganze sind, weil sie zur Aufrechterhaltung und Integrität eines bestehenden Gesellschaftssystems beitragen. Menschliche Betätigungen, die das nicht tun oder nicht zu tun scheinen, werden dementsprechend als „dysfunktional" gebrandmarkt. Hier spielen offenbar in die wissenschaftliche Analyse gesellschaftliche Glaubensbekenntnisse hinein. Schon allein aus diesem Grund ist es nützlich, sich die Bedeutung des Modells der zwei kämpfenden Stämme zu vergegenwärtigen. Als Feinde haben sie eine Funktion füreinander, die man kennen muß, wenn man die Handlungen und Pläne des einzelnen Stammes verstehen will. Aber das Modell weist zugleich auf die ungenügende Analyse der Sachverhalte hin, die dem Funktionsbegriff bei seinem gegenwärtig vorherrschenden Gebrauch zugrunde liegt. „Funktion" wird gewöhnlich in einer Weise gebraucht, die es so erscheinen läßt, als handele es sich primär um die Bestimmung einer einzelnen gesellschaftlichen Einheit. Das Modell weist darauf hin, daß auch der Begriff der Funktion, wie der der Macht, als Bziehungsbegriff verstanden werden muß. Von gesellschaftlichen Funktionen kann man nur reden, wenn man es mit mehr oder weniger zwingenden Interdependenzen zu tun hat. Die Funktion, die die beiden Stämme füreinander als Feinde haben, zeigt dieses Zwangselement recht deutlich. Die Schwierigkeit im Gebrauch des gegenwärtigen Funktionsbegriffes als Qualität einer einzelnen gesellschaftlichen Einheit beruht eben darauf, daß er die Interdependenz, die Reziprozität aller Funktionen im dunkeln läßt. Man kann die Funktion von A für B nicht verstehen, ohne die Funktion von B für A in Rechnung zu stellen. Das ist gemeint, wenn man sagt, der Funktionsbegriff sei ein Relationsbegriff. Allerdings sieht man das klar und deutlich nur dann, wenn man alle Funktionen, auch die Funktionen von Institutionen, als Aspekte von Beziehungen zwischen Menschen – als Einzelne oder als Gruppen – betrachtet. Dann sieht man zugleich auch, wie eng die Funktionen, die interdependente Menschen füreinander haben, mit der Machtbalance zwischen ihnen zusammenhängen. Ob es sich um Funktionen von Arbeitern und Unternehmern füreinander in industriellen Gesellschaften, um Funktionen der institutionalisierten Fehden zwischen zwei Teilgruppen eines Stammes, um Funktionen von regierenden und regierten Gruppen, um Funktionen von Ehefrau und Ehemann, von Eltern und Kindern handelt – sie sind immer Machtproben unterworfen, die sich gewöhnlich um solche Probleme drehen wie: Wer braucht wen mehr? Wessen Funktion für den anderen, wessen Angewiesenheit auf den anderen ist größer oder kleiner? Wessen Abhängigkeit von dem anderen ist dementsprechend kleiner oder größer? Wer hat größere Machtchancen und kann dementsprechend den andern in höherem Maß steuern, die Funktionen des anderen herabmindern oder ihn gar seiner Funktionen berauben?

Das Vorspiel-Modell stellt gewissermaßen den Grenzfall dar: Hier geht es darum, die andere Seite nicht nur bestimmter Funktionen, sondern des Lebens zu berauben. Diesen Grenzfall darf man bei keiner soziologischen Analyse von Verflechtungen aus dem Auge verlieren. Das Bewußtsein dieser ultima ratio aller gesellschaftlichen Beziehungen allein ermöglicht es, die Frage zu stellen, auf die oben schon hingewiesen wurde: Auf welche Weise war und ist es Menschen möglich, ihre Beziehungen miteinander so zu regulieren, daß diese ultima ratio nur als marginaler Fall der gesellschaftlichen Beziehungen erscheint? Zugleich aber erinnert dieses Vor-Spiel, dieses Modell der unregulierten Beziehung daran, daß jede Beziehung zwischen Menschen ein Prozeß ist. Heute gebraucht man diesen Begriff oft so, als ob es sich um einen unveränderlichen Zustand handele, der sich nur gleichsam zusätzlicherweise einmal verändere. Auch der Begriff der Verflechtung weist auf diesen Prozeßcharakter hin. Wenn man noch einmal den Verlauf des Kampfes zwischen den beiden Stämmen als Beispiel nimmt, dann sieht man das sehr deutlich. Man kann sich vorstellen, wie in einem solchen Kampf auf Leben und Tod jede Seite ständig ihren nächsten Vorstoß plant und zugleich in Alarmbereitschaft lebt, um den kommenden Vorstoß der anderen abzuwehren. Hier, wo es keine gemeinsamen Normen gibt, an denen sie sich orientieren können, orientiert sich jede Seite an ihrer Vorstellung von den Machtmitteln, die der anderen zur Verfügung stehen, an ihrer körperlichen Stärke, ihrer Schläue, ihren Waffen, ihren Nahrungsquellen und -vorräten. Diese Machtquelle, die relative Stärke und in diesem Fall vor allem auch die physische Stärke ist es also, die in ständigen Scharmützeln, in Überfällen auf die Probe gestellt wird. Jede Seite sucht die andere zu schwächen. Hier handelt es sich somit um eine Verflechtung, Zug um Zug, mit vollem Einsatz der ganzen Person, jedes Einzelnen. Es ist das Modell einer zeit-räumlichen, einer vierdimensionalen Verflechtung. Gelingt es dem Stamm der größeren, älteren, muskulöseren, aber auch langsameren Leute, die behenderen, kleineren, weniger erfahrenen, aber agileren von ihrem Lager wegzulocken und einen Teil ihrer Kinder und Frauen zu töten? Gelingt es den letzteren, die anderen durch Schimpfzeichen aufzustacheln, bis sie wütend werden, ihnen nachrennen und so in Fallgruben gelockt und getötet werden? Schwächen und zerstören sie sich gegenseitig bis zu einem Punkt, wo beide untergehen? Man sieht, was gemeint ist, wenn diese Beziehung als Verflechtungsprozeß bezeichnet wird: Man kann die Abfolge der Akte beider Seiten nur in ihrer Interdependenz miteinander verstehen und erklären. Wenn man die Abfolge der Akte jeder Seite für sich betrachten würde, würden sie sinnlos erscheinen. Die funktionale Interdependenz der Akte beider Seiten ist in diesem Fall nicht geringer als im Fall einer geregelten Kooperation. Und obgleich es sich bei dieser Verflechtung der Akte beider Seiten in der Abfolge der Zeit um eine unnormierte Verflechtung handelt, besitzt dieser Prozeß dennoch eine der Analyse zugängliche Struktur.

Modelle normierter Verflechtungen

Auch diese Modelle sind vereinfachende Gedankenexperimente, mit deren Hilfe es möglich ist, den Prozeßcharakter von Beziehungen interdependenter Menschen aufzuzeigen. Gleichzeitig machen sie deutlich, in welcher Weise sich die Verflechtung der Menschen verändert, wenn sich die Verteilung der Machtgewichte verändert. Die Vereinfachung ist unter anderem dadurch vorgenommen worden, daß entsprechend der Natur von Spielmodellen verschiedene Annahmen über die relative Spielstärke der Spieler als Substitut für Unterschiede der Machtpotentiale in realen gesellschaftlichen Beziehungen dienen. Die Abfolge der Modelle dient auch dazu, die Transformation verständlicher zu machen, die in dem Gewebe der menschlichen Beziehungen vor sich geht, wenn die Ungleichheit der Machtdifferentiale sich verringert. Für die Zwecke dieser Einführung muß es genügen, eine Auslese aus einer umfangreicheren Modellserie vorzulegen.

Zweipersonenspiele

1a) Man stelle sich ein Spiel zwischen zwei Personen vor, bei dem der eine Spieler dem anderen weit überlegen ist: A ist ein sehr starker, B ein sehr schwacher Spieler.

In diesem Falle hat A erstens ein sehr hohes Maß an Kontrolle über B: Bis zu einem gewissen Grade kann er ihn zwingen, bestimmte Spielzüge zu tun. Er hat mit anderen Worten „Macht" über ihn. Dieses Wort bedeutet nichts anderes, als daß er die Spielzüge von B in sehr hohem Maße zu beeinflussen vermag. Aber das Ausmaß dieser Beeinflussung ist nicht unbegrenzt. Der Spieler B, relativ spielschwach, wie er ist, hat zugleich auch ein gewisses Maß von Macht über A. Denn ebenso wie sich B mit jedem seiner Züge nach dem vorangehenden Zuge von A richten muß, so muß sich auch A mit jedem seiner Züge nach dem vorangehenden Zuge von B richten. B's Spielstärke mag geringer sein als die von A, aber sie ist nicht gleich null, sonst gäbe es kein Spiel. Menschen, die irgendein Spiel miteinander spielen, beeinflussen sich mit anderen Worten immer gegenseitig. Wenn man von der „Macht" spricht, die ein Spieler über den anderen besitzt, dann bezieht sich dieser Begriff also nicht auf etwas Absolutes, sondern auf den Unterschied – zu seinen Gunsten – zwischen seiner Spielstärke und der des anderen Spielers. Dieser Unterschied, der Saldo der Spielstärken, bestimmt, wie weit Spieler A durch seine jeweiligen Züge die jeweiligen Züge von B beeinflussen kann und wie weit er durch dessen Züge beeinflußt wird. Gemäß der Annahme des Modells 1a ist das Differential der Spielstärken zugunsten A's in diesem Fall sehr groß. Entsprechend groß ist seine Fähigkeit, seinem Gegenspieler ein bestimmtes Verhalten aufzuzwingen.

Aber A hat kraft seiner größeren Spielstärke nicht nur ein hohes Maß an Kontrolle über seinen Gegenspieler B. Er hat zweitens auch ein hohes Maß an Kontrolle über das Spiel als solches. Er kann zwar nicht absolut, aber doch in recht hohem Maße den Spielverlauf – den „Spielprozeß", den Beziehungsprozeß – als Ganzes und damit also auch das Resultat des Spiels bestimmen. Diese begriffliche Unterscheidung zwischen der Bedeutung, die eine hohe Überlegenheit an Spielstärke für den Einfluß eines einzelnen Spielers auf eine andere Person, nämlich seinen Gegenspieler, hat, und der Bedeutung, die seine Überlegenheit für seinen Einfluß auf den Verlauf des Spiels als solchen hat, ist für die Auswertung des Modells nicht unwichtig. Aber die Möglichkeit, zwischen dem Einfluß auf den Spieler und dem Einfluß auf das Spiel zu unterscheiden, bedeutet nicht etwa, daß man sich Spieler und Spiel als getrennt existierend vorstellen kann.

1b) Man stelle sich vor, daß sich das Differential der Spielstärken von A und B vermindert. Es ist gleichgültig, ob das auf einer Zunahme der Spielstärke von B oder auf einer Abnahme der Spielstärke von A beruht. A's Chance, durch seine Spielzüge die von B zu beeinflussen – seine Macht über B – verringert sich in gleichem Maße; die von B vergrößert sich. Das gleiche gilt von A's Vermögen, den Spielprozeß und das Resultat des Spieles zu bestimmen. Je mehr sich das Differential der Spielstärken von A und B verringert, um so weniger liegt es in der Macht eines der beiden Spieler, den anderen zu einem bestimmten Spielverhalten zu zwingen. Um so weniger ist einer der beiden Spieler in der Lage, die Spielfiguration zu kontrollieren; um so weniger ist sie allein von den Absichten und Plänen abhängig, die sich jeder einzelne Spieler für sich selbst vom Spielverlauf gemacht hat. Um so stärker ist umgekehrt der Gesamtplan und der einzelne Zug jedes der beiden Spieler von der sich wandelnden Spielfiguration, vom Spielprozeß, abhängig; um so mehr gewinnt das Spiel den Charakter eines sozialen Prozesses und verliert den des Vollzugs eines individuellen Plans; in um so höherem Maße resultiert, mit anderen Worten, aus der Verflechtung der Züge zweier einzelner Menschen ein Spielprozeß, den keiner der beiden Spieler geplant hat.

Vielpersonenspiele auf einer Ebene

2a) Man stelle sich ein Spiel zwischen einem Spieler A vor, der gleichzeitig gegen mehrere andere Spieler B, C, D usw. spielt, und zwar unter folgenden Bedingungen: A ist jedem einzelnen seiner Gegenspieler an Spielstärke weit überlegen, und er spielt mit jedem einzelnen von ihnen gesondert. In diesem Fall ist die Figuration der Spieler nicht sehr verschieden von der des Modells 1a). Die Spieler B, C, D usw. spielen noch nicht ein gemeinsames, sondern getrennte Spiele, die nur dadurch miteinander verbunden sind, daß jedes der für sich spielenden Individuen den gleichen und ihm selbst gleichermaßen überlegenen Gegenspieler A hat. Es handelt sich also im Grunde um eine Serie von Zweipersonenspielen, von denen jedes seine eigene Machtbalance und seine eigene Entwicklung hat und zwischen deren Verlauf keine direkte Interdependenz besteht. A hat in jedem dieser Spiele recht uneingeschränkt die größere Macht; er besitzt ein sehr hohes Maß an Kontrolle sowohl über seinen Gegenspieler wie über den Verlauf des Spieles selbst. Die Machtverteilung in jedem dieser Spiele ist eindeutig ungleich, unelastisch und stabil. Man muß vielleicht hinzufügen, daß die Situation sich etwas zuungunsten von A verschieben könnte, wenn die Zahl der unabhängigen Spiele, die er gleichzeitig zu spielen hat, sich steigert. Es ist möglich, daß die Überlegenheit seiner Spielstärke, die er jedem einzelnen der Spieler B, C, D usw. gegenüber besitzt, allmählich darunter leiden würde, daß sich die Zahl der voneinander unabhängigen Gegenspieler vermehrt. Die Spanne der aktiven Beziehungen, die ein einzelner Mensch gleichzeitig unabhängig voneinander spielen kann, also sozusagen in getrennten Abteilen, ist begrenzt.

2b) Man stelle sich ein Spiel vor, das der Spieler A gegen mehrere spielschwächere Spieler gleichzeitig spielt, und zwar nicht gegen jeden von ihnen gesondert, sondern gleichzeitig gegen alle zusammen. Er spielt also ein einzelnes Spiel gegen eine Gruppe von Gegnern, von denen jeder einzelne, für sich betrachtet, spielschwächer ist als er selbst.

Dieses Modell läßt Spielraum für verschiedene Konstellationen der Machtbalance. Die einfachste ist die, bei der der Zusammenschluß der Spieler B, C, D usw. zu einer gegen A ausgerichteten Spielgruppe ungetrübt durch Spannungen zwischen diesen Spielern selbst ist. Selbst in diesem Falle ist die Machtverteilung zwischen A und der Gruppe seiner Gegenspieler und damit die Möglichkeit, den Spielverlauf von der einen oder der anderen Seite her zu kontrollieren, weniger eindeutig als in 2a. Die eindeutige Gruppenbildung der vielen spielschwächeren Spieler stellt ohne Zweifel eine Verringerung der Spielüberlegenheit von A dar. Verglichen mit 1a, hat sich die Eindeutigkeit der Kontrolle und der Planung des Spiels und damit auch die Eindeutigkeit der Voraussage über den Verlauf des Spiels verringert. Gruppenbildung spielschwächerer Spieler ohne starke innere Spannungen ist selbst ein Machtfaktor zu ihren Gunsten. Umgekehrt bildet die Gruppenbildung spielschwächerer Spieler mit starken Spannungen innerhalb der Gruppe einen Machtfaktor zugunsten ihres Gegenspielers. Je größer die Spannungen sind, um so größer werden die Chancen von A, die Spielzüge von B, C, D usw. und den Gesamtverlauf des Spiels zu kontrollieren.

Zum Unterschied von Modellen des Typs 1 und des Übergangsmodells 2a, bei denen es sich um Zweipersonenspiele oder, anders ausgedrückt, um bipolare Gruppen handelt, ist 2b ein Beispiel für multipolare oder Mehrpersonenspiele. Man kann es als Übergangsmodell zu 2c betrachten.

2c) Man stelle sich vor, daß sich die Spielstärke von A, verglichen mit der seiner Gegenspieler B, C, D usw. in einem multipolaren Spiel verringert. Die Kontrollchancen von A über die Spielzüge der Gegenspieler und über den Spielverlauf als solchen verändern sich damit in der gleichen Richtung wie in 1b, vorausgesetzt, daß die Gruppe der Gegenspieler sich einigermaßen einig ist.

2d) Man stelle sich ein Spiel vor, bei dem zwei Gruppen, B, C, D, E usw. und U, V, W, X usw. nach Spielregeln, die beiden Seiten gleiche Gewinnchancen geben, und mit annähernd gleicher Spielstärke gegeneinander spielen. In diesem Fall hat keine der beiden Seiten die Möglichkeit, beim Hin und Her der Züge und Gegenzüge einen entscheidenden Einfluß auf die andere Seite auszuüben. Der Spielprozeß ist in diesem Fall weder von einem einzelnen Spieler noch von einer der zwei spielenden Gruppen allein bestimmbar. Die Verflechtung der Spielzüge jedes einzelnen Spielers und jeder Gruppe von Spielern – Zug um Zug – mit denen der einzelnen Gegenspieler und denen der Gegengruppe vollzieht sich in einer gewissen Ordnung, die sich bestimmen und erklären läßt. Aber um das zu tun, bedarf es einer gewissen Distanzierung von den Positionen beider, wie sie erscheinen, wenn man jede Seite für sich betrachtet. Es handelt sich hier um eine Ordnung spezifischer Art, eben eine Verflechtungs- oder Figurationsordnung, innerhalb deren kein Akt der einen Seite allein als Akt dieser einen Seite zu erklären ist, sondern allein als Fortsetzung der vorangehenden Verflechtung und der erwarteten zukünftigen Verflechtung von Akten beider Seiten.

Vielpersonenspiele auf mehreren Ebenen

Man stelle sich ein Vielpersonenspiel vor, bei dem die Zahl der beteiligten Spieler ständig zunimmt. Damit verstärkt sich auch der Druck auf die Spieler, ihre Gruppierung, ihre Beziehungen zueinander und ihre Organisation zu ändern. Der einzelne Spieler muß länger und immer länger warten, ehe er zum Zuge kommt. Es wird immer schwerer für den einzelnen Spieler, sich ein Bild vom Spielverlauf und von der sich wandelnden Spielfiguration zu machen. Ohne ein solches Bild verliert der einzelne Spieler die Orientierung. Er braucht ein einigermaßen klares Bild vom Spielverlauf und der sich im Spielverlauf wandelnden Gesamtfiguration, um seinen nächsten Spielzug angemessen planen zu können. Die Figuration der interdependenten Spieler und des Spiels, das sie miteinander spielen, ist der Bezugsrahmen für die Züge des einzelnen. Er muß in der Lage sein, sich ein Bild von dieser Figuration zu machen, um abschätzen zu können, welcher Zug ihm die beste Gewinnchance gibt oder auch die beste Chance, Angriffe von Gegenspielern abzuwehren. Aber die Spanne des Interdependenzgeflechts, innerhalb dessen ein einzelner Spieler sich angemessen zu orientieren und seine persönliche Spielstrategie über eine Reihe von Zügen hin angemessen zu planen vermag, ist begrenzt. Wenn die Zahl der interdependenten Spieler wächst, wird die Figuration des Spiels, seine Entwicklung und deren Richtung für den einzelnen Spieler immer undurchsichtiger. Sie wird für den einzelnen Spieler, wie spielstark er auch sein mag, immer unkontrollierbarer. Die Verflechtung von mehr und mehr Spielern funktioniert also in zunehmendem Maße – vom einzelnen Spieler her betrachtet –, als ob sie ein Eigenleben besäße. Das Spiel ist auch hier nichts anderes als ein Spiel, das von vielen einzelnen miteinander gespielt wird. Aber mit dem Wachstum der Spieleranzahl wird der Spielverlauf nicht nur für den einzelnen Spieler undurchschaubarer und unkontrollierbarer, sondern es wird allmählich auch für den Einzelnen klarer, daß er es nicht durchschauen und kontrollieren kann. Sowohl die Spielfiguration selbst wie das Bild des einzelnen Spielers von der Spielfiguration, die Art, wie er den Spielverlauf erfährt, wandeln sich zusammen in einer spezifischen Richtung. Sie wandeln sich in funktionaler Interdependenz als zwei unablösbare Dimensionen des gleichen Prozesses. Man kann sie getrennt betrachten, aber nicht *als* getrennt betrachten.

Mit der steigenden Anzahl der Spieler wird es also für jeden einzelnen – und damit für alle Spieler – schwieriger, die – von seiner Position im Ganzen des Spiels her betrachtet – angemessenen oder richtigen Züge zu machen. Das Spiel desorganisiert sich in zunehmendem Maße; es funktioniert schlechter und schlechter. Das Schlechterfunktionieren übt einen steigenden Druck auf die Gruppe der Spielenden aus, sich umzuorganisieren; und zwar ist es ein Druck in einer spezifischen Richtung. Sie läßt mehrere Möglichkeiten offen. Drei von ihnen sollen hier erwähnt werden; aber es ist nur möglich, eine von ihnen weiterzuverfolgen.

Das Wachstum der Spielerzahl kann zu einer Desintegration der Spielergruppe führen. Sie zersplittert in eine Anzahl kleinerer Gruppen. Deren Beziehung zueinander kann zwei verschiedene Formen annehmen. Die Splittergruppen können sich entweder in zunehmendem Maße voneinander entfernen; jede von ihnen spielt dann ihr Spiel völlig unabhängig von jeder anderen weiter. Oder sie können eine neue Figuration interdependenter kleiner Gruppen miteinander bilden, von denen jede ein mehr oder weniger autonomes Spiel für sich spielt, während alle zugleich als Rivalen um bestimmte von ihnen gleichermaßen begehrte Chancen interdependent bleiben.

Die Gruppe der Spieler kann drittens, wenn die Anzahl der Spieler steigt – unter bestimmten Bedingungen, auf die hier nicht eingegangen werden soll –, integriert bleiben, sich aber in eine Figuration von höherer Komplexität verwandeln; aus einer einstöckigen kann eine zweistöckige Gruppe werden.

3a) Zweistöckiges Spielmodell: Oligarchischer Typ
Der Druck, den die wachsende Spielerzahl auf die einzelnen Spieler ausübt, kann dazu führen, daß sich die Spielergruppe, in der alle einzelnen auf gleicher Ebene miteinander spielen, in eine „zweiebenige" oder „zweistöckige" Spielergruppe verwandelt. Alle Spieler bleiben interdependent. Aber sie spielen nicht mehr alle direkt miteinander. Diese Funktion wird übernommen von speziellen Funktionären der Spielkoordination – Repräsentanten, Abgeordneten, Führern, Regierungen, Fürstenhöfen, Monopoleliten usw. –; sie formen miteinander eine zweite, kleinere Gruppe, die sich sozusagen im zweiten Stock befindet. Sie sind die Individuen, die direkt mit- und gegeneinander spielen, aber sie sind zugleich in der einen oder anderen Form an die Masse der Spieler gebunden, die nun das erste Stockwerk bilden. Auch in Spielergruppen kann es keinen zweiten Stock ohne einen ersten Stock geben, keine Funktion der Menschen des zweiten Stocks ohne Bezug auf die des ersten Stockwerks. Die beiden Stockwerke hängen voneinander ab und haben – entsprechend dem Grad ihrer Abhängigkeit voneinander – ein verschiedenes Maß an gegenseitigen Macht-

chancen. Aber die Verteilung der Machtgewichte zwischen den Menschen des ersten und des zweiten Stocks kann sehr verschieden sein. Die Machtdifferentiale zwischen den Spielern des ersten und des zweiten Stocks können – zugunsten der letzteren – außerordentlich groß sein, sie können kleiner und kleiner werden.

Nehmen wir den ersten Fall: Die Machtdifferentiale zwischen erstem und zweitem Stock sind sehr groß. Nur die Spieler im zweiten Stock haben direkten und aktiven Anteil am Verlauf des Spiels. Sie haben das Monopol des Spielzugangs. Jeder Spieler des zweiten Stocks befindet sich in einem Tätigkeitskreis, der sich schon bei den Spielern einstöckiger Spiele beobachten ließ; die Anzahl der Spieler ist klein, jeder der Beteiligten ist in der Lage, sich ein Bild von der beweglichen Figuration der Spieler und des Spiels zu machen; er kann seine Strategie entsprechend diesem Bilde planen und kann durch jeden seiner Züge direkt in die sich ständig bewegende Figuration des Spieles eingreifen. Er kann ferner diese Figuration entsprechend seiner eigenen Position innerhalb der Gruppe in höherem oder geringerem Maße beeinflussen und die Konsequenzen seines Zuges für den Spielverlauf verfolgen, die sich ergeben, wenn andere Spieler ihre Gegenzüge machen und die Verflechtung seines Zuges mit denen von anderen ihren Ausdruck in der sich ständig verändernden Spielfiguration findet. Er kann in der Vorstellung leben, daß der Spielverlauf, wie er sich unter seinen Augen vollzieht, für ihn mehr oder weniger durchschaubar ist. Mitglieder vorindustrieller oligarchischer Machteliten, z.B. Höflinge, Männer wie der Memoirenschreiber Saint-Simon zur Zeit Ludwigs XIV., haben gewöhnlich das Gefühl, daß sie die ungeschriebenen Regeln des Spiels im Zentrum der Staatsgesellschaft ganz genau kennen.

Die Vorstellung einer grundsätzlichen Transparenz des Spiels ist nie völlig wirklichkeitsgerecht; und zweistöckige Figurationen – ganz zu schweigen von drei–, vier- und fünfstöckigen Figurationen, die hier der Einfachheit halber beiseite gelassen werden – sind viel zu komplizierte Gefüge, um ihre Struktur- und Entwicklungsrichtung ohne eingehende wissenschaftliche Untersuchung durchschaubar zu machen. Aber zu solchen Untersuchungen kommt es erst auf einer Entwicklungsstufe der Gesellschaft, auf der Menschen sich zugleich ihres Nichtwissens, also der relativen Undurchschaubarkeit des Spielverlaufs, auf den sich ihre eigenen Züge beziehen, und der Möglichkeit, ihr Nichtwissen durch systematische Forschung zu mindern, bewußt werden können. Das ist im Rahmen von dynastisch-aristokratischen Gesellschaften, die einem oligarchischen Zweiebenenmodell entsprechen, noch nicht oder nur in sehr geringem Maße möglich. Hier wird das Spiel, das die Gruppe des zweiten Stockwerks spielt, noch nicht als Spielprozeß, sondern nur als Häufung von Akten einzelner gesehen.

Der Erklärungswert dieser „Spielsicht" ist um so begrenzter, als in einem zweistöckigen Spiel kein einzelner Spieler, wie groß seine Spielstärke auch sein mag, auch nur annähernd die gleiche Möglichkeit besitzt, andere Spieler und vor allem auch den Spielprozeß als solchen zu bestimmen wie der Spieler A in Modell 1a. Selbst in einem Spiel mit nicht mehr als zwei Ebenen besitzt die Figuration der Spieler und des Spiels bereits ein Maß an Komplexität, das keinem einzelnen Individuum die Möglichkeit läßt, das Spiel kraft seiner eigenen Überlegenheit entsprechend eigenen Zielen und Wünschen zu lenken. Er macht seine Spielzüge zugleich aus und in einem Netzwerk interdependenter Spieler, in dem es Bündnisse und Gegnerschaften, Kooperation und Rivalität auf verschiedenen Stockwerken gibt. Man kann in einem zweistöckigen Spiel mindestens bereits drei, wenn nicht vier verschiedene Machtbalancen unterscheiden, die wie Räder eines Räderwerks ineinandergreifen, und dabei können die Gegner der einen Ebene Verbündete auf einer anderen sein. Da ist erstens die Machtbalance in dem kleineren Spielerkreis des oberen Stockwerks, zweitens die Machtbalance zwischen den Spielern des oberen und denen des unteren Stockwerks, drittens die Machtbalance zwischen den Gruppen des unteren Stockwerks; und wenn man noch weiter gehen will, kann man noch die Machtbalance innerhalb jeder dieser Gruppen hinzufügen. Modelle mit drei, vier, fünf und mehr Stockwerken würden entsprechend mehr ineinander verwobene Machtbalancen haben. Sie würden in der Tat der Mehrzahl der zeitgenössischen Staatsgesellschaften besser entsprechen. Hier kann man sich auf zweistöckige Spielmodelle beschränken.

Bei einem Zweiebenenspiel des älteren oligarchischen Typs ist die Machtbalance zugunsten der oberen Ebene sehr ungleichmäßig, unelastisch und stabil. Die Überlegenheit des kleinen Spielerkreises auf der oberen Ebene über den großen Spielerkreis auf der unteren ist sehr groß. Dennoch engt die Interdependenz der beiden Ebenen auch jeden Spieler auf der oberen Ebene ein. Selbst der Spieler der oberen Ebene, dem seine Position die größte Spielstärke zur Verfügung stellt, hat einen geringeren Spielraum für seine Kontrolle des Spielverlaufs als zum Beispiel der Spieler A im Modell 2b, und sein Kontrollspielraum und seine Chance, das Spiel zu kontrollieren, ist außerordentlich viel kleiner als die des Spielers A in 1a. Es ist nicht unwichtig, diesen Unterschied nochmals zu betonen, denn in geschichtlichen Darstellungen, die sich ja in vielen Fällen allein mit dem kleinen Spielerkreis auf den höchsten Ebenen vielstöckiger Gesellschaften beschäftigen, erklärt man die Akte der betreffenden Spieler oft genug, als ob sie Züge des Spielers A im Modell 1a wären. In Wirklichkeit aber gibt es viele Konstellationen der drei oder vier interdependenten Machtbalancen bei einem solchen zweistöckigen Modell des oligarchischen Typs, die die

Kontrollchancen selbst der stärksten Spieler auf der höheren Ebene erheblich beschränken. Wenn die Gesamtbalance eines solchen Spiels es ermöglicht, daß alle Spieler der unteren und der oberen Ebene gemeinsam gegen den stärksten Spieler A spielen, dann ist seine Chance, sie durch seine Strategie zu zwingen, diejenigen Züge zu machen, die ihm erwünscht erscheinen, außerordentlich gering und ihre Chance, ihn durch ihre Strategie zu zwingen, diejenigen Züge zu machen, die ihren Entscheidungen entsprechen, sehr groß. Wenn auf der anderen Seite rivalisierende Spielergruppen im oberen Stock einigermaßen gleich stark sind und sich gegenseitig die Waage halten, ohne daß die eine oder die andere Seite in der Lage ist, entscheidend zu siegen, dann hat ein einzelner Spieler A, der auf der höheren Ebene außerhalb dieser Gruppierungen steht, eine sehr große Chance, diese rivalisierenden Gruppen und mit ihrer Hilfe den Spielverlauf zu steuern, solange er es mit größter Umsicht und größtem Verständnis für die Eigentümlichkeiten dieser komplizierten Figuration tut. Seine Spielstärke beruht in diesem Falle auf der Einsicht und dem Geschick, mit dem er die durch die Konstellation der Machtgewichte dargebotenen Chancen zu ergreifen und seiner Strategie zugrunde zu legen vermag. Ohne A verstärkt sich angesichts der Rivalität der Gruppen im oberen Stockwerk die Spielstärke der unteren Gruppen.

3b) Zweistöckiges Spielmodell: Vereinfachter Demokratisierungstyp
Man stelle sich ein zweistöckiges Spiel vor, in dem die Stärke der Spieler des unteren Stockwerks im Verhältnis zu der der Spieler des oberen Stockwerks langsam, aber kontinuierlich wächst. Wenn das Machtdifferential zwischen den Spielgruppen der zwei Ebenen sich verringert, wenn es sich in der Richtung einer Verringerung der Ungleichmäßigkeiten verändert, dann wird die Machtbalance labiler und elastischer. Sie neigt in höherem Maße zu Fluktuationen in der einen oder anderen Richtung.

Der stärkste Spieler A der oberen Ebene mag nach wie vor seine Überlegenheit unter den Spielern der oberen Ebene demonstrieren. Mit dem Machtanstieg der Spieler der unteren Ebene sind seine Spieldispositionen dem Einfluß einer noch weit komplexeren Figuration ausgesetzt als die des Spielers A in dem vorhergehenden Modell 3a. Auch dort hat die Gruppierung der Spieler, die die untere Ebene bilden, bereits einen nicht unerheblichen Einfluß auf den Spielverlauf. Aber sie hat noch verhältnismäßig wenig manifesten Einfluß und so gut wie gar keinen direkten Einfluß auf die Gruppierung der oberen Ebene. Der Einfluß der Spieler der unteren Ebene ist gewöhnlich indirekt und latent, unter anderem deswegen, weil es ihnen an Organisation fehlt. Zu den manifesten Zeichen ihrer latenten Stärke gehören die niemals endende Wachsamkeit der Spieler des höheren Stockwerks und das dichte Netz der Maßnahmen, die dazu dienen, sie unter Kontrolle zu halten, und die sich oft verschärfen, wenn ihre potentielle Stärke wächst. Jedenfalls sind die Zwänge der Abhängigkeiten, die die Spieler der oberen Ebene an die der unteren binden, weit weniger sichtbar. Die Überlegenheit der ersteren ist noch so überwältigend groß, daß die Spieler der höheren Ebene sehr oft geneigt sind, zu glauben, sie seien in bezug auf die Spieler der unteren Ebene absolut frei, zu tun und zu lassen, was sie wollen. Sie fühlen sich nur durch ihre Interdependenz mit den Spielern ihrer eigenen Gruppe und durch die Machtbalance unter ihnen gebunden und eingezwängt.

Wenn die Machtdifferentiale zwischen den zwei Ebenen sich verringern, werden die Abhängigkeiten, die sie an die Spieler der unteren Ebene binden, stärker – und da sie stärker werden, treten sie den Beteiligten auch stärker ins Bewußtsein. Sie werden sichtbarer. Wenn die Machtdifferentiale sich weiter verringern, verändern sich schließlich die Funktion und der Charakter der Spieler des oberen Stockwerks. Solange die Machtdifferentiale groß sind, erscheint es den Menschen des oberen Stockwerkes so, als ob das ganze Spiel und besonders auch die Spieler des unteren Stockwerkes für sie selbst da seien. Mit der Verlagerung der Machtgewichte kehrt sich der Sachverhalt um. Mehr und mehr erscheint es allen Beteiligten so, als ob die Spieler des oberen Stockwerks für die des unteren Stockwerks da seien. Allmählich werden die ersteren in der Tat offener und unzweideutiger Funktionäre, Wortführer, Repräsentanten der einen oder der anderen Gruppe der unteren Ebene. Während im Modell 3a das Spiel des kleinen Spielerkreises der oberen Ebene unzweideutig den Mittelpunkt des Gesamtspiels der zwei Ebenen bildet und während dort die Spieler auf der unteren Ebene im großen und ganzen als Randfiguren und Statisten erscheinen, wird nun mit dem Anstieg des Einflusses der unteren Gruppen auf das Spiel für alle Spieler auf dem oberen Stockwerk das Spiel immer komplizierter. Die Strategie jedes einzelnen von ihnen in seinen Beziehungen zu den Gruppen des unteren Stocks, die er repräsentiert, wird nun zu einem ebenso wichtigen Aspekt seines Spiels wie seine Strategie in Beziehung zu anderen Spielern auf dem oberen Stockwerk. Dort ist jeder einzelne Spieler nun in weit höherem Maße zur Zurückhaltung gezwungen und gebunden durch die Zahl der interdependenten Spiele mit sozial weniger und weniger ungleichen Spielern oder Gruppen von Spielern, die er gleichzeitig zu spielen hat. Die Gesamtfiguration dieser ineinander verwobenen Spiele differenziert sich zusehends und wird oft selbst für den begabtesten Spieler unübersichtlich, so daß es immer schwieriger wird, die nächsten Spielzüge in angemessener Weise für sich allein zu entscheiden.

Die Spieler des oberen Stocks, z.B. Parteioligarchen, können in zunehmendem Maße ihre speziellen Spielpositionen nur noch als

Mitglieder von mehr oder weniger organisierten Spielergruppen ausführen. Die Spielergruppen beider Ebenen können zwar noch immer eine Art von Figuration miteinander bilden, die es einem einzelnen ermöglicht, die Balance zwischen interdependenten, aber rivalisierenden Gruppen auf beiden Ebenen in einer solchen Weise zu halten, daß ihm die so gewonnene Position größere Machtchancen in die Hand gibt als irgendeinem anderen Individuum in der Figuration. Aber unter den Bedingungen, die auf eine Verringerung der Machtdifferentiale, auf eine gleichmäßigere Verteilung, eine allseitigere Diffusion von Machtchancen unter Spielern und Spielergruppen hinwirken, bleibt eine Figuration, die einem einzelnen Spieler oder einer ganz kleinen Gruppe von Spielern außerordentlich große Machtchancen zugänglich macht, dieser latenten Machtstruktur entsprechend höchst instabil; sie stellt sich zumeist in Krisenzeiten her und läßt sich nur schwer für längere Zeit aufrechterhalten. Selbst ein Spieler in einer Position, die zeitweilig mit einer besonders großen Spielstärke ausgestattet ist, muß nun in weit höherem Maße als ein Spieler in einer ähnlich starken Position unter den Bedingungen des Spielmodells 3a der stärkeren Position von Spielern im unteren Stockwerk Rechnung tragen. Die ständige Anspannung, die das Spiel nun von einem Spieler in einer solchen Position erfordert, ist sehr viel größer als die eines ähnlich plazierten Spielers unter den Bedingungen des Modells 3a. Unter den Bedingungen des Modells 3a kann es noch oft so erscheinen, als ob ein derart plazierter Spieler und seine Gruppe auch tatsächlich von sich aus den ganzen Spielverlauf kontrollieren und steuern könne. Wenn die Verteilung der Machtgewichte weniger ungleichmäßig und mehr diffus wird, dann wird es auch mehr offenbar, wie wenig sich der Spielverlauf von der Position einzelner Spieler oder Spielergruppen her kontrollieren und steuern läßt, wie sehr – gerade umgekehrt – der Spielverlauf, der sich aus der Verflechtung der Spielzüge einer sehr großen Anzahl von Spielern mit verringerten und sich verringernden Machtdifferentialen ergibt, nun seinerseits die Spielzüge jedes einzelnen Spielers strukturiert.

Die Vorstellungen der Spieler von ihrem Spiel – ihre „Ideen", die Denk- und Sprachmittel, mit denen sie ihre Spielerfahrungen zu verarbeiten und zu meistern suchen – verändern sich in entsprechender Weise. Statt den Spielverlauf allein auf einzelne Spielzüge einzelner Menschen zurückzuführen, wächst unter ihnen langsam die Tendenz, unpersönlichere Begriffe zur gedanklichen Bewältigung ihrer Spielerfahrungen zu entwickeln, die der relativen Autonomie des Spielprozesses gegenüber den Absichten der einzelnen Spieler in höherem Maße Rechnung tragen. Aber dieses Ausarbeiten von kommunizierbaren Denkmitteln, die dem zunehmenden Bewußtsein des zunächst für die Spieler selbst unkontrollierbaren Charakters des Spielverlaufs entsprechen, ist ein langsamer und mühsamer Prozeß. Die Metaphern, deren man sich bedient, pendeln immer von neuem zwischen der Vorstellung, daß sich der Spielverlauf auf Aktionen einzelner Spieler reduzieren läßt, und der anderen Vorstellung, daß er einen überpersönlichen Charakter hat, hin und her. Es ist lange Zeit hindurch für die Spieler außerordentlich schwer, sich klarzumachen, daß die Unkontrollierbarkeit des Spielverlaufs für sie selbst, die den Spielverlauf leicht als eine Art von „Überperson" erscheinen läßt, ihrer gegenseitigen Abhängigkeit und Angewiesenheit als Spieler und den dieser Verflechtung innewohnenden Spannungen und Konflikten entspringt.

3. Zivilisation

Elias beschreibt und erklärt in „Über den Prozeß der Zivilisation" die Bewußtseinsgenese von Menschen in Klassengesellschaften, den Übergang vom Fremd- zum Selbstzwang, die Fortschrittsgeschichte der Sublimation und Selbstbalancierung.

Die Gesellschaftsgefüge werden durchorganisiert, als „äußerlich" verstandene Verhältnisse den Menschen einverseelt. Aufgrund der verdichteten Verkehrsweise mit fremden Menschen, der Verlängerung der Interdependenzketten (Handel, Arbeitsteilung, Geldwirtschaft ...) wächst die Notwendigkeit der Selbstkontrolle, der Vorsicht und Langsicht, der Fähigkeit zur Selbststeuerung der Affekte. Die Affekthaushaltungen werden umgebaut; die Verhaltensmodellierungen wandeln sich.

Der Prozeß der Zivilisation ist der Prozeß der Distanzierung von der Natur, voneinander und von sich selbst, ist die Geschichte der Ich-Differenzierung, die Psychogenese der Ich-stärkenden Abgrenzungsleistungen.

Der Wandel der individuellen Psychostrukturen verändert die Gesellschaft – der Wandel der gesellschaftlichen Verhältnisse verändert den psychischen Habitus der Individuen. Es sind zwei Seiten desselben langen, blinden, ungeplanten, aber nicht ungerichteten Prozesses.

Über den Gebrauch der Gabel beim Essen

aus: Über den Prozeß der Zivilisation, Bd. 1, Frankfurt a.M. 1976, S. 170-174

Wozu dient eigentlich die Gabel? Sie dient dazu, die zerkleinerten Speisen zum Munde zu führen. Warum brauchen wir eine Gabel dazu?

Warum nehmen wir nicht die Finger? Weil es „kannibalistisch" ist, wie 1859 der „Mann im Clubfenster", der ungenannte Verfasser der „Habits of Good Society" sagt. Warum ist es kannibalisch, mit den Fingern zu essen? Das ist keine Frage, es ist selbstverständlich kannibalisch, barbarisch, unzivilisiert, wie immer man es nennt.

Aber das ist ja gerade die Frage: Warum ist es denn zivilisierter mit der Gabel zu essen?

Weil es unhygienisch ist, die Finger zum Essen zu gebrauchen. – Das klingt einleuchtend. Es ist für unser Empfinden unghygienisch, wenn verschiedene Menschen mit ihren Fingern auf die gleiche Platte langen, weil eine gewisse Gefahr besteht, man könne sich durch Berührung mit anderen eine Krankheit holen. Jeder von uns scheint zu fürchten, daß die anderen krank sind.

Aber irgend etwas stimmt an dieser Erklärung nicht. Wir essen ja heute gar nicht mehr aus gemeinsamen Schüsseln. Jeder führt seine Speisen vom eigenen Teller zum Mund. Sie von dort, von dem eigenen Teller mit den Fingern aufzunehmen, kann nicht „unhygienischer" sein, als Kuchen, Brot, Schokolade oder was immer sonst mit den eigenen Fingern zum Munde zu führen.

Wozu braucht man also eigentlich eine Gabel? Warum ist es „barbarisch" und „unzivilisiert" Speisen vom eigenen Teller mit der Hand zum Munde zu führen?

Weil es ein peinliches Gefühl ist, sich die Finger schmutzig zu machen oder wenigstens mit schmutzigen und fettigen Fingern in Gesellschaft gesehen zu werden. Mit Krankheitsgefahren, mit den sog. „rationalen Gründen" hat die Ausschaltung des Essens mit den Händen vom eigenen Teller recht wenig zu tun. Hier, in der Beobachtung unserer Empfindung gegenüber dem Gabelritual, zeigt sich mit ganz besonderer Deutlichkeit: Die primäre Instanz für unsere Entscheidung zwischen „zivilisiertem" und „unzivilisiertem" Verhalten bei Tisch ist unser Peinlichkeitsgefühl. Die Gabel ist nichts anderes als die Inkarnation eines bestimmten Affekt- und Peinlichkeitsstandards. Als Hintergrund der Wandlung, die sich in der Eßtechnik vom Mittelalter zur Neuzeit hin vollzieht, taucht wieder die gleiche Erscheinung auf, die auch in der Analyse anderer Inkarnate dieser Art zutage trat: eine Wandlung des Trieb- und Affekthaushalts.

Verhaltensweisen, die im Mittelalter nicht im mindesten als peinlich empfunden wurden, werden mehr und mehr mit Unlustempfindungen belegt. Der Peinlichkeitsstandard kommt in entsprechenden, gesellschaftlichen Verboten zum Ausdruck. Diese Tabus sind, soweit sich sehen läßt, nichts anderes als Ritual oder Institution gewordenes Unlust-, Peinlichkeits-, Ekel-, Angst- oder Schamgefühl, das gesellschaftlich unter ganz bestimmten Umständen herangezüchtet worden ist, und das sich dann immer wieder reproduziert, nicht allein, aber doch vor allem auch deswegen, weil es sich in einem bestimmten Ritual, in bestimmten Umgangsformen institutionell verfestigt hat.

Die Beispiele zeigen – ganz gewiß nur in einem schmalen Ausschnitt und in relativ zufällig herausgegriffenen Äußerungen Einzelner – wie in einer Phase der Entwicklung, in der die Benutzung der Gabel noch nicht selbstverständlich war, das Peinlichkeitsempfinden, das sich zunächst in einem engen Kreis herausgebildet hat, langsam ausgebreitet wird. „Es ist sehr indezent," heißt es bei Courtin 1672, „etwas Fettiges, eine Soße oder einen Sirup mit den Fingern anzufassen; das zwingt uns, abgesehen von allem anderen, zu zwei oder drei weiteren undezenten Handlungen; es zwingt z.B. dazu, sich häufig die Hände an der Serviette zu säubern und die Serviette zu beschmutzen, wie einen Wischlappen in der Küche, so daß denen, die sehen, wie man sie an den Mund führt, übel ums Herz wird. Oder man muß die Hände am Brot reinigen, was ebenfalls sehr wenig proper ist. (N. B. Die französischen Begriffe ‚propre' und ‚malpropre', wie sie Courtin gebraucht und in einem eigenen Kapitel erklärt, decken sich weniger mit unserem Begriff ‚sauber' und ‚unsauber', als mit dem früher häufiger gebrauchten ‚proper'.) Schließlich bleibt noch die Möglichkeit, sich die Finger abzulecken, und das ist der Gipfel der ‚impropreté'".

Die „Civilité" von La Salle aus dem Jahre 1729, die das Verhalten von oben in weitere Kreise trägt, sagt zwar auf der einen Seite: „Wenn deine Finger sehr fettig sind, wisch sie zuerst an einem Stück Brot ab." Und das zeigt, wie wenig allgemein selbst zu dieser Zeit noch der Peinlichkeitsstandard war, den Courtin bereits Jahrzehnte früher repräsentiert.

Auf der anderen Seite übernimmt La Salle ziemlich wörtlich die Vorschrift Courtins: „Die ‚Bien-séance' gestattet nicht etwas Fettiges, eine Soße oder einen Sirup mit den Fingern anzufassen." Und er nennt unter den „incivilités", zu denen das zwingt, neben dem Schmutzigmachen der Serviette, genau wie Courtin, auch das Abwischen der Hände am Brot und das Ablecken der Finger.

Man sieht, alles ist hier noch im Werden. Der neue Standard ist nicht mit einem Mal da. Bestimmte Verhaltensweisen werden mit Verboten belegt, nicht weil sie ungesund sind, sondern weil sie zu einem peinlichen Anblick, zu peinlichen Assoziationen führen; und von den Vorbild gebenden Kreisen her wird durch viele Instanzen und Institutionen allmählich die Scham darüber, einen solchen Anblick zu bieten, die zunächst fehlt, und die Angst, solche Assoziationen auszulösen, in weiteren Kreisen erweckt. Sind sie aber einmal erweckt und durch bestimmte Ritualien, wie das Gabelritual, allgemein in der Gesellschaft verfestigt, dann reproduzieren sie sich immer wieder von neuem, solange die Struktur der menschlichen Beziehungen sich nicht grundlegend ändert. Die jeweils ältere Generation, für die ein solcher Standard des Verhaltens selbstverständlich geworden ist, drängt die Kinder, die solche Gefühle, die diesen Standard nicht mit auf die Welt bringen, bald heftiger, bald milder, sich ihm entsprechend zu beherrschen und ihre Triebe, ihre Neigungen zurückzuhalten. Wenn ein Kind nach etwas Klebrigem, Feuchtem, Fettigem mit den Fingern greift, sagt man ihm: „Du darfst das nicht, so etwas tut man nicht". Und die Unlust, die derart von den Erwachsenen diesem Verhalten gegenüber erzeugt wird, stellt sich schließlich gewohnheitsmäßig ein, ohne daß sie ein anderer Mensch auslöst.

Zum guten Teil aber wird das Verhalten und Triebleben des Kindes nun dadurch, daß ein bestimmter Gebrauch von Messer und Gabel in der Erwachsenengesellschaft völlig durchgesetzt ist, also durch das Beispiel der umgebenden Welt, auch ohne Worte in die gleiche Form und die gleiche Richtung gezwungen. Es wird nun, da sich dem Druck oder Zwang einzelner Erwachsener der Druck und das Beispiel der ganzen umgebenden Welt zugesellt, von den meisten Aufwachsenden relativ frühzeitig vergessen oder verdrängt, daß ihre Scham und Peinlichkeitsgefühle, ihre Lust- und Unlustempfindungen durch Druck und Zwang von außen modelliert und auf einen bestimmten Standard gebracht wurden. Alles das erscheint ihnen als ihr Persönlichstes, als etwas „Inneres", ihnen gleichsam von Natur mit auf den Weg gegebenes.

Während es in den Äußerungen Courtins und La Salles noch ganz unmittelbar sichtbar wird, daß zunächst auch die Erwachsenen aus Rücksicht aufeinander, aus „Höflichkeit" nicht mehr mit den Fingern essen sollen, nämlich um anderen einen peinlichen Anblick zu ersparen, und sich selbst die Scham, mit „gesoßten" Händen von anderen gesehen zu werden, ist es später mehr und mehr ein innerer Automatismus, der Abdruck der Gesellschaft im Innern, das Über-Ich, das dem Einzelnen verbietet, anders als mit der Gabel zu essen. Der gesellschaftliche Standard, in den der Einzelne zunächst von außen, durch Fremdzwang, eingepaßt worden ist, reproduziert sich schließlich in ihm mehr oder weniger reibungslos durch Selbstzwang, der bis zu einem gewissen Grade arbeitet, auch wenn er es in seinem Bewußtsein nicht wünscht.

Auf diese Weise vollzieht sich also der geschichtlich-gesellschaftliche Prozeß von Jahrhunderten, in dessen Verlauf der Standard der Scham- und Peinlichkeitsgefühle langsam vorrückt, in dem einzelnen Menschen in abgekürzter Form von neuem. Wenn man darauf aus wäre, wiederkehrende Prozesse als Gesetz auszudrücken, könnte man in Parallele zu dem biogenetischen von einem soziogenetischen und psychogenetischen Grundgesetz sprechen.

4. Staatenbildung

Mit der fortschreitenden gesellschaftlichen Funktionsteilung und der zivilisatorischen Veränderung der Menschen kommt es – als Aspekt der gleichen Entwicklung – zu einer langfristigen Verwandlung der staatlichen Integrationsebene.

- *Zum Prozeß der Feudalisierung: In einer bestimmten Phase ist immer und überall im Abendland die Angewiesenheit der jeweils Höheren auf Dienste größer als die Angewiesenheit der jeweiligen Vasallen, wenn sie einmal über ein Stück Land verfügen, auf Schutz. Das gibt den zentrifugalen Kräften in dieser Gesellschaft, in der jedes Stück Land seinen Herren ernährt, ihre Stärke. (PZ II, 81) Auf Verteidigungs- und Eroberungskriege, die stets zur Stärkung der Zentralfunktion beitragen, folgt die Desintegration des Besitzes, der Übergang des Bodens aus der Verfügungsgewalt der Könige in die abgestufte Verfügungsgewalt der Kriegergesellschaft im ganzen. (PZ II, 87f.)*
- *Wenn dann in einer größeren gesellschaftlichen Einheit viele der kleineren gesellschaftlichen Einheiten, die die größere durch ihre Interdependenz bilden, relativ gleiche gesellschaftliche Stärke haben und dementsprechend frei – ungehindert durch schon vorhandene Monopole – miteinander um Chancen der gesellschaftlichen Stärke konkurrieren können, also vor allem um Subsistenz- und Produktionsmittel, dann besteht eine sehr große Wahrscheinlichkeit dafür, daß einige siegen, andere unterliegen und daß als Folge davon nach und nach immer weniger über immer mehr Chancen verfügen, daß immer mehr aus dem Konkurrenzkampf ausscheiden müssen und in direkte*

oder indirekte Abhängigkeit von einer immer kleineren Anzahl geraten. (PZ II, 144)
- *Ein Menschengeflecht, in dem kraft der Größe ihrer Machtmittel relativ viele Einheiten miteinander konkurrieren, neigt dazu, diese Gleichgewichtslage (Balance vieler durch viele, relativ freie Konkurrenz) zu verlassen und sich einer anderen zu nähern, bei der immer weniger Einheiten miteinander konkurrieren können. (PZ II, 135)*
- *In langandauernden Ausscheidungskämpfen entwickeln sich so aus Stammesgesellschaften zentralisierte, im Innern pazifizierte Herrschaftsverbände. Aus der freien Konkurrenz wird eine gebundene Konkurrenz, werden Staatsgesellschaften, an deren Spitze ein „absolut" herrschender (nicht böden-, sondern geldvergebender) Zentralfunktionär steht, ein König, dessen Machtfülle aus dem Machtgleichgewicht der mächtigsten Untertanengruppen, etwa: höfischer Adel, Klerus und Bürgertum, resultiert (Königsmechanismus). Die Zentralinstitutionen des Staates, die Monopole der physischen Gewalt und der steuerlichen Abgaben, werden immer wirksamer. Die finanziellen Mittel, die zur Verfügung der Zentralgewalt zusammenströmen, halten das Gewaltmonopol aufrecht, das Gewaltmonopol hält das Abgabenmonopol aufrecht. (PZ II, 142) Es handelt sich um zwei Seiten der gleichen Monopolstellung. (PZ II, 142)*
- *Die Verfügungsgewalt der durch Privatinitiative in vielen Ausscheidungskämpfen akkumulierten Chancen tendiert dazu, von einem optimalen Punkt der Besitzgröße ab den Händen der Monopolherren zu entgleiten und in die Hände der Abhängigen als eines ganzen oder zunächst wenigstens einiger Gruppen von Abhängigen überzugehen, etwa in die Verfügungsgewalt der bisherigen Monopolverwaltung. Das Privatmonopol einzelner vergesellschaftet sich; es wird zu einem Monopol ganzer Gesellschaftsschichten, zu einem öffentlichen Monopol. (PZ II, 148)*
- *Die sozialen Kämpfe gehen nun nicht mehr um die Beseitigung des Herrschaftsmonopols, sondern um die Frage, wer über die Monopolapparatur verfügen soll, woher sie sich rekrutieren und wie ihre Last und ihr Nutzen verteilt werden sollen. Erst mit der Herausbildung dieses beständigen Monopols der Zentralgewalt und dieser spezialisierten Herrschaftsapparatur nehmen die Herrschaftseinheiten den Charakter von „Staaten" an. (PZ II, 143)*
- *Innerhalb solcher Staaten lassen sich nun folgende Entwicklungstendenzen beobachten:*

1. *Verringerung der Machtdifferenziale zwischen Regierungen und Regierten (Wahlrecht, Presse ...) (WiS, 70)*
2. *Verringerung der Machtdifferenziale zwischen verschiedenen Schichten (WiS, 71)*
3. *Transformation aller gesellschaftlichen Beziehungen auf in hohem Maße reziproke und multipolare Abhängigkeiten und Kontrollen (WiS, 72)*
4. *Gesellschaftswissenschaften und gesellschaftliche Ideale zunehmend als Instrumente der Orientierung in relativ wenig durchschaubaren Gesellschaftsverbänden bei steigender Bewußtheit der Undurchschaubarkeit. (WiS, 73)*

Das Steuermonopol

aus: Über den Prozeß der Zivilisation, Bd. 2, Frankfurt a.M. 1976, S. 301-311

1492 schickt Venedig zwei Gesandte nach Paris, offiziell um Karl VIII. zu seiner Hochzeit mit Anne v. Bretagne Glück zu wünschen, aber in Wirklichkeit ohne Zweifel auch, um sich darüber zu unterrichten, wie und wo Frankreich seine Macht in Italien einzusetzen gedenkt und, ganz allgemein, auch darüber, wie es eigentlich in Frankreich aussieht, wie es mit seinen Finanzen steht, was der König und die Regierenden für Leute sind, was für Erzeugnisse man dort aus- und einführt, welche Parteiungen es gibt; die Gesandten sollen sich mit einem Wort über alles informieren, was wissenswert ist, damit Venedig politisch richtig zu handeln vermag. Und auch diese Gesandtschaften, die nun allmählich aus einer gelegentlichen zu einer ständigen Einrichtung werden, sind ein Zeichen dafür, wie Europa langsam in dieser Zeit über größere Räume hin interdependent wird.

Dementsprechend findet man in dem Bericht unter anderem eine genaue Darlegung der französischen Finanzen und des Finanzgebahrens in diesem Lande. Der Gesandte schätzt, daß der König etwa 3.600.000 Franken Einnahmen jährlich hatte – davon „1.400.000 franchi da alcune imposizioni che si solevano metter estraordinarie ... le quali si sono continuate per tal modo che al presente sono fatte ordinarie." Die Ausgaben des Königs schätzt der Gesandte auf 6.600.000 oder 7.300.000 franchi. Das Defizit, das auf diese Weise entsteht, wird, so berichtet er, auf folgende Weise eingebracht:

„Jedes Jahr, im Januar, versammeln sich die Direktoren der Finanzverwaltung jedes Gebietes – also die des eigentlichen Königsgebietes, die der Dauphiné, der Languedoc, der Bretagne und von Burgund – und machen einen Überschlag (fanno il calcolo) über die Einkünfte und Ausgaben für die Bedürfnisse des folgenden Jahres. Und zwar betrachten sie zuerst die Ausgaben (prima mettono tutta la spesa), und in Höhe des Defizits zwischen den Ausgaben und den zu erwartenden Einnahmen setzen sie eine allgemeine Steuer für alle

Provinzen des Königreiches an. Von diesen Steuern zahlen weder Prälaten noch Edelleute irgend etwas, sondern nur das Volk. Auf diese Weise bringen die ordentlichen Einnahmen und diese taille soviel ein, als die Ausgaben des kommenden Jahres betragen mögen. Wenn während dieses Jahres ein Krieg ausbricht oder irgendeine andere, unerwartete Gelegenheit zu Ausgaben, so daß diese Ausschreibung nicht genügt, setzt man irgendeine andere Steuer an oder man beschneidet und vermindert die Pensionen, so daß man sich bei allen Gelegenheiten die nötige Summe verschafft."

Es ist bisher häufig von der Bildung des Steuermonopols die Rede gewesen. Hier, in dieser Schilderung des venezianischen Gesandten, erhält man ein klares Bild von seiner Gestalt und seinem Funktionieren auf dieser Stufe der Entwicklung. Man stößt in dieser Schilderung zugleich auf eine der wichtigsten Struktureigentümlichkeiten, auf eine der Schlüsselstellungen im Aufbau des Absolutismus und – bis zu einem gewissen Grade – des „Staates" überhaupt: Die Ausgaben haben das Primat vor den Einnahmen. Dem einzelnen Menschen in der Gesellschaft, vor allem dem einzelnen bürgerlichen Menschen, wird es im Lauf der Entwicklung immer stärker zur Gewohnheit und zur Notwendigkeit gemacht, seine Ausgaben ganz streng nach seinen Einnahmen zu richten. Im Haushalt eines gesellschaftlichen Ganzen dagegen bilden die Ausgaben den festen Punkt; und von ihnen werden die Einnahmen abhängig gemacht, nämlich die Abgaben, die man aufgrund des Steuermonopols von den einzelnen Mitgliedern der Gesellschaft fordert. Auch das ist ein Beispiel dafür, wie das Ganze, das sich aus der Verflechtung der Individuen ergibt, Aufbaueigentümlichkeiten besitzt und Gesetzlichkeiten unterliegt, die von denen des einzelnen Menschen verschieden und nicht vom Einzelnen her zu verstehen sind. Die einzige Grenze, die dem Geldbedarf einer solchen gesellschaftlichen Zentrale gesetzt ist, bildet die Steuerkapazität der Gesamtgesellschaft und die gesellschaftliche Stärke der einzelnen Gruppen im Verhältnis zu den verfügungsberechtigten Herren des Steuermonopols innerhalb ihrer. Später, wenn diese Monopolverwaltung unter die Kontrolle breiterer, bürgerlicher Schichten gekommen ist, trennt sich die Haushaltsführung der Gesamtgesellschaft mit aller Entschiedenheit von der Haushaltsführung der einzelnen Personen, die die zentralen Monopole als Funktionäre der Gesellschaft verwalten; die Gesellschaft als Ganzes, der Staat, kann und muß nach wie vor die Abgabeforderungen, die Einnahmen, wesentlich von den gesellschaftlich notwendigen Ausgaben abhängig machen; die Könige, die einzelnen Zentralherren aber müssen sich nun bereits verhalten, wie jeder andere Einzelne; sie haben ihre genau festgelegten Bezüge und richten ihre Ausgaben nach ihren Einnahmen.

Hier, in der ersten Phase des vollendeten Monopols, verhält es sich anders. Königshaushalt und Gesellschaftshaushalt sind noch ungetrennt. Die Könige machen die Abgaben, die sie fordern, von den Ausgaben abhängig, die sie für notwendig halten, ob es sich nun um Ausgaben für Kriege oder für den Bau von Schlössern und um Geschenke an ihre Günstlinge handelt. Die Schlüsselmonopole der Herrschaft haben hier in der Tat den Charakter von persönlichen Monopolen. Aber was, von uns aus gesehen, nur der erste Abschnitt auf dem Wege der Bildung von gesellschaftlichen oder öffentlichen Monopolen ist, das erscheint vor den Augen dieser venezianischen Beobachter in der Zeit um 1500 als eine Neubildung, die sie nicht ohne Neugierde betrachten, wie man nun einmal unbekannte Sitten und Gebräuche fremder Völker zu betrachten pflegt. Bei ihnen zu Hause sieht es anders aus. Die Verfügungsgewalt der obersten venezianischen Behörde, ist, ähnlich, wie die der mittelalterlichen Fürsten, durch Selbstverwaltungsrechte und -körperschaften der verschiedenen Regionen und Stände in hohem Maße beschränkt. Auch Venedig ist das Zentrum eines größeren Herrschaftsgebietes. Andere Munizipalitäten haben sich freiwillig oder unfreiwillig unter seine Herrschaft begeben. Aber selbst bei unterworfenen Kommunen gehört es fast immer zu den Bedingungen, unter denen sie sich in das Herrschaftsgebiet Venedigs eingliedern lassen, „daß keine neue Auflage eingeführt werden dürfe ohne die Billigung der Mehrheit der Räte". (...)

1535 steht in dem Bericht des venezianischen Gesandten folgendes:

„Abgesehen davon, daß der König mächtig durch seine Waffen ist, er hat auch durch den Gehorsam seines Volkes Geld. Ich sage, daß seine Majestät gewöhnlich Einnahmen von zweieinhalb Millionen hat. Ich sage ‚gewöhnlich'; denn, wenn er will, kann er die Abgaben von seinem Volk erhöhen. Soviel Lasten, wie er ihnen auferlegt, soviel zahlen sie ohne jede Einschränkung. Aber ich muß in dieser Hinsicht sagen, daß die Landbevölkerung, die den Hauptteil dieser Lasten trägt, sehr arm ist, so daß jede Vermehrung der Lasten, wie gering sie sei, unerträglich sein würde."

1546 schließlich gibt der venezianische Gesandte Marino Cavalli einen ausführlichen und genauen Bericht über Frankreich, in dem das Eigentümliche an der Regierungsform dieses Landes, wie es sich für das Auge eines unbeteiligten Mannes mit weitem Gesichtskreis in dieser Zeit darstellt, besonders deutlich zutage tritt.

„Viele Königreiche, heißt es da unter anderem, sind fruchtbarer und reicher als Frankreich, zum Beispiel Ungarn und Italien, viele sind größer und mächtiger, zum Beispiel Deutschland und Spanien. Aber keines ist so geeint und so gehorsam, wie Frankreich. Ich glaube nicht, daß etwas anderes die Ursache seines Ansehens ist, als diese beiden: Einheitlichkeit und Gehorsam (unione e obbedienza). Gewiß ist die Freiheit, die am meisten ersehnte Gabe der Welt; aber nicht alle sind ihrer würdig. Daher sind gewöhnlich die einen Völker ganz zum Gehorsam geboren, die anderen zum Befehlen. Macht man es umgekehrt, dann geht es, wie gegenwärtig in Deutschland, wie früher in Spanien. Indes haben die Franzosen, die sich vielleicht dafür als ungeeignet erkannten, ihre Freiheit und ihren Willen vollkommen dem König übergeben. So genügt es, daß er sagt: Ich will so und soviel, ich bewillige so und soviel, ich beschließe so und soviel. Und das Ganze wird exekutiert und prompt getan, als ob sie alle das beschlossen hätten. Die Sache ist schon so weit gegangen, daß heute einer von ihnen, der mehr Geist besitzt als die anderen, gesagt hat: Früher hätten sich ihre Könige ‚reges Francorum' genannt, heute können sie sich ‚reges servorum' nennen. So zahlt man dem König nicht nur alles, was er verlangt, sondern alles andere Kapital ist ebenfalls dem Zugriff des Königs offen.

Vergrößert hat diesen Gehorsam des Volkes Karl VII., nachdem er das Land vom Joch der Engländer befreit hatte, nach ihm Ludwig XI. und Karl VIII., der Neapel eroberte. Ludwig XII. trug sein Teil dazu bei. Aber der regierende König (Franz I.) kann sich rühmen, alle seine Vorgänger um ein großes Stück übertroffen zu haben: Er läßt seine Untertanen Außerordentliches zahlen, soviel wie er will; er vereinigt neue Besitzungen mit dem Krongut, ohne etwas davon wieder fortzugeben. Und wenn er etwas davon wegschenkt, dann hat es nur Gültigkeit für die Lebenszeit des Schenkenden oder des Beschenkten. Und wenn einer oder der andere zu lange lebt, zieht man die ganze Schenkung als etwas der Krone Abträgliches zurück. Es ist wahr, daß einige nachher bestätigt werden. Und was sie in dieser Beziehung tun, tun sie auch mit bezug auf die Anführer und die verschiedenen Grade der Miliz. Wenn also jemand in Euern Dienst tritt und sagt, er hat bei den Franzosen so und soviel Lohn, soviel Titel und Versorgungen gehabt, dann wird Eure Serenität wissen, von welcher Art diese Versorgungen, Titel und Schenkungen sind. Viele gelangen nie dazu oder nur ein einziges Mal in ihrem Leben bei einer Gelegenheit, manche bleiben zwei, drei Jahre ohne irgendeine Belohnung (che non toccano un soldo) zu bekommen. Eure Serenität, die nicht nur ganz bestimmte, sondern gewissermaßen erbliche Dinge vergibt, soll sich ganz gewiß nicht durch das Beispiel dessen, was man woanders macht, beeinflussen lassen. Für mein Urteil ist die Gewohnheit, nur für Lebenszeit zu geben ... ausgezeichnet. Sie gibt dem König immer Gelegenheit, dem Schenkungen zu machen, der es verdient; und es bleibt ihm immer etwas zu verschenken. Wenn die Schenkungen erblich wären, hätten wir zunächst jetzt ein verarmtes Francien, und die gegenwärtigen Könige hätten nichts mehr zu verschenken; so indessen werden sie von Personen bedient, die mehr Verdienste haben als die Erben irgendwelcher früheren Beschenkten. Eure Serenität mögen daran denken, wenn Frankreich das so macht, was sollten dann die anderen Fürsten tun; die nicht über ein so großes Land herrschen. Wenn man sich nicht gut überlegt, wozu diese erblichen Schenkungen führen – zur Erhaltung der Familie, wie man sagt – dann wird es eintreten, daß man keine anständigen Belohnungen mehr für die wirklich verdienten Menschen hat, oder man wird dem Volk neue Lasten auferlegen müssen. Das eine wie das andere ist ungerecht und schädlich genug. Gibt man nur für Lebenszeit, so belohnt man nur die, die es verdienen. Die Güter zirkulieren und kommen nach einiger Zeit zum Fiskus zurück ... Seit achtzig Jahren hat man kontinuierlich mit der Krone Neues vereinigt, ohne etwas fortzugeben, durch Konfiskation, Eintritt in die Nachfolge oder Kauf. Auf diese Weise hat die Krone dermaßen alles absorbiert, daß es keinen einzigen Fürsten im ganzen Reich mehr gibt, der zwanzigtausend Scudi Einkommen besitzt. Und überdies sind die, welche Einkünfte und Ländereien besitzen, nicht ordentliche Besitzer; denn dem König bleibt die Oberherrschaft kraft der Appelationen, der Umlagen, der Soldatengarnisonen und all der anderen neuen und außerordentlichen Lasten. Die Krone wird immer reicher, einheitlicher und bekommt ein riesiges Renomée; und das macht sie sicher vor Bürgerkriegen. Denn da es nichts als arme Fürsten gibt, so haben sie weder den Sinn noch die Möglichkeit, etwas gegen den König zu versuchen, wie es ehemals die Herzöge von Bretagne, Normandie, Burgund und viele andere große Herren der Gascogne machten. Und wenn sich jemand findet, der etwas Unüberlegtes tut, und versucht sich zu rühren, um irgendeine Änderung herbeizuführen, wie der v. Bourbon, das gibt dem König nur noch rascher Gelegenheit, sich durch dessen Ruin zu bereichern."

Hier hat man noch einmal, in einer Vision zusammengefaßt, einen Überblick über die entscheidenden Aufbaueigentümlichkeiten des werdenden Absolutismus. Ein Feudalherr hat die Vormacht vor allen seinen Konkurrenten, die Oberherrschaft über alle Böden gewonnen. Und diese Verfügung über die Böden kommerzialisiert oder monetisiert sich mehr und mehr. Die Wandlung äußert sich einmal darin, daß der König ein Monopol der Abgabeneinziehung und -festsetzung über das ganze Land hin besitzt, so daß er über das bei weitem größte Einkommen des Landes verfügt. Aus dem Boden besitzenden und Boden vergebenden König wird mehr und mehr ein über Geld verfügender und Geldrenten vergebender König. Eben damit vermag er auch immer mehr den verhängnisvollen Zirkel der naturalwirtschaftlichen Herrscher zu durchbrechen. Er bezahlt die Dienste, die er braucht, die militärischen Dienste, wie die höfischen oder die Verwaltungsdienste, nicht mehr durch Weggabe von Teilen seines Besitzes an die Dienenden, als deren erbliches Eigentum, wie es zum Teil offenbar noch in Venedig der Fall ist, sondern er gibt bestenfalls Böden und Geldrenten auf Lebenszeit weg, und zieht sie dann wieder ein, so daß sich der Kronbesitz nicht verringert; und in einer immer größeren Anzahl von Fällen belohnt er die Dienste nur noch mit Geldgeschenken, mit Gehältern. Er zentralisiert die Abgaben des ganzen Landes und verteilt die einströmenden Gelder wieder nach seinem Gutdünken und im Interesse seiner Herrschaft, so daß eine gewaltige und eine immer wachsende Anzahl Menschen im ganzen Lande mittelbar oder unmittelbar von der Gunst des Königs, von den Geldzahlungen der königlichen Finanzverwaltung abhängt. Es sind die mehr oder weniger privaten Interessen der Könige und ihrer nächsten Diener, die zu einer Ausnutzung der gesellschaftlichen Chancen in dieser Richtung hin drängen; aber was sich in dem Interessenkampf der verschiedenen, sozialen Funktionen herausbildet, ist jene Organisationsform der Gesellschaft, die wir „Staat" nennen. Das Steuermonopol ist zusammen mit dem Monopol der physischen Gewalt das Rückgrat dieser Organisationsform. Man kann die Genese, man kann das Vorhandensein von „Staaten" nicht verstehen, solange man sich nicht – sei es auch zunächst nur am Beispiel eines Landes – darüber Rechenschaft gibt, wie sich eines dieser Zentralinstitute des „Staates" im Zuge der Beziehungsdynamik, nämlich aufgrund einer ganz bestimmten Zwangsläufigkeit der Beziehungsstrukturen, der ineinander verflochtenen Interessen und Aktionen, Schritt für Schritt heranbildet. Das Zentralorgan der Gesellschaft erhält bereits hier – man sieht es aus dem Bericht des Venezianers – eine bisher unbekannte Stabilität und Stärke, weil sein verfügungsberechtigter Herr dank der Monetisierung der Gesamtgesellschaft zur Bezahlung von Diensten nicht mehr Ländereien aus seinem eigenen Besitzvorrat zu vergeben braucht, der sich ohne Expansion mehr oder weniger rasch erschöpfen müßte, sondern nur noch Geldsummen aus den regelmäßig fließenden Steuereinnahmen. Die Eigenart des Geldes aber überhebt ihn schließlich auch jener Notwendigkeit, die sich zunächst von der Belohnung mit Böden auf die Belohnung mit Geld übertragen hatte: Sie überhebt ihn der Notwendigkeit, Dienste durch ein lebenslängliches und vererbliches Besitztum zu vergelten. Sie macht es möglich, eine einzelne Dienstleistung oder eine Reihe von Dienstleistungen jeweils durch eine entsprechend große, einmalige Zahlung zu vergelten, durch einen Lohn oder ein Gehalt. Die mannigfachen und weitreichenden Konsequenzen dieser Wandlung müssen hier beiseite bleiben. Das Erstaunen des Venezianischen Gesandten zeigt zur Genüge, wie hier dieser heute alltägliche und selbstverständliche Gebrauch als etwas Neues vor den Augen der Menschen auftaucht. Zugleich zeigen die Erläuterungen, die er gibt, noch einmal besonders deutlich, weshalb erst die Monetisierung der Gesellschaft stabile Zentralorgane möglich macht: Die Geldzahlung hält alle darauf Angewiesenen in dauernder Abhängigkeit von der Zentrale. Nun erst können die zentrifugalen Tendenzen endgültig gebrochen werden.

Und aus diesem größeren Zusammenhang heraus muß man also auch verstehen, was dem Adel in dieser Zeit geschieht: Der König hat in der vorangehenden Zeit, als der übrige Adel noch stärker war, seine Macht als Zentralherr in gewissen Grenzen zugunsten des Bürgertums eingesetzt; so ist aus seinem Herrschaftsapparat eine Bastion des Bürgertums geworden. Nun, da im Zuge der Geldverflechtung und der militärischen Zentralisierung die Krieger, die Gutsherren, der Adel immer mehr ins Sinken kommt, setzt der König sein Gewicht und die Chancen, die er zu verteilen hat, in bestimmten Grenzen wieder etwas mehr zugunsten des Adels ein. Er schafft einem Teil des Adels die Möglichkeit, als eine gehobene Schicht über dem Bürgertum fortzubestehen. Langsam, nach den letzten fruchtlosen Widerstandsversuchen ständischer Elemente in den Religionskriegen und dann noch einmal in der Fronde, werden die Hofämter zu einem Privileg und damit zu einer Bastion des Adels. Auf diese Weise schützen die Könige den Vorrang des Adels; sie verteilen ihre Gunst und die Geldchancen, über die sie verfügen, so, daß die durch das Absinken des Adels gefährdete Balance gewahrt bleibt. Aber damit wird aus dem relativ freien Kriegeradel von ehemals ein Adel, der lebenslänglich in Abhängigkeit und im Dienst des Zentralherrn steht. Aus Rittern werden Höflinge. Und wenn man sich fragt, welche soziale Funktion eigentlich diese Höflinge haben, so liegt die Antwort hier. Man hat sich daran gewöhnt, den höfischen Adel des acien régime als eine „funktionslose" Schicht zu bezeichnen. Und in der Tat, eine Funktion im Sinne der Arbeitsteilung und damit im Sinne der arbeitsteiligen Nationen des 19. und 20. Jahrhunderts, hat dieser Adel nicht gehabt. Der Funktionskreislauf des „ancien régime" ist ein anderer. Er ist wesentlich dadurch bestimmt, daß hier der Zentralherr noch in hohem Maße persönlicher Besitzer der Herrschaftsmonopole ist, daß es hier noch keine Scheidung zwischen dem Zentralherrn als Privatmann und dem Zentralherrn als Funktionär der Gesellschaft gibt. Der höfische Adel hat keine unmittelbare Funktion im Prozeß der Arbeitsteilung, aber er hat eine Funktion für den König. Er gehört zu den unentbehrlichen Fundamenten seiner Herrschaft. Er ermöglicht es dem König, sich von dem Bürgertum zu distanzieren, wie es ihm das Bürgertum ermöglicht, sich von dem Adel zu distanzieren. Er hält dem Bürgertum in der Gesellschaft das Gegengewicht. Das ist neben manchen anderen seine wichtigste Funktion für den König; ohne diese Spannung zwischen Adel und Bürgertum, ohne diesen betonten Unterschied der Stände verlöre der König den größten Teil seiner Verfügungsgewalt. Der Bestand des höfischen Adels ist in der Tat ein Ausdruck dafür, wie weit hier die Herrschaftsmonpole noch persönlicher Besitz des Zentralherrn sind, wie weit die Einkünfte des Landes noch entsprechend dem Sonderinteresse der Zentralfunktion verteilt werden können. Die Möglichkeit einer Art von planmäßiger Verteilung der Landeseinnahmen ist mit deren Monopolisierung schon gegeben. Aber diese Möglichkeit der Planung wird hier noch zur Aufrechterhaltung von sinkenden Schichten oder Funktionen genutzt.

Es ist ein klares Bild vom Aufbau dieser absolutistischen Gesellschaft, das sich mit alledem ergibt: Die weltliche Gesellschaft des französischen ancien régime besteht entschiedener als die des 19. Jahrhunderts aus zwei Sektoren, einem größeren, ländlich agrarischen, einem kleineren, aber wirtschaftlich allmählich immer stärkeren, städtisch-bürgerlichen. In beiden gibt es eine Unterschicht, hier die städtischen Armen, die Masse der Gesellen und Arbeiter, dort die Bauern. In beiden gibt es eine untere Mittelschicht, hier die kleinen Handwerker und wohl auch noch die untersten Beamten, dort die ärmeren Landadligen in den Winkeln der Provinz, in beiden eine gehobene Mittelschicht, hier die wohlhabenden und reichen Kaufleute, die hohe städtische und in der Provinz selbst noch die höchste Gerichts- und Verwaltungsbeamtenschaft, dort der wohlhabendere Land- und Provinzadel. Und in beiden Sektoren gibt es schließlich eine Spitzenschicht, die bis hinein in den Hof reicht, die hohe Beamtenschaft, die noblesse de robe hier, der höfische Adel, die Spitze der noblesse d'épée, dort. Der König hält in den Spannungen innerhalb dieser Sektoren und zwischen diesen Sektoren, kompliziert durch die Spannungen und Bündnisse beider mit der entsprechend gegliederten Geistlichkeit, das Spannungsgleichgewicht mit Sorgfalt aufrecht. Er sichert die Privilegien und das gesellschaftliche Prestige des Adels gegenüber der wachsenden, ökonomischen Stärke bürgerlicher Gruppen. Und er verwendet, wie gesagt, einen Teil des Sozialprodukts, das er kraft seiner Verfügung über das Finanzmonopol zu verteilen hat, unmittelbar zur Ausstattung der adligen Spitzenschicht. Wenn dann nicht lange vor der Revolution, nachdem alle Reformversuche gescheitert sind, unter den Parolen der oppositionellen, bürgerlichen Gruppen die Forderung nach Beseitigung der Adelsprivilegien in den Vordergrund tritt, so ist darin also ganz unmittelbar auch die Forderung nach einer anderen Handhabung des Steuermonopols und der Steuererträge enthalten. Beseitigung der Adelsprivilegien, das heißt auf der einen Seite: Abschaffung der Steuerfreiheit des Adels, also eine andere Verteilung der Steuerlasten; es heißt auf der anderen Seite: Abschaffung oder Verringerung der vielen Hofämter, Vernichtung des – von diesem Neubürgertum, dem Berufsbürgertum her gesehen –, nutz- und funktionslosen Adels, und damit zugleich eine andere Verteilung der Steuererträge, eine Verteilung nicht mehr im Sinne des Königs, sondern mehr im Sinne des funktionsteiligen Ganzen der Gesellschaft oder zunächst wenigstens im Sinne des höheren Bürgertums selbst. Schließlich aber bedeutet die Beseitigung der Adelsprivilegien auch die Vernichtung der bisherigen Position des Zentralherrn als Waagehalter zwischen den beiden Ständen in ihrer bestehenden Rangordnung. In der Tat balancieren die Zentralherren der folgenden Periode auf einem anderen Spannungsgeflecht. Sie und ihre Funktion haben dementsprechend auch einen anderen Charakter. Nur eines bleibt sich gleich: Auch bei diesem anderen Aufbau der Spannungsachsen ist die Machtfülle der Zentralinstanzen relativ begrenzt, solange die Spannungen noch nicht allzu groß sind, solange mit anderen Worten, eine ständige, direkte Verständigung zwischen den Vertretern der Spannungspole noch möglich ist, und sie wächst in der Phase, in der diese Spannungen wachsen, solange noch nicht eine der ringenden Gruppen ein entschiedenes Übergewicht besitzt.

5. Die Doppelbinder-Falle

In späteren Schriften beschäftigt sich Elias unter dem Stichwort „Abtrift zum Atomkrieg" mit dem auf die Spitze getriebenen Konkurrenzkampf: Für den erstarrten Clinch der Supermächte (1945-1989), den Teufelskreis des Wettrüstens (FiM, 78) entwickelt er das Modell eines selbsteskalierenden Doppelbinders, das Modell einer Zwickmühle oder Doppelbinder-Falle. (Notizen, 76; 79)

- *Die mächtigsten Staatsgesellschaften bilden miteinander eine bekannte Figuration, einen strukturellen „Clinch", eine Machtbalance interdependenter Staaten, die so voneinander abhängig sind, daß jeder von ihnen sich von einem gegnerischen Staat in seiner Unabhängigkeit, in seiner Machtverteilung, in seiner einfachen physischen Existenz bedroht fühlt. Dementsprechend versucht jede Seite unablässig ihr Machtpotential und besonders auch ihre strategischen Chancen bei einer kriegerischen Auseinandersetzung zu verbessern. (WiS, 189)*
- *Beide Seiten sind aus Furcht vor der Gefahr nicht zu einer relativen Distanzierung und zur Kontrolle der Gefahr fähig, auch wenn sie bei größerer Gelassenheit immer noch Chancen der Kontrolle und somit eines schadlosen Entkommens erkennen könnten. (FiM, 81) Die Menschen sind auf der zwischenstaatlichen Ebene immer noch in archaischer Form aneinander gebunden. (FiM, 122)*
- *In früheren Tagen waren die Positionsmanöver zweier Hegemonialmächte in der kriegsvorbereitenden Phase gewöhnlich auf einen vergleichsweise engen Raum beschränkt. Heute beziehen sie die ganze Welt mit ein. (FiM, 143) In jedem Fall aber werden die mächtigsten Staatseinheiten an der Spitze einer Hierarchie interdependenter Staaten fast regelmäßig in einen Konkurrenzkampf miteinander getrieben. So stark ist der*

nen Konkurrenzkampf miteinander getrieben. So stark ist der Sog dieser Polarisierung zwischen den beiden Hegemonialmächten an der Spitze einer Staatenpyramide, daß die anderen Staaten immer wieder – und nicht selten gegen ihren Willen und ihr besseres Wissen – in das Kraftfeld des einen oder anderen gezogen werden. (FiM, 128) Ein großer Krieg wird heute, wenn er kommt, völlig globale Ausmaße annehmen. Das ist einer der Punkte, an denen sich die Figuration, die von den Vereinigten Staaten und der Sowjetunion gebildet wird, von ähnlichen bipolaren Situationen der Vergangenheit unterscheidet. (FiM, 143) In der gegenwärtigen Phase des jahrtausendelangen Ausscheidungskampfes der Staaten befinden sich alle möglichen Akteure bereits auf der Bühne. (FiM, 143)

– *Es ist die Kollision der Träume, der gesellschaftlichen Phantasien, „Freiheit" und „Gleichheit", die Kollision der sozialen Glaubenssysteme, die der gegenseitigen Bedrohung der beiden Großmächte in höherem Maße ihre Härte und Unausweichlichkeit verleiht als irgendwelche Interessengegensätze, die man als „real" bezeichnen könnte. (WiS, 28)*

– *Die wachsende Interdependenz von zwischengesellschaftlichen und innergesellschaftlichen Entwicklungen führt über die ganze Erde hin zu latenten und offenen Konfrontierungen von Parteigängern der polarisierten Großgesellschaften innerhalb vieler der mittleren und kleineren Staatsgesellschaften. (WiS, 190) Innerstaatliche Spannungsachsen richten sich im Sinne der zwischenstaatlichen Spannungsachsen aus und kristallisieren sich um die zwischenstaatlichen Spannungsachsen. (WiS, 191)*

„Was können wir tun, um den Krieg zu verhindern?"

aus: Humana conditio. Beobachtungen zur Entwicklung der Menschheit am 40. Jahrestag eines Kriegsendes (8. Mai 1985), Frankfurt a.M. 1985, S. 72-83

Auf früheren Stufen ist die Befriedung einer Staatengruppe so gut wie immer dadurch zustande gekommen, daß aus einer Sequenz von Ausscheidungskämpfen innerhalb einer Staatengruppe ein einzelner Staat als Sieger und somit als Hegemonialmacht hervorging. Die Pax Romana ist ein bekanntes Beispiel dieser Art. Ansätze in derselben Richtung zeigen sich auch bei den beiden großen Militärmächten, die während der zweiten Hälfte des 20. Jahrhunderts als solche in den zwischenstaatlichen Auseinandersetzungen über die ganze Welt hin in den Vordergrund traten.

Halb verdeckt kündigt sich in den nationalen Ideologien der zwei stärksten Militärmächte in der zweiten Hälfte des 20. Jahrhunderts der nationale Traum einer Hegemonialstellung über die ganze Menschheit bereits an. Es ist nützlich, in diesem Zusammenhang die eigene Vorstellungskraft ein wenig zu bemühen und in Gedanken mögliche Situationen heraufzubeschwören, selbst wenn sie keine oder nur eine ganz geringe Chance haben, zu wirklichen Situationen zu werden.

Man stelle sich vor: Wenn es die Vereinigten Staaten nicht gäbe, dann wäre die Sowjetunion heute möglicherweise nach dem Sieg über Deutschland zu der bei weitem stärksten Militärmacht nicht nur Europas, sondern der Menschheit geworden. Natürlich bleibt es eine offene Frage, ob die Sowjetunion ohne die Hilfe Amerikas und seiner Bundesgenossen den Sieg über Deutschland hätte erringen können. Aber nehmen wir einmal an, das wäre geschehen. Die sowjetische Militärmacht hätte einen solchen Vorsprung gegenüber der Militärmacht aller anderen Staaten der Menschheit errungen, daß die Sowjetunion de facto zur Hegemonialmacht der Menschheit geworden wäre. In diesem Falle wären also die Führer der kommunistischen Parteien aller Länder die effektiven Herrscher dieser Länder geworden. Die Führung der kommunistischen Partei Sowjetrußlands, des stärksten Militärstaats der Erde, würde dann eine Hegemonialstellung über die ganze Menschheit einnehmen. Sie würde vermutlich versuchen, kriegerische Auseinandersetzungen zwischen Vasallenstaaten mit Hilfe ihrer überlegenen Militärmacht zu verhindern und auf diese Weise die Befriedung der Menschheit, die Pax Sovietica einzuführen. Der Traum von einer solchen sowjetrussischen Welthegemonie ist in etwas versteckter Form in der offiziellen sowjetrussischen Glaubensdoktrin enthalten. Die etwas einseitig auf Wirtschafts- und Klassenverhältnisse beschränkte marxistische Lehre verdeckt ihn. Diese Lehre spricht lediglich von der gesellschaftlichen Notwendigkeit, mit der früher oder später kommunistische Revolutionen Diktaturen des Proletariats, also genauer gesagt: Diktaturen einer kommunistischen Parteiführung, entstehen lassen werden. Die Einseitigkeit der Marxschen Lehre, die den staatlichen und vor allem auch den militärischen Machtquellen keine eigenständige gesellschaftliche Bedeutung zuerkennt, verdeckt eine Tatsache, die Marx gewiß nicht vorhersehen konnte – die Tatsache, daß ein Sieg des Kommunismus über die ganze Erde hin wahrscheinlich eine Hegemonialstellung der mächtigsten kommunistischen Militärmacht, also der Sowjetunion, mit sich bringen würde.

Die Pax Sovietica, als hypothetische Möglichkeit betrachtet, hat ihr Gegenstück in der Pax Americana. Der in den Vereinigten Staaten selbst oft diskutierte amerikanische Traum, the American Dream, ist gewiß bisher nicht ausdrücklich auf eine Hegemonialstellung Amerikas gerichtet. Aber es fehlt nicht an Ansätzen in dieser Richtung. Auch im Falle Amerikas, ähnlich wie in dem Sowjetrußlands und als Gegenschlag gegen den kommunistischen Anspruch auf weltweite Vorherrschaft, nimmt der Einsatz für das eigene, kapitalistisch organisierte Mehrparteiensystem häufig genug den Charakter einer weltweiten Mission an. Wie im Falle der Sowjetunion geht in dem der Vereinigten Staaten die Sorge um die eigene Sicherheit oft genug mit der Forderung Hand in Hand, die eigene Militärmacht müsse die stärkste der Welt sein, um die militärische Integrität des eigenen Landes sicherzustellen.

Auch dies ist eine der eigentümlichen Regelmäßigkeiten des bipolaren Hegemonialkampfes: Solange sich die beiden stärksten Militärstaaten die Waage halten, solange sich ihre ökonomischen und militärischen Machtmittel annähernd gegenseitig ausbalancieren, bleibt den weniger mächtigen Staaten ein nicht unerheblicher Spielraum zu eigenen Entscheidungen, ein Freiheitsspielraum der Selbstherrschaft offen. Je mehr sich die Machtbalance zugunsten einer der beiden stärksten Militärmächte verlagert, um so unzweideutiger gewinnt die betreffende Macht den Charakter einer Hegemonialmacht der Menschheit. Aber ich erwähne diese Möglichkeit nur, um die soziale Eigendynamik einer solchen Staatenkonstellation verständlich zu machen. In Wirklichkeit ruft das Stärkerwerden einer der beiden Hegemonialmächte – sei es direkt durch Wachstum des militärischen Potentials, sei es durch ein neues Bündnis, durch einen Positionsgewinn im Felde der nicht festgelegten Staaten – gewöhnlich einen Ausgleichsversuch der anderen Hegemonialmacht hervor, der die Balance wiederherstellt und mit ihr die einzige Form der Sicherheit, die die beiden Hegemonialmächte in ihrer Beziehung zueinander haben können. Es ist eine schwierige Situation. Jede der beiden Mächte unternimmt ständig den Versuch, die andere zu übertrumpfen; jede macht ständig den Versuch, den geringsten Vorsprung der anderen auszugleichen. Jede sucht unwillkürlich, sich näher an eine Welthegemonie, an die Position des stärksten Militärstaats der Erde heranzuarbeiten; jede wird ständig durch den Gegenzug der anderen daran gehindert.

Ich sage durchaus nicht, daß die jeweiligen Regierungen der beiden Staaten bewußt auf Weltherrschaft hinstreben. Ich sage nur, daß die eigentümliche Zwangslage, in der sich beide Mächte befinden, beide in diese Richtung drängt. Das, was wir Wettrüsten nennen, ist ebenfalls ein Ergebnis dieser Zwangslage. Ich unterstelle auch nicht, daß irgendeine Regierung der beiden Hegemonialstaaten im vollen Bewußtsein der Konsequenzen auf einen Krieg hinarbeitet. Ich sage lediglich, daß sich die Regierungen der beiden Staaten dadurch, daß sie sich militärische oder positionale Vorteile über die Gegenseite zu verschaffen suchen, unwillkürlich näher an einen Krieg heranarbeiten. Es gibt gute Belege dafür, daß beide Seiten, die kommunistische wie die kapitalistische Großmacht – besonders in den Spitzengruppen, aber vielleicht auch Teile der Völker –, davon träumen, daß die andere Seite verschwinden werde. Beide träumen von dem Kollaps der Gegenseite. Sie tun vielleicht auch einiges, um den Kollaps herbeizuführen, möglichst ohne die Notwendigkeit eines Krieges. Aber die Regierenden beider Seiten scheinen nicht klar genug zu sehen, daß, wenn die andere Seite sich von ihrem Gegner an die Wand gedrängt fühlte und die Regierenden keinen anderen Ausweg mehr wüßten, die Wahrscheinlichkeit sehr groß wäre, daß sie als letzten Ausweg zum Krieg, also zum Gebrauch der reichlich aufgespeicherten Atomwaffen greifen würden.

Durch mein ganzes, langes Leben hin, mindestens seit ich Primaner war, haben mir kommunistische Bekannte und Freunde immer wieder vorgerechnet, daß die jeweilige Krise die Endkrise des Kapitalismus sei, der dann unweigerlich die kommunistische Revolution und über die Diktatur des Proletariats die Gesellschaft ohne Unterdrückung, fast ohne Regierung folgen würden. Ich hörte das 1913, ich hörte es wieder am Beginn dieses Jahres; und, vorgetragen mit unverminderter Überzeugungskraft, immer von neuem in den langen Jahren dazwischen. Der kommunistische Wunschtraum, daß die Marxsche Prophezeiung vom Ende des Kapitalismus nun bald in Erfüllung gehen werde, daß die Endkrise des Kapitalismus nun gekommen sei, beflügelte durch dieses ganze Jahrhundert hin die Phantasie der Gläubigen.

Aber die Vorstellung, daß der Kollaps des Gegners ohne die Notwendigkeit eines Krieges kommen werde, beschränkt sich durchaus nicht auf eine Seite. Auch unter Amerikanern und in den europäischen Ländern der westlichen Allianz begegnet man oft genug der Vorstellung, daß der östliche Block in nicht allzu langer Zeit in eine Krise geraten und sich dann von selbst auflösen werde. Mein Eindruck ist, daß dieser Wunschtraum vom selbsttätigen Kollaps des Kommunismus in Rußland und den östlichen Staaten in den letzten Jahrzehnten stärker geworden und weiter verbreitet ist als zuvor. Und, wie gesagt, man tut dann auch noch einiges, um dem erwünschten, sich selbsttätig vorbereitenden Zusammenbruch des Kommunismus etwas nachzuhelfen.

Ich glaube, daß diese Vorstellungen von dem angeblich selbsttätigen Zusammenbruch des kapitalistischen und des kommunistischen Regimes Wunschträume sind. Es fehlt ihnen jeder reale Anhaltspunkt. Es sind überdies gefährliche Wunschträume. Die Kommunisten haben von jeher einiges dazu getan, um dem von Marx prophezeiten Zusammenbruch des Kapitalismus aktiv nachzuhelfen. Und in jüngster Zeit scheint eine amerikanische Regierung ähnliches mit dem kommunistischen Regime im Sinne zu haben. Wenn es einem der beiden Staaten wirklich gelänge, den anderen in die Enge zu treiben, dann würde das die Gefahr eines Krieges gewaltig erhöhen. Ich habe es schon einmal gesagt; aber es lohnt sich, das zweimal zu sagen.

*

Was bleibt zu tun? Das kommunistisch-diktatorische Regime in der Sowjetunion macht keine Anstalten, von selbst wegzugehen. Das kapitalistisch-parlamentarische Regime der USA macht ebenfalls keine Anstalten, von selbst zu verschwinden. Ein Krieg zwischen den beiden Staaten ist keineswegs unmöglich, aber er wäre ein so großes Unglück für die ganze Menschheit, daß man vielleicht mehr darüber nachdenken sollte, welche Alternativen zum Kriege es gibt.

Der Krieg zwischen der von Rußland und der von Amerika geleiteten Staatengruppe würde möglicherweise in einer weitgehenden Vernichtung, aber sicherlich in einer außerordentlichen Schwächung beider Staatengruppen enden. Die voraussehbaren Sieger in einem solchen Kriege wären andere Länder – vorausgesetzt, daß sie in der Lage sind, sich aus dem Kriege herauszuhalten und ihre Bevölkerung, ihren Landbesitz und ihr Kapital vor den zerstörerischen Einflüssen eines Kernwaffenkriegs zu schützen. Indien, Brasilien und besonders China wären dann unter den Kandidaten für die Führungspositionen der Weltstaatenhierarchie. Es lohnt sich, darauf hinzuweisen, daß die Vorstellungen von den Beziehungen der Weltstaaten zueinander, wenn sie sich nicht vor einem Kernwaffenkrieg allmählich zu ändern beginnen, mit hoher Wahrscheinlichkeit nach einem solchen Kriege eine ziemlich radikale Änderung erfahren werden.

Es gehört gegenwärtig ganz einfach zu einer beinahe als selbstverständlich erscheinenden Tradition der Menschheit und so recht eigentlich auch zur humana Conditio, zu dem unausweichlichen Schicksal der Menschen, daß Staaten im Falle eines Konfliktes einander mit Krieg überziehen können. Die Organisation aller Staaten ist auf die Möglichkeit einer kriegerischen Auseinandersetzung abgestellt. So gut wie alle Staaten haben militärische Institutionen, die darauf vorbereitet sind, das eigene Land gegen militärische Angriffe eines anderen Landes zu verteidigen oder, im Falle eines Konfliktes mit einem anderen Land, dieses Land anzugreifen. In nüchternen Worten: Gegenwärtig sind Staaten so gut wie überall in der Welt darauf abgestellt, im Falle eines Konflikts mit anderen Staaten von physischer Gewalt Gebrauch zu machen oder, anders gesagt, Bürger und Bürgerinnen eines gegnerischen Staates so lange zu verwunden, zu ermorden und ihre gesamten Produktionsmittel, ihr militärisches Potential und ihre Widerstandskraft so lange zu zerstören, bis der gegnerische Staat genug hat oder schlicht und einfach zusammenbricht. Es gehört zu den überlieferten Einrichtungen der meisten Staatsgesellschaften dieser Welt, bei Konflikten im zwischenstaatlichen Verkehr etwas zu tun, was bei Konflikten im innerstaatlichen Verkehr aufs strengste verboten ist und bestraft wird, nämlich zu versuchen, den Konflikt durch Gebrauch physischer Gewalt zu den eigenen Gunsten zu entscheiden.

Es ist nicht unvernünftig anzunehmen, daß nach dem nächsten Kriege, wenn er kommt, die übrig bleibende Menschheit zu der Überzeugung gelangen wird, daß es nötig ist, mit der Tradition zu brechen, die es Staaten nicht nur freistellt, sondern geradezu nahelegt, im Falle eines Konflikts mit einem anderen Staat eine Entscheidung im eigenen Interesse durch die Anwendung körperlicher Gewalt, durch einen Kampf auf Tod und Leben, kurzum: durch den Einsatz einer eigens für solche Zwecke von jedem Staat unterhaltenen Militärorganisation herbeizuführen. Dann, so scheint es, wird die Chance vorhanden sein, daß die Menschen sich zusammentun und sagen: „Nichts ist schlimmer als der Krieg. Was können wir tun, um den Krieg zu verhindern?" Unter dem Eindruck eines solchen Krieges werden sie wahrscheinlich leichter in der Lage sein, das zu tun, was wir heute zu tun nicht in der Lage sind: nämlich Instanzen zur Konfliktschlichtung zwischen den Staaten zu schaffen, denen sich alle Staaten unterwerfen müssen.

Diese Bedingung des menschlichen Lebens, diese Conditio humana, das Kommen und Gehen von Kriegen, scheint heute, wie durch die ganze Entwicklung der Menschheit hin, unvermeidlich. Aber heute, vielleicht darf ich es noch einmal sagen, befinden wir uns in einer Situation ohnegleichen, in einer Lage, die es noch nie zuvor in der Entwicklung der Menschheit gegeben hat. Wir sind, so sagte ich, am Ende des Weges angelangt. Wenn die Hegemonialstaaten der Gegenwart, also die Staaten mit dem stärksten militärischen Machtpotential, heute der jahrtausendealten Tradition der Menschheit folgen, die es rivalisierenden Menschengruppen als selbstverständlich erscheinen läßt, daß der Kampf um die eigene Sicherheit und, wenn möglich, die eigene Vormachtstellung unter den Menschengruppen durch den Gebrauch physischer Gewalt, durch einen Kampf auf Tod und Leben entschieden werden muß, dann liefern sie mit hoher Wahrscheinlichkeit nicht nur einen großen Teil der eigenen Bevölkerung, sondern darüber hinaus einen beträchtlichen Teil der Menschheit einem mehr oder weniger qualvollen Tode aus und machen zugleich einen beträchtlichen Teil der Erde, wenn nicht die Erde überhaupt, für Menschen unbewohnbar.

Wie gewaltig der Zwang dieser jahrtausendealten Tradition der Menschheit zum Austragen von Gruppenkonflikten mit Waffengewalt ist, wie wenig sich die führenden Menschen der führenden Staaten dem Zwang dieser Tradition, dem Zwang der Institutionen und Handlungsgewohnheiten, die diese Tradition geschaffen hat, zu entziehen vermögen, das zeigt sich heute mit furchterregender Anschaulichkeit. Der Krieg erscheint als ewiges Los der Menschheit. Keine Einsicht in die Einzigartigkeit der gegenwärtigen Situation ist, wie es scheint, in der

Lage, die Gewalt der zum Kriege hindrängenden Handlungstradition zu brechen.

Das ist um so erstaunlicher, als die führenden Staaten der Erde nicht mehr, wie viele Staaten früherer Zeiten, von Menschen regiert werden, die in der Tradition des Kriegeradels großgeworden sind. Die regierenden Menschen der Sowjetunion legitimieren sich als Repräsentanten der Industriearbeiterschaft, die der Vereinigten Staaten als Repräsentanten der Industrieunternehmerschaft. Für beide war im innerstaatlichen Konflikt der militärische und agrarische Adel, der Feudaladel, wie es manchmal heißt, ein Gegner. Es ist nicht wenig instruktiv zu sehen, mit welcher Unerbittlichkeit Vertreter des industriellen Bürgertums und der industriellen Arbeiterschaft nun, da sie als Inhaber von Regierungspositionen in die Fußstapfen der Fürsten und des Adels treten, durch das Schwergewicht der staatlichen Institutionen in die Handlungstradition ihrer sozialen Vorgänger hineingezwängt werden. Die Einsicht in die Einzigartigkeit der gegenwärtigen Situation scheint völlig machtlos zu sein gegenüber den Zwängen der jahrtausendealten Tradition des Gebrauchs von physischer Gewalt als Mittel der Entscheidung von Konflikten zwischen mehr oder weniger autonomen Überlebenseinheiten, also gegenwärtig zwischen sich selbst regierenden, souveränen Staaten.

Man begegnet hier einem Musterbeispiel für eine immer von neuem beobachtbare Eigentümlichkeit der Menschheitsentwicklung. Die Entwicklung der Menschheit vollzieht sich weniger aufgrund von Lernprozessen, die auf Einsicht beruhen, auf vorwegnehmender Erkenntnis möglicher Folgen des gemeinsamen Handelns einer Menschengruppe; sie vollzieht sich weit mehr aufgrund von Lernprozessen im Gefolge von Fehlentscheidungen und den bitteren Erfahrungen, die sie mit sich bringen. Es ist, wie schon erwähnt, nicht ganz unvernünftig anzunehmen, daß nach einem Kernwaffenkrieg die überlebende Menschheit, durch die bittere Erfahrung belehrt, eher geneigt sein wird, sich um die Schaffung von effektiven Institutionen zur gewaltlosen Beilegung zwischenstaatlicher Konflikte zu bemühen. Man kann sich sehr gut vorstellen, daß nach einem Kernwaffenkrieg das Wissen, daß die Souveränität des einzelnen Staates dort ihre Grenzen hat, wo das Wohl und Wehe der Menschheit auf dem Spiele steht, nicht mehr als utopisch, sondern als höchst realistisch betrachtet werden wird. Die Regierung eines Landes, die dann nach alter Gewohnheit den Krieg gegen ein anderes Land vorbereitet oder gar mit Waffengewalt, mit Mord und Totschlag in ein anderes Land einbricht, wird dann als eine Gruppe von Verbrechern gegen die Menschheit vor ein Weltgericht gestellt, sei es durch den Zwang weltweiter wirtschaftlicher Sanktionen oder durch den Druck der öffentlichen Meinung der Welt, sei es mit Hilfe eines gemeinsamen Expeditionskorps der verbündeten Staaten der Welt.

II. Zum Weltbild:
Die große Evolution

Es bedarf eines Prozeßmodells, einer symbolischen Darstellung des Nacheinanders als Ausgangspunkt für die Suche nach der Antwort auf die Frage, wie und warum das Universum und alle Teilgestalten, die es bilden, so und nicht anders geworden sind. (Fragment I, 192)

– *Im Laufe eines selbsttätigen, ungeplanten, aber gerichteten Entwicklungsprozesses gehen – unter bestimmten Umständen – aus reversibel und in diesem Sinne relativ locker organisierten Einheiten irreversibel organisierte Integrationseinheiten mit mehr und mehr spezialisierten Teileinheiten und mehr und mehr hierarchisch übereinandergeordneten Integrationszentren hervor. (Fragment I, 200) Die organisierten Einheiten einer höheren Organisationsstufe besitzen eine relative Autonomie gegenüber den Ereignissen niedrigerer Integrationsstufen. (WiS, 111)*
– *Aus einfacheren Gebilden, deren nächstniedere Teileinheiten noch nicht funktionsteilig aneinander gebunden sind, so daß die Synthese reversibel ist, ohne daß diese Teileinheiten ihre Eigenschaften ändern, werden komplexere Gebilde, deren nächstniedere Teileinheiten funktionsteilig aneinander gebunden sind – die Struktur dieser Teileinheiten ist demgemäß auf ein Funktionieren im Rahmen einer bestimmten zusammengesetzten Einheit höherer Ordnung abgestimmt. (Fragment I, 196)*
– *Jedes Kleinmolekül ist ein Beispiel für den Integrationstyp der ersten Art, für den reversiblen Integrationstyp. Einzellige Lebewesen, z.B. Amöben oder Bazillen, sind einfache Beispiele für den irreversiblen Integrationstyp. (Fragment I, 196) Für eine einfache Zelle kommt man schätzungsweise auf 10 bis 15*

ineinander verschachtelte Integrationsebenen. (Fragment I, 199) Bei zusammengesetzten Einheiten mit einer hohen Anzahl hierarchisch ineinander verschachtelter Integrationsstufen ist die irreversible Desintegration das, was wir „Tod" nennen. (Fragment I, 200)

– *Je höher man auf der evolutionären Leiter steigt, je größer die Funktionsteilung und je umfassender und vielfältiger die Formen der hierarchisch geordneten Integrationszentren werden, um so notwendiger wird es, statt von den zusammensetzenden Teilen zu der zusammengesetzten Einheit höherer Ordnung umgekehrt von der zusammengesetzten Einheit höherer Ordnung zu den zusammensetzenden Teilen der nächstniedrigeren Stufen hin zu denken. (Fragment I, 211) Wenn man Teile einer Zelle, und erst recht, wenn man Teile eines vielzelligen Lebewesens untersucht, dann ist es nicht mehr möglich, ihre Struktur zu erklären und zu verstehen, wenn man nicht zugleich die Funktion zu bestimmen sucht, die sie im Rahmen der höheren Integrationsstufe haben. (Fragment II, 245) Man bedarf sowohl einer Kenntnis der Funktionsweise von Teileinheiten wie einer Kenntnis der Funktionsweise der zusammengesetzten Einheit, die sie miteinander bilden, also des Modus' ihrer Integration. (Fragment I, 201) Eben dies, die Abgabe von Funktionen der einen Teileinheit an andere Teileinheiten, also das Ausmaß der funktionalen Interdependenz, ist auf verschiedenen Stufen der organischen Evolution verschieden. (Fragment II, 252)*

– *Wenn man von dem Gesamthaushalt einer Zelle spricht oder von ihrem Gesamtgefüge, dann bezieht man sich nicht auf ein „Ganzes", das jenseits der Teile existiert oder das, wie man häufig sagt, „mehr ist als die Teile". Man bezieht sich auf die gegenseitige Abhängigkeit und Angewiesenheit der funktionsteilig aufeinander abgestimmten Spezialorgane des Organismus', also in diesem Falle einer Zelle. (Fragment II, 252)*

– *Einer der Schlüsselbegriffe, dessen man zur Bewältigung dieser Probleme bedarf, ist der der fortschreitenden Synthese (Fragment I, 205): Wachsende Differenzierung und wachsendes Koordinationsvermögen der Bioorganisation sind Komplementärprozesse. (Fragment II, 264)*

– *Überdies zeichnet sich auch in anderer Hinsicht die Richtung dieser Evolution recht deutlich ab. Eine ihrer Tendenzen ist die Entwicklung zu einem immer umfassenderen Vermögen der Selbststeuerung. (Fragment I, 204) Im Zuge der evolutionären*

Entwicklung wird das Selbststeuerungsvermögen der Integrationseinheiten größer und variabler; größer wird dementsprechend auch die Steuerung aller physikalisch-chemischen Vorgänge im Sinne der Integrationseinheit höherer Ordnung. (Fragment I, 213)
– *Die Gegenstandsgebiete der Wissenschaften sind Repräsentanten einer fortschreitenden Synthese, eines Integrationsprozesses, innerhalb dessen oberhalb der Kleinmoleküle jede Stufe einer höheren und im Sinne der Evolution späteren Integration Vertreter oder Abkömmlinge aller früheren Integrationsstufen als Teileinheiten in sich enthält. (Fragment II, 236)*

Integration und Differenzierung

aus: Gedanken über die große Evolution. Fragment II, in: Engagement und Distanzierung, Frankfurt a.M. 1983, S. 248-259

Die Tatsache, daß bereits in einer lebenden Zelle, und dann in jedem Lebewesen überhaupt, die Teilvorgänge im Sinne des Integrats, das sie miteinander bilden, funktionsteilig gesteuert werden, hat einige Aspekte, deren Darstellung eine besondere Umsicht und Vorsicht verlangt. Wie gesagt, findet in der Hierarchie der Integrationsstufen ein Umschlag vom Primat der zusammensetzenden Teile zum Primat der Organisationsform als Explanans, als des Erklärenden, statt. Diesen Umschlag kann man gedanklich nicht recht in den Griff bekommen, solange man nicht in Rechnung stellt, daß es sich dabei um einen Vorgang handelt, bei dem Herrschaftsverhältnisse und Machtkämpfe eine Rolle spielen. Vorsicht ist beim Gebrauch solcher Begriffe angezeigt, weil es in unserer Welt nicht ungebräuchlich ist, ideologische Vorstellungen, die ein Forscher von den Herrschaftsverhältnissen unter Menschen hat, in die Natur hineinzuprojizieren. Vielleicht ist es also nützlich, aufs kürzeste festzustellen, daß die Beziehungen zwischen Integranten und Integrat, denen man auf den verschiedenen Integrationsstufen begegnet, sich nicht nur beim Übergang von unbelebten zu belebten Gebilden als verschieden erweisen, sondern auch beim Übergang von vormenschlichen Lebewesen zu Menschen. Es ließe sich viel darüber sagen, wie sich etwa das Verhältnis der einzelnen Individuen zu den Gruppen, die sie miteinander bilden, im Falle von vormenschlichen Lebewesen und im Falle der Menschen unterscheidet. Aber der Unterschied ist noch sehr viel größer, wenn man von dem Verhältnis der einzelnen Zelle zu der „Gesellschaft" der Zellen spricht oder von dem Verhältnis der Organe zum Organismus. Auf allen Stufen der

Leiter gibt es Beziehungen zwischen Integranten und Integraten. Sie alle verdienen es, sorgfältig auf ihre Eigenart hin untersucht zu werden, denn auf vielen Stufen sind sie ontologisch verschieden. Gleichermaßen verschieden ist also auch die Natur der Herrschaftsverhältnisse auf verschiedenen Stufen. Aber wenn man sich den Vorgang der großen Evolution veranschaulichen will, dann kann man einen Begriff dieser Art und verwandte Begriffe wie etwa den der Machtkämpfe und Machtbalancen nicht ganz entbehren. Vielleicht kann Menschen die menschliche Aufgabe erst in vollem Umfang zu Bewußtsein kommen, wenn man die ungemilderte Wildheit des Daseinskampfes der weithin bewußtseinslosen Geschöpfe vor Augen hat.

Ein paar Beispiele mögen helfen. Zu den Zeugnissen für den Prozeßcharakter des Übergangs zu der Integrationsstufe, deren Eigentümlichkeit man durch die Kategorie „Leben" kennzeichnet, gehört die Entdeckung, daß es unter lebenden Wesen einige einfache Formen mit einer noch wenig differenzierten Zellstruktur gibt, die prokaryotischen Zellen. Alle anderen Organismen haben den entwickelteren Typ der eukaryotischen Zellen, und zwar ohne Ausnahme – Amöben wie Menschen haben diese Zellen. Zu den prokaryotischen Lebewesen gehören die Bakterien und die Blaualgen, also sehr frühe Lebewesen, die sich durch die Äonen hin zum Teil ziemlich unverändert erhalten haben. Den prokaryotischen Organismen fehlt es an einem inneren Membransystem. Dementsprechend fehlen hier noch die kleinen „Organe", denen man auf der späteren Stufe als scharfumrissenen Sondergebilden begegnet, also etwa der Zellkern, wo die genetische Information eingelagert ist, oder die kleinen wurstförmigen Körperchen, die sogenannten Mitochondrien, die unter anderem auf Enzymsynthese und den Gasaustausch spezialisiert sind. Vorläufer dieser spezialisierten Körperchen sind in den einfacheren Zellorganismen einfach von innen in die Oberflächenmembran eingebaut oder daran befestigt. Daß die komplexere Zellform aus der weniger differenzierten hervorgegangen ist, kann man als wahrscheinlich betrachten. Wie und warum das vor sich gegangen ist, darüber gibt es bestenfalls Hypothesen. Man vermutet z.B., daß zu den Stufen dieser Entwicklung die Vereinigung von zwei Zellen des älteren Typs gehört. Eine von ihnen verwandelte sich im Laufe der Zeit in ein Organ der anderen. Die Mitochondrien der Zellen des entwickelteren Typs, der eukaryotischen Zellen, haben in der Tat eine Reihe von Strukturen mit den Zellen des älteren prokaryotischen Typs gemeinsam. Sie allein unter den Teileinheiten der eukaryotischen Zellen synthetisieren ihre eigenen Proteine; sie reproduzieren sich selbst. Sie bilden auf der einen Seite Teileinheiten der eukaryotischen Zelle mit bestimmten Spezialfunktionen für deren Gesamthaushalt; sie behalten auf der anderen Seite zugleich Eigentümlichkeiten eines unabhängigen Organismus.

Hier hat man also ein Beispiel für einen Vorgang, der sich dem gedanklichen Zugriff entzieht, wenn man sich auf die herkömmliche, etwas nuancenlose Begriffsbildung verläßt, die in diesem Zusammenhang gebräuchlich ist. Ein Organismusbegriff, der die Evolution der Organismen nicht in Rechnung stellt, kann es leicht so erscheinen lassen, als ob in Organismen die Unterordnung der Teileinheiten unter die Kommadogewalt des Gesamtgefüges, das sie miteinander bilden, also der Grad der Integration, auf allen Stufen der Evolution die gleiche sei; aber das ist nicht der Fall. Gegenwärtig sind die Begriffe, die man auf Lager hat, noch nicht entwickelt genug, um den beobachtbaren Unterschieden nicht nur der Stufen, sondern auch der Grade der Integration im Zuge der Entwicklung in unmittelbar verständlicher Weise Ausdruck zu geben. Deswegen muß man sich zunächst auf bestimmte empirische Beobachtungen beziehen und sie gleichsam als Modellfälle gebrauchen, um deutlich zu machen, daß auch der Naturprozeß der Integration ein Prozeß mit vielen Stufen und Graden ist. Das Beispiel der Mitochondrien zeigt eine dieser Stufen. Gleichgültig, ob die Hypothese richtig ist, daß zum Entwicklungsweg von den einfacheren prokaryotischen Organismen zu den differenzierteren eukaryotischen Einzellern eine Vereinigung von zwei prokaryotischen Zellen gehörte, die dann zu einer begrenzten Vorherrschaft der einen über die andere führte – das Beispiel der Mitochondrien bleibt im Gedächtnis als Modellfall einer Übergangssituation, in der sich zwar die Vorherrschaft des Gesamthaushalts eines Organismus über die zusammensetzenden Teile bereits einigermaßen durchgesetzt hat und genetisch verankert ist, in der aber ein bestimmtes Organ Funktionen, die sonst im Gesamtgefüge von anderen Organen ausgeführt werden, noch für sich behalten hat.

Eben dies, die Abgabe von Funktionen der einen Teileinheit an andere Teileinheiten, also das Ausmaß der funktionalen Interdependenz, ist auf verschiedenen Stufen der organischen Evolution verschieden. Auf der Stufe einzelliger Lebewesen ist das Ausmaß der Differenzierung zwar gewiß bereits sehr groß, verglichen mit der der vermuteten a-biotischen Vorgänger, der ehemals frei existierenden protein- oder nukleinartigen Großmoleküle. Sie ist ebenfalls größer als die der komplexesten Maschinen, die Menschen bisher geschaffen haben. Aber sie ist relativ gering, wenn man einen eukaryotischen Einzeller mit einem eukaryotischen Vielzeller der höheren Stufen, also etwa einem Säugetier, vergleicht. Auf der Stufe der Säugetiere ist die arbeitsteilige Differenzierung der Organe bereits so weit vorangeschritten, daß es Spezialsysteme der Koordination, der Integration und Kontrolle gibt. Das System der endokrinen Drüsen und das Nervensystem sind Beispiele. Auf der Stufe einzelliger Lebewesen gibt es vorerst nur Ansätze einer spezialisierten Zentralkontrolle. In hohem Maße kontrollieren die funktionsteilig aufeinander abgestimmten Organe sich gegenseitig, obgleich es offenbar Machtbalancen recht unterschiedlicher Art gibt. Wenn man von dem Gesamthaushalt einer Zelle spricht oder von ihrem Gesamtgefüge, dann bezieht man sich nicht auf ein „Ganzes", das jenseits der Teile existiert oder das, wie man häufig sagt, „mehr ist als die Teile". Man bezieht sich auf die gegenseitige Abhängigkeit und Angewiesenheit der funktionsteilig aufeinander abgestimmten Spezialorgane des Organismus, also in diesem Falle einer Zelle. Deren genetisch verankerte Machtbalancen und ihr Versagen genauer zu untersuchen, gehört zu den etwas vernachlässigten Aufgaben der biologischen Forschung.

Die physikalistische Grundhaltung vieler Biologen und die Vorstellung, jedes Abgehen von ihr habe einen vitalistischen Beigeschmack, konzentriert häufig die Aufmerksamkeit der Forschenden so sehr auf die Untersuchung der einzelnen Organe, ihrer Zusammensetzung und ihres Funktionierens in Isolierung, daß die Untersuchung der Machtbalancen und Dominanzverhältnisse der Teileinheiten bei der Ausübung ihrer interdependenten Funktionen darunter leidet. Ein Beispiel ist die Hauptrichtung der Krebsforschung. Krebsgeschwüre stellen eine Verselbständigung des Zellwachstums dar, das normalerweise entsprechend der Funktion eines Organs im arbeitsteiligen Gefüge des Organismus gesteuert wird. Der Einordnung des Zellwachstums in das funktionsteilige Gefüge mögen auf früheren Stufen andere Machtbalancen und eine Art von Machtkämpfen vorausgegangen sein – andere Machtbalancen, die sich nicht oder weniger bewährten. Zum Unterschied von den menschlichen Gesellschaften, in denen Menschen ohne biologische Verschiedenheiten funktionsteilig aneinander gebunden sind und innerhalb deren auch die Machtverteilung verändert werden kann, ohne daß sich Menschen biologisch ändern, sind bei den zusammengesetzten Einheiten auf der biologischen Stufe die funktionsteilig aneinander gebundenen Teileinheiten selbst entsprechend ihrer Funktion erblich, biologisch verschieden voneinander. Und Veränderungen der Machtbalancen im Zuge der Hominisierung – sind abhängig von Änderungen der Genstruktur. Wie eigentlich in einem Organismus die funktionsteilige Abstimmung aller Teileinheiten aufeinander aufrechterhalten und gegen Abweichungen gesichert wird, ist beim heutigen Stande der Forschung wohl noch nicht recht klar. Jedenfalls ist die Krebskrankheit bei Menschen ein Beispiel für eine solche Abweichung. Zellen werfen in diesem Falle in einer Art von Revolte die Kontrolle ab, die die Abstimmung ihres Wachstums im Sinne der funktionsteiligen Arbeit eines Organs sichert, und wachsen, als ob sie frei und unabhängig von dem Organismus existierten, dessen funktionsteilig spezialisierte Organe sie zu bilden helfen. Auf diese Weise führen sie den Organismus, dessen Teil sie sind, und letzten Endes damit auch sich selbst, der Desintegration und dem Untergang entgegen.

Bei Menschen handelt es sich um dermaßen hoch differenzierte und fest integrierte Zellengefüge, daß jeder Alleingang von Zellen den Charakter einer das Gesamtgefüge zerstörenden Krankheit hat. Bei einfacheren Organismen, bei denen die funktionsteilige Interdependenz der zusammensetzenden Teile voneinander geringer ist, haben die zusammensetzenden Teile bis zu den einzelnen Zellen hinab zuweilen noch eine vergleichsweise größere Selbständigkeit und Bewegungsfreiheit. Der Kontrast ist instruktiv. Er erleichtert vielleicht das Verständnis für die Eigenart der biologischen Gegenstandsbereiche, verglichen mit den physikalischen, und für die Unterschiede der biologischen Einheiten selbst entsprechend der Richtung der Evolution.

Zu den Grundeigentümlichkeiten der eukaryotischen, also der höher entwickelten Zellen, aus denen alle Lebewesen außer den allereinfachsten, von den Amöben bis zu den Menschen, bestehen, gehört ihre Abgestimmtheit aufeinander. Sie besitzen eine Art von ontologischer Soziabilität, die – anscheinend – dem primitiveren Typ der Zellen und ganz gewiß Molekülen und Atomen noch fehlt. Zellen sind auf verschiedene Formen der Interdependenz miteinander eingerichtet, etwa auf Materialaustausch, auf Kontakt und Kommunikation miteinander. Häufig begegnet man dementsprechend Zellgesellschaften oder, in der Fachsprache, Zellkolonien.

Schon Bakterien bilden Kolonien. Die Erde ist voll von ihnen, auch die Menschen außen und innen – Millionen Bakterien in einem Tropfen Speichel. Unter den Theorien, die zu erklären versuchen, auf welche Weise mehrzellige Lebewesen aus einzelligen entstanden, gehört die Theorie ihrer Entstehung aus Zellkolonien zu den überzeugendsten. Die meisten Übergangsformen auf dem Wege von einzelligen zu vielzelligen Lebewesen sind natürlich verschwunden; wie viele andere Glieder in der evolutionären Kette wurden sie von effizienteren Nachkommen überholt und verdrängt. Aber ein paar solcher Übergangsformen existieren noch. Das häufig erwähnte Musterbeispiel sind die Kolonien einer Art von langsam beweglichen oder seßhaften Protozoen, die Volvox heißt. Sie bilden kleine, kugelförmige Gesellschaften miteinander. Bei ihnen kann man ansatzweise bereits die Verwandlung beobachten, die sich mit Einzellern vollziehen kann, wenn sie beginnen, eine Einheit der nächsthöheren Integrationsstufe miteinander zu bilden. Offenbar bot dieser Zusammenschluß Vorteile, wenn er mit einer gewissen Funktionsteilung Hand in Hand ging. Aber biologische Funktionsteilung bedeutet hier und in anderen Fällen die Umformung des einzelligen Individuums entsprechend seiner Funktion in dem umgreifenden Zusammenhang der Gesellschaft, die es mit anderen seinesgleichen bildet, also der nächsthöheren Integrationsstufe. Einzelne der Zellen entwickeln relativ große Augentupfen, Flecken, die lichtempfindlich sind. Andere Zellen spezialisieren sich auf Reproduktion. Matthias Schleiden, der zusammen mit Theodor Schwann in der ersten Hälfte des 19. Jahrhunderts die Ansicht vertrat, daß Zellen die „Elementarteilchen" der pflanzlichen und tierischen Organismen sind, sprach bereits aus, daß eine Zelle ein Doppelleben führt: Sie hat Züge eines unabhängigen Gebildes und andere, die sie als integralen Bestandteil einer zusammengesetzten Einheit höherer Ordnung kenntlich machen. Auch dies drückt man am besten als Balanceverhältnis aus. Im Stadium der Koloniebildung können die einzelnen Zellen eine Zeitlang auch noch unabhängig von der Gesellschaft existieren, die sie mit anderen ihresgleichen bilden. Möglicherweise kann sich die spezialistische Umgestaltung, die sie im Sinne der ganzen Volvoxkolonie erfahren, auch wieder verlieren. In der Machtbalance zwischen der Funktion des Einzelwesens für sich selbst und seiner Funktion für das gesellschaftliche Integrat, das es mit anderen bildet, sind die Gewichte auf dieser Stufe noch recht gleichmäßig verteilt. Wenn die Funktionsteilung vielfältiger und die Umbildung des einzelnen Organismus im Sinne des vielzelligen radikaler wird, dann neigt sich die Machtbalance langsam der jeweils höheren Integrationsebene zu. Sie gewinnt in der Gestalt der sie bildenden Teileinheiten als deren Prägestätte die Oberhand.

Auch bei der wissenschaftlichen Untersuchung kann man dementsprechend immer weniger von den einzelnen Zellen als unabhängigen Einheiten her zu dem umfassenderen Gebilde hin denken. Statt dessen wird es zur Erklärung der Gestalt und Struktur der einzelnen Zellen mehr und mehr nötig, umgekehrt von ihrer Funktion im Triebwerk der zusammengesetzten Einheit höherer Ordnung und so von dieser selbst her zu den Einheiten niederer Ordnung hin zu denken. Zellen spezialisieren sich entsprechend ihrer Funktion im Gefüge des Organismus, dessen Teil sie sind, etwa in Muskel-, Nerven-, Gefäß- oder Epidermiszellen, ohne dabei ihre Tätigkeit für sich selbst je völlig einzubüßen. Entsprechend wächst die Bedeutung des Modells der Einheit höherer Ordnung als Moment der Erklärung von Gestalt, Struktur und Verhalten der Einheit niederer Ordnung – wie gesagt, ohne daß sich je die Bedeutung der Struktur der letzteren als Erklärungsmoment verliert. Die Kolonien bildenden Einzeller stellen eine frühe Phase auf dem Wege der Evolution fester integrierter und in höherem Maße funktionsteiliger Lebewesen dar. Sie veranschaulichen also einen zentralen Aspekt dieses Prozesses. Wenn man in Gedanken die Treppe der biologischen Evolution heraufsteigt, dann findet man, daß die Machtbalance zwischen den Repräsentanten verschiedener Konfigurationsstufen sich zugunsten der jeweils höheren verlagert, ohne daß sich dabei je das Machtpotential der Einheiten niederer Ordnung verliert. Ihre

Funktion für die Integrationsstufen höherer Ordnung beeinflußt ihre Struktur und Gestalt in steigendem Maße, ohne daß dabei ihre Eigenstruktur und das auf ihr begründete Machtpotential verschwindet. Entscheidend ist, daß solche Machtbalancen offenbar jeweils im genetischen Material, in den Chromosomen, verankert sind. Aber vorerst weiß man wohl nur, daß das der Fall ist; man weiß nur, daß Genmutation und natürliche Auslese im Überlebenskampfe bei dieser Veränderung der Teileinheiten im Sinne größerer Stufenspezifität die zentrale Rolle spielen. Man weiß weniger darüber, wie im einzelnen der Prozeß verläuft, der in wachsendem Maße zu einer spezialisierenden Umgestaltung von weniger spezialisierten, aber selbständigeren Ahnen in weniger selbständige, aber – im Sinne einer umfassenderen Einheit – spezialisiertere Teileinheiten führt und zugleich diese Umwandlung über viele Zwischenstadien hin unausweichlich und irreversibel macht.

Noch ein weiteres Beispiel aus den frühen Stadien der evolutionären Flugbahn mag diese Wandlungsrichtung veranschaulichen. Die relativ einfachen Organismen, die wir Schwämme nennen und von denen einige Arten ein Schutzskelett haben, das als Badeschwamm auf den Markt der Menschen kommt, werden heute als Lebewesen betrachtet, die sich aus Kolonien einer bestimmten Art von Protozoen, ein Geißeltierchen, entwickelt haben, und zwar aller Wahrscheinlichkeit nach durch den Zusammenschluß mit einer anderen, amöbenartigen Form von Einzellern. In der festen Kontaktgesellschaft eines Schwammes, den sie miteinander bilden, fächeln die Geißelzellen durch die vereinte Bewegung ihrer kleinen peitschenartigen Fortsätze dem Schwamm nahrhafte Mikroorganismen zu, während die amöbenartigen Zellen Funktionen der Verdauung, des Gasaustausches und der Vermehrung übernehmen. Eine frühe Form der Funktionsteilung geht also hier wahrscheinlich aus dem Zusammenschluß zweier verschiedener Typen von einzelligen Lebewesen zu einem mehrzelligen Organismus hervor. Auf der uns bekannten Entwicklungsstufe aber ist die Abgestimmtheit der Zellen verschiedener Herkunft aufeinander offenbar bereits fest genetisch verankert. Man erkennt es, wenn man die integrierende Organisation zerstört, etwa dadurch, daß man den Schwamm durch ein Tuch filtriert und das Verhalten der einzelnen nun voneinander getrennten Zellen beobachtet. Die einzelnen Zellen zeigen dann eine deutliche Tendenz, sich von neuem nach dem Muster der zerstörten Organisation zu Schwämmen zusammenzuschließen, vorausgesetzt, daß sich eine flagellantenartige Zelle mit einer amöbenartigen zu vereinen vermag. Die Teileinheiten sind also hier bereits genetisch auf die funktionsteilige Integration zu einer Einheit höherer Ordnung vorprogrammiert. – Übrigens können nicht nur einzellige, sondern auch vielzellige Organismen Kolonien bilden. Quallen und Seeanemonen sind Beispiele dafür; hier handelt es sich bereits um eine recht feste

Integration kleiner vielzelliger Organismen zu einer größeren und komplexeren Einheit. Auf dieser Stufe gibt es von neuem verschiedene Typen der Funktionsteilung. Einzelne der Teilorganismen wandeln sich in Organe um, die der Nahrungsversorgung und -verarbeitung dienen, andere etwa in Schwimm- oder Abwehrorgane.

Durch Gewebekulturen, die Aufzucht von isolierten Zellgeweben und Organteilen im künstlichen Nährmaterial, kann man auch das Verhalten und die Strukturentwicklung spezialisierter Zellarten von höheren Organismen genauer untersuchen. Die Versuche zeigen unter anderem, wie weit in vielen Fällen die erblich eingebaute funktionsteilige Spezialisierung der Zelle geht – die manchmal etwas irreführend als Herrschaft des Organismus über seine Teile bezeichnet wird – und wie weit die Spezialisierung an die Interdependenz mit anderen Zellen, also an den Einbau in den umfassenderen Zellverband des betreffenden Organismus, gebunden ist. Das Vermögen von Zellen, als Gewebekultur außerhalb des Organismus die Spezialfunktion und Struktur, die sie innerhalb des lebenden Organismus besitzen, zu bewahren, ist unterschiedlich. Sie verschwindet, wie es scheint, am ehesten bei hochspezialisierten Zellen, deren Sonderfunktion in engstem Zusammenhang mit dem übergreifenden Metabolismus des betreffenden Lebewesens steht. Isolierte Zellen der Milchdrüsen zum Beispiel verlieren relativ schnell ihr Vermögen, Milch produzierende Enzyme zu synthetisieren. Auf der anderen Seite findet man, daß Zellen, die sich normalerweise – also im „Herrschaftsverband" des lebenden Organismus – nicht teilen, isoliert von dem Verbande die Tendenz zur Zellteilung wiedergewinnen. Zu der Regelung des individuellen Zellverhaltens entsprechend der Funktion der Zelle im arbeitsteiligen Funktionsgefüge der Zellen gehört, so scheint es, in diesem Falle auch die Unterdrückung einer latenten Tendenz der Zelle zur Zellteilung. Im Falle der Krebsgeschwüre tritt sie wieder zutage.

III. Zur Wissenssoziologie: Engagement und Distanzierung

Man kann von der Einstellung eines Menschen nicht in einem absoluten Sinne sagen, sie sei distanziert oder engagiert, oder wenn man lieber will: sie sei „rational" oder „irrational", „objektiv" oder „subjektiv". (ED, 9) Die Möglichkeit eines jeden geordneten Gruppenlebens beruht auf dem Zusammenspiel zwischen engagierenden und distanzierenden Impulsen im menschlichen Denken und Handeln, die sich gegenseitig in Schach halten. (ED, 10) Durch den Gebrauch dieser Begriffe verweist man also auf *wechselnde Balancen* zwischen Typen von Verhaltens- und Erlebensimpulsen, die in den Beziehungen von Menschen zu Menschen, zu nicht-menschlichen Objekten und zu sich selbst (was immer ihre sonstigen Funktionen sein mögen) mehr zum Engagement oder mehr zur Distanzierung hindrängen. (ED, 10)

- *In Gesellschaften wie den unseren zeigt das Verhalten und Erleben der Menschen in bezug auf die Ebene des nicht-menschlichen Naturgeschehens ein höheres Maß an Distanzierung, ein geringeres Maß an emotionalem Engagement als in bezug auf die des menschlich-gesellschaftlichen Geschehens. (ED, 11) Verglichen mit früheren Zeiten hat die Beherrschung der Gefühle im Naturerleben, wie die Beherrschung der Natur selbst, zugenommen. (EC, 12) Was die wissenschaftliche von den vorwissenschaftlichen, also weniger distanzierten Einstellungen unterscheidet, ist das Mehr oder Weniger und die Art der Legierung von Tendenzen zu Distanzierung und Engagement. (ED, 12)*
- *Die Menschen als Gesellschaften haben in ihrem Umgang mit der Natur von ihrem Ausgangspunkt, den primären, naiv-egozentrischen und stärker affektgeladenen Denk- und Verhaltens-*

formen, die wir heute unverdeckt nur noch bei Kindern beobachten, einen langen Weg zurückgelegt, den jeder Mensch als Individuum, abgekürzt, beim Heranwachsen immer wieder zurücklegen muß. (ED, 17)
- *Die Menschen lebten in extremer Unsicherheit. Ihr Leben wäre unerträglich gewesen, hätten sie nicht das Vermögen gehabt, sich das Ausmaß ihres Nicht-Wissens durch Phantasien zu verdecken, deren Affektgeladenheit die Unsicherheit ihrer Lage, die Ungewißheit ihres Kenntnisbestandes wiederspiegelte. (ED, 18) Sie waren zu tief engagiert, um Naturereignisse in aller Ruhe, wie distanzierte Beobachter zu betrachten. (ED, 18)*
- *Daß die Naturereignisse ein blinder, zweckloser Funktionszusammenhang sind, diese Erkenntnis bedeutet für die Menschen zunächst eine Sinnentleerung. (WiS, 61). Ehe ein wissenschaftlicher Zugang zu Naturereignissen möglich war, erklärten sich Menschen die Naturzusammenhänge, denen sie sich ausgesetzt fühlten, mit Hilfe von Sprech- und Denkmitteln, die aus der Erfahrung der von Menschen aufeinander ausgeübten Zwänge resultierten. (WiS, 13) Sie sahen die Welt nicht in den Kategorien von Subjekten und Objekten, sondern von persönlichen Beziehungen zwischen Lebewesen, die, auch wenn sie vielleicht keine Menschen sind, doch mehr oder weniger wie die Menschen ihrer eigenen Gesellschaft handeln. Sie, die eigene Gruppe und andere, interdependente Gruppen, dienen als das Primärmodell für die Wahrnehmung der ganzen Welt. (FiM, 101) Dieser voluntaristische Primärmodus des Erlebens der Welt als einer Gesellschaft menschenähnlicher Geister und aller relevanten Ereignisse als Taten von Menschen („Urheber"), die damit ein Ziel, eine Absicht verfolgen, strukturiert in solchen Gesellschaften den sozialen Wissensfundus. (FiM, 103)*
- *Da er weniger Unterstützung durch den öffentlichen Wissensschatz und seine mächtigen Wächter erfährt, wird dieser Primärmodus des Erlebens heute in zivilisierten Gesellschaften, ohne seine Kraft zu verlieren, im Prozeß des Heranwachsens zu einer mehr oder weniger unterdrückten Schicht der Persönlichkeitsstruktur. Als solche wurde er von Freud entdeckt und mit dem – nicht ganz angemessenen – Begriff des Unbewußten bezeichnet. (FiM 104).*
- *Die Methode des Wissenserwerbs, die Menschen benutzen, ist funktional interdependent mit und daher untrennbar von der*

Substanz des Wissens, das sie besitzen, und insbesondere von ihrem grundlegenden Weltbild. (FiM, 106)
- *Der Übergang vom magisch-metaphysischen (magisch-mythischen) zum wissenschaftlichen Denken über die physikalisch-chemischen Aspekte der Welt beruhte zum guten Teil auf dem Zurücktreten der heteronomen, naiv-egozentrischen Erklärungsmodelle und der Übernahme ihrer Erklärungsfunktion durch andere Modelle des Denkens und Sprechens, die der immanenten Eigengesetzlichkeit dieser Geschehenszusammenhänge besser gerecht wurden. (WiS, 13) Wann immer wir im Sprachgebrauch einer Gesellschaft Begriffe vorfinden, die den Glauben an einen unpersönlichen, sich zum Teil selbst regulierenden und selbst perpetuierenden Nexus (Zusammenhang) von Ereignissen einschließen, kann man sicher sein, daß diese Begriffe in einer kontinuierlichen Entwicklungslinie von anderen Begriffen abstammen, die den Gedanken an einen persönlichen Nexus von Ereignissen implizieren (z.B. „Natur", „Vernunft" ...). (WiS, 57; 39)*
- *Das Verständnis für neue Sprech- und Denkweisen entwickelt sich niemals ohne Konflikte mit den älteren und vertrauteren; es verlangt eine Umorganisierung der Wahrnehmung und des Denkens vieler interdependenter Menschen in einer Gesellschaft. (WiS, 18) Der Grund für das außerordentliche Beharrungsvermögen von Sprech- und Denkmitteln liegt in ihrer gesellschaftlichen Natur. Um ihre Aufgabe zu erfüllen, müssen sie kommunizierbar sein. (WiS, 118)*
- *Naturwissenschaftler suchen Mittel zur Befriedigung menschlicher Bedürfnisse mit Hilfe eines Umwegs, des Umwegs über die Distanzierung. Sie verfolgen das Ziel, Problemlösungen zu finden, die potentiell für Menschen aller Gesellschaften relevant sind. Die für die Vorherrschaft des engagierten Denkens charakteristische Frage: „Was bedeutet es für mich oder für uns?" ist Fragen wie „Was ist es?" oder: „Wie sind diese Ereignisse miteinander verknüpft?" untergeordnet worden. (EC, 15)*
- *Es muß für Menschen außerordentlich schwer gewesen sein, eine größere Kontrolle über die Natur zu gewinnen, solange ihr Vermögen der Naturkontrolle noch gering war; und je mehr es wuchs, je umfassender ihre Fähigkeit wurde, Naturereignisse entsprechend ihren eigenen Zwecken zu manipulieren, um so leichter wurde es für sie, ihren Kontrollbereich noch weiter auszudehnen, um so schneller wurde das Tempo des*

Fortschritts der Naturbeherrschung. (ED, 19) Das stetige Wachstum des menschlichen Vermögens, Naturgewalten distanzierter wahrzunehmen und besser zu kontrollieren, im Verein mit der allmählichen Beschleunigung dieses Prozesses, hat aber paradoxerweise die Schwierigkeiten der Menschen noch verstärkt, die einem entsprechenden Wachstum ihrer Kontrolle über Prozesse des sozialen Wandels und ihrer eigenen Gefühle bei deren gedanklicher Bewältigung entgegenstehen. (ED, 20) Je niedriger der Standard der Kontrolle in der Handhabung von Objekten und je niedriger die Standards der Distanzierung und Adäquatheit im Nachdenken über sie, desto schwerer ist es, diese Standards zu heben (Dynamik der zunehmenden Erleichterung). (ED, 58)

– *Dabei hat die allmähliche Beschleunigung in der Erweiterung der menschlichen Kenntnis und Nutzung nicht-menschlicher Kräfte, die ganz gewiß selbst an spezifische Wandlungen des menschlichen Zusammenlebens gebunden ist, ihrerseits dazu beigetragen, den Wandel des menschlichen Zusammenlebens zu beschleunigen. Im Zuge dieses Wandels wird das Netzwerk der menschlichen Tätigkeiten zusehends komplexer, weiter gespannt und fester geknüpft. (ED, 20f.)*

– *Inmitten des ständigen Auf und Ab von Gruppen in Menschengesellschaften ist es beinahe unvermeidlich, daß die Art und Weise, wie die in die Positionskämpfe verwickelten Mitglieder solcher Gruppen soziale Geschehnisse erleben, wie sie über sie denken, von der unaufhörlichen Bedrohung ihrer Lebensweise, ihres Lebensstandards und vielleicht ihres Lebens selbst aufs Tiefste affiziert wird. (ED, 27) Je größer das Engagement, desto größer die Neigung zu heteronomen Wertungen; je größer die Distanzierung, desto größer die Neigung zu autonomen Wertungen. (ED, 60)*

– *Die Gesellschaftswissenschaften verfügen noch kaum über gemeinsame Standards der gegenseitigen Kontrolle und Selbstkontrolle, die es ihnen erlauben, mit der gleichen Sicherheit wie ihre Kollegen in den naturwissenschaftlichen Fächern willkürliche persönliche Phantasievorstellungen, politische oder nationale Wunschbilder und wirklichkeitsorientiertere theoretische Modelle voneinander zu sondern. (WiS, 24) Es ist symptomatisch für eine bezeichnende Zwiespältigkeit des gegenwärtigen Denkens, daß gesellschaftlichen Phantasien ein naturwissenschaftliches Mäntelchen umgehängt wird. (WiS, 26) Unkontrolliert durch sachorientiertes Wissen gehören die gesell-*

schaftlichen Phantasien – besonders in Krisensituationen – zu den unzuverlässigsten und oft genug zu den mörderischsten Antrieben des menschlichen Handelns. (WiS, 26) Notdürftig realistisches Planen gesellschaftlicher Entwicklungen mit Hilfe von wissenschaftlichen Entwicklungsmodellen ist erst eine Errungenschaft der jüngsten Entwicklung. (WiS, 27) Die ganze Geschichte ist ja bisher im Grunde ein Friedhof menschlicher Träume. (WiS, 27)

– *Aber es gibt keinen Grund anzunehmen, daß gesellschaftliche Daten, daß Beziehungen zwischen Personen dem menschlichen Denkvermögen letzten Endes nicht ebenso zugänglich sind wie die Beziehungen zwischen nicht-menschlichen Ereignissen. (ED, 24) Die Kernfrage ist, ob es gelingen kann, sich in einer Situation, in der Menschen als Gruppen auf vielen Ebenen ernste Gefahren füreinander darstellen, zu einer distanzierteren, adäquateren und autonomeren Form des Nachdenkens über soziale Ereignisse voranzuarbeiten. (ED, 58)*

– *Es bedarf eines weiteren Schubes der Selbstdistanzierung, ehe es möglich ist, den scheinbar einfachen Gedanken, daß jeder Mensch ein Mensch unter anderen ist, in allen seinen Konsequenzen zu erfassen. (WiS, 131) Erst dann kann man, was als trennende Distanz zwischen sich selbst und „anderen", „Individuum" und „Gesellschaft", „Subjekt" und „Objekt" erscheint, als Verdinglichung von eigenen, sozial eingebauten Distanzierungsakten erkennen. (WiS, 132) Solange man nicht den Schritt der Selbstdistanzierung als solchen ins Bewußtsein hebt, sieht man sich unwillkürlich als einzelner der Gesellschaft gegenüber. (Notizen, 63)*

Wieviel Menschen nicht wissen können

aus: Die Fischer im Mahlstrom, in: Engagement und Distanzierung, Frankfurt a.M. 1983, S. 86-97

Menschen, die vorwissenschaftliche Gesellschaften miteinander bilden, sind in viel höherem Maße als Menschen wissenschaftlicher Gesellschaften den Launen der Natur, einschließlich ihrer eigenen, ausgeliefert. Ihre Fähigkeit, sich vor unwillkommenen Naturvorgängen zu schützen und sie ihren eigenen Bedürfnissen dienstbar zu machen, ist vergleichsweise beschränkt. Mitglieder entwickelterer Gesellschaften haben den Vorteil eines immensen sozialen Wissensfundus. Dank einer vielleicht ungewöhnlichen Kontinuität der Wissensübermittlung von Generation zu Generation über mehrere Jahrtausende hin wurden sie die Erben großer Reichtümer in der Form von Wissen und den damit verbundenen Praktiken. Der stupende Wissenszuwachs der letzten vier- oder fünfhundert Jahre ist die stark beschleunigte Spätphase eines langen vorangegangenen Gesellschaftsprozesses, in dem Fortschritte des Wissens weitaus zufälliger und episodischer und das Tempo des Fortschritts sehr viel langsamer war. Aufgrund der Vorarbeit dieser früheren Zeiten ist der in wissenschaftlichen Gesellschaften verfügbare Wissensschatz umfassender und, zumindest in bezug auf die nicht-menschlichen Ebenen des Universums, realistischer geworden, d.h. mehr auf den tatsächlichen Lauf der Ereignisse abgestimmt als auf das Diktat menschlicher Wünsche und Ängste und der mit ihnen verknüpften Phantasien. Im Verein mit dem Wissenswachstum ist der Sicherheitsbereich, den Menschen für sich im vormenschlichen Naturgeschehen bauen, also der ihrer Kontrolle zugängliche Bereich, sehr viel größer geworden, als er je zuvor war.

Jede geplante soziale Praxis findet in einem Strom ungeplanter und zielloser, wenngleich strukturierter Prozesse auf verschiedenen interdependenten Ebenen statt. Sie sind bekannt unter verschiedenen Namen, wie etwa „Natur", „Gesellschaft" oder „Selbst". Das Ausmaß der Kontrolle, die Menschen über diese Prozesse auszuüben vermögen, und die Art ihrer Kontrolle variieren von Gesellschaft zu Gesellschaft je nach deren Entwicklungsstand. Über die Jahrtausende hin haben Menschengruppen daran gearbeitet, mit Hilfe des wachsenden sozialen Fundus ihres Wissens einen zunehmend größeren Sicherheitsbereich für sich selbst in das unbekannte und unkontrollierbare Universum hineinzubauen – einen Bereich bekannter Zusammenhänge, die sie mehr oder weniger kontrollieren können. Als Ergebnis dieses Prozesses sind Menschen heute auf bestimmten Gebieten – also vor allem in bezug auf die physikalischen, weniger auf die menschlichen Ebenen – besser imstande als ihre Vorfahren, ihren Weg durch den Strom blinder und unbeherrschbarer Prozesse zu steuern, ähnlich wie Menschen in Schiffen ihren Weg durch die unbeherrschbaren Wasser des Ozeans oder in Raumschiffen durch die unkontrollierbaren Prozesse des Sonnensystems steuern. Auf diese Weise, durch die Ausdehnung ihrer Kontrolle innerhalb des unkontrollierbaren Ereignisflusses, ist es den Menschen in fortgeschritteneren Gesellschaften gelungen, sich einen größeren Schutzraum zu schaffen, der darauf angelegt ist, die Gefahren, denen sie auf den nicht-menschlichen Ebenen des Gesamtprozesses begegnen, so weit wie möglich von ihnen fernzuhalten. Bis jetzt ist es ihnen noch nicht gelungen, einen gleichermaßen umfassenden und realistischen Wissensfundus auf den menschlichen oder sozialen Ebenen zu entwickeln. Daher sind sie noch nicht imstande, die Gefahren, die Menschen füreinander und für sich selbst bilden, in gleich hohem Maße unter Kontrolle zu bringen. Im Bereiche dieser sozialen Ebenen ist die Doppelbindersituation noch weitgehend ungebrochen am Werke – eine niedrige Fähigkeit zur Gefahrenkontrolle und ein hoher Phantasiegehalt des Wissens halten einander gegenseitig aufrecht, steigern sich vielleicht sogar noch gegenseitig. Hier begegnet man also selbst in den entwickelteren Gesellschaften unserer Tage in der Beziehung der Menschen und insbesondere der Staaten zueinander der gleichen Situation, in der sich Menschen einfacherer Gesellschaften auf allen Ebenen, also auch in ihrer Beziehung zu Ereignissen der nichtmenschlichen Natur, verfingen und verfangen.

Wie andere Erben großer Reichtümer sind die Mitglieder wissenschaftlicher Gesellschaften nicht sonderlich daran interessiert zu wissen, wie es ihre Ahnen in früheren Tagen bewerkstelligt haben, den Schatz menschlichen Wissens, wenn auch ungeplant und mit vielen Rückschlägen, zu vermehren und auf diese Weise zu dem Vermögen beizutragen, das sie, die Lebenden, geerbt haben. Die Erben haben, wie es scheint, eine gewisse Scheu, sich auszumalen, was es bedeutete, mit der sozialen Ausrüstung eines Wissensschatzes, der sehr viel kleiner und in vieler Hinsicht unsicherer war als ihr eigener, für die Notwendigkeiten des Lebens zu sorgen und um das Überleben zu kämpfen. Vielleicht fühlen sie, daß ein realistischeres Wissen von dem langen Wissensprozeß ihrem Bild von sich selbst als unabhängigen und autarken Individuen, die ihr Wissen und ihre Selbstbeherrschung ganz ihrem eigenen Lernen und Vernunftdenken, also sich selbst verdanken, widersprechen würde oder daß es dem leisen Überlegenheitsgefühl schädlich werden könnte, das sie gegenüber Menschen aus Gesellschaften mit einem kleineren sozialen Fundus an Wissen und einer geringeren Fähigkeit zum Gleichmaß der Selbstbeherrschung haben. Mitglieder fortgeschrittenerer Gesellschaften scheinen manchmal zu glauben, daß der weitere Umfang, der geringere Phantasiegehalt und der größere Realismus ihres Naturwissens nicht ihrer Position in der Abfolge der Gesellschaftsentwicklung zuzuschreiben ist, sondern irgendwelchen überlegenen persönlichen Qualitäten – der „Rationalität", „Zivilisiertheit" oder der „Vernunft" –, die sie kraft ihrer eigenen Natur besitzen und die Menschen auf früheren Stufen dieser Entwicklung, einschließlich ihrer eigenen Vorfahren, nicht oder nur in kleineren Dosen besaßen oder besitzen. Sie mögen von diesen Menschen sagen: „Sie sind eben abergläubisch und irrational", was vielleicht wie eine Erklärung klingt, in Wirklichkeit aber nichts erklärt. Es bedeutet einfach: „Wir sind besser."

Diese Gruppen unserer Ahnen – oder vergleichbare gegenwärtige Gruppen, die nicht in der Erbfolge eines Wissensvermögens ähnlich dem wissenschaftlicher Gesellschaften stehen – konnten nicht alles wissen, was heute den Mitgliedern der letzteren zugänglich ist. Aber einige von ihnen haben zu diesem Wissen beigetragen. Die Fortschritte des Wissens vollziehen sich, wie die auf anderen Entwicklungsfeldern, in einer strikten Folgeordnung. Um es komprimiert auszudrücken: Fortschritt C kann nicht gemacht werden, bevor die Fortschritte A und B gemacht sind, und D wiederum nicht vor C usw. So setzt die Metallgewinnung die Beherrschung des Feuers voraus, die Herstellung von Wagen die von Rädern, das heliozentrische Weltbild das geozentrische und das relativistische diese beiden. Eine fest strukturierte Folgeordnung von Modell 1 zu Modell 2 zu Modell 3 usw., wie sie aus der geplanten Entwicklung technischer Prototypen weithin bekannt ist, bestimmt auch die Folgeordnung der ungeplanten Langzeitentwicklung des Wissens. Der viel begrenztere, viel mehr phantasie- und gefühlsgeladene Wissensfundus früherer Generationen war ein notweniger – wenn auch nicht hinreichender – Vorläufer des sehr viel umfassenderen und vergleichsweise realistischeren und distanzierteren Wissensfundus, der das Leben und Erleben in entwickelteren Gesellschaften formen hilft.

Es ist nicht so schwer zu verstehen, daß das Wissen jedes menschlichen Individuums von dem in seiner oder ihrer Gesellschaft verfügbaren Wissensfundus abhängt. Auch ist es nicht schwer zu verstehen, daß die Struktureigentümlichkeiten dieses Wissensfundus ihrerseits eine Funktion seiner Stellung in einer diachronischen Folgeordnung sind. Sie tragen, mit anderen Worten, das Gepräge eines bestimmten Stadiums in einem langen, generationenübergreifenden Wissensprozeß. Es gibt eine Fülle empirischer Belege, die diese Feststellung stützen. Und doch fällt es Menschen, die mit dem reicheren und in manchen Teilen vergleichsweise realistischen Wissen entwickelterer Gesellschaften aufgewachsen sind, in der Regel nicht leicht zu verstehen, daß ihr eigener Kanon des Denkens und ihr eigenes Erleben der Natur als eines unpersönlichen, ziellosen, aber strukturierten Prozesses ein Spätprodukt einer langen Entwicklung ist. Es fällt ihnen schwer zu akzeptieren, daß Menschengruppen, deren Wissensfundus und deren Schutzraum von Kontrollen eine frühere Stufe repräsentieren und dementsprechend viel kleiner sind, die Welt nach einem anderen Kanon erleben und begreifen. Dieser Kanon ist jedoch eine Vorform, also eine Bedingung, und zugleich eine Schicht ihres eigenen. Selbst reich an Wissen, können sie sich nicht vorstellen, was es für Menschengruppen bedeutet, arm an Wissen und entsprechend arm an Gütern zu sein. Sie leiden, mit anderen Worten, an einer merkwürdigen Hemmung ihrer Vorstellungskraft: sie können sich nicht vorstellen, wieviel von dem, was sie wissen, Menschen nicht wissen können.

Die Struktur des Nicht-Wissens von Menschen in den Worten von Menschen zu bestimmen, die bereits wissen, ist keine einfache Aufgabe. Alle diese Worte verkörpern ein Niveau der Synthese oder, wenn man will, der Abstraktion, das für eine spätere Stufe in einem Wissensprozeß repräsentativ ist. So mag man zum Beispiel fragen, wie Menschen früherer Gesellschaften die Natur erlebten. Da aber diese Menschen nicht alles wußten, was wir wissen, nahmen sie Vögel und Elefanten, Bäume, Berge, Wolken und was immer sonst, nicht als einen einheitlichen Geschehenszusammenhang wahr, der in der Form mechanischer Ursachen und Wirkungen verknüpft ist und unpersönlichen Gesetzen folgt – mit einem Wort: nicht als „Natur". Sie hatten keine begrifflichen Symbole des sehr hohen Synthese- und Abstraktionsniveaus, das für Begriffe wie „Ursache", „Zeit" oder „Natur" charakteristisch ist. Wenn man daher fragt, wie sie die „Natur" erlebten, hat man die Antwort bereits vorentschieden. Sie orientierten sich in ihrem Denken und Sprechen über die Welt um sie herum nicht in diesen Kategorien. Sie nahmen die Welt nicht als aufgespalten in die Welt der Menschen und die Welt der Natur, in „Subjekt" und „Objekt" wahr. Sie erlebten sie als eine Welt mehr oder weniger lebender Wesen, die um ihre eigene Gruppe zentriert und durch große Macht- und Statusdifferenzen geteilt war. Nur die machtlosesten dieser Wesen wurden von ihnen auf eine Weise behandelt und erlebt, die unserem praktischen und gedanklichen Umgang mit „Objekten" nahekommt – obgleich man natürlich auf diesen frühen Stufen nie sicher sein konnte, ob sie wirklich machtlos waren. Die Mayas hatten eine Geschichte, daß am Ende der Tage die Töpfe, Pfannen und alle anderen Haushaltsgeräte für die Schläge und Stöße, die sie von Menschen erlitten hatten, Rache nehmen und nun ihrerseits die Menschen schlagen und herumstoßen würden.

Wenn man herausfinden will, was Menschen früherer Stufen von all dem, was in unserer Gesellschaft bekannt ist, wußten oder unmöglich wissen konnten, muß man sich vor Augen halten, daß der Wissensprozeß nicht einfach additiv verläuft, daß nicht einfach hier ein bißchen und dort ein bißchen Wissen hinzugefügt wird. Im Zuge dieses Prozesses wandelt sich die ganze Struktur des menschlichen Wissens und so auch des Erlebens ebenso wie die ganze Art und Weise des Denkens. Denn die Operation, die wir „Denken" nennen, ist ein integraler Bestandteil des sozialen Wissensschatzes von Menschen. Wie jedes andere Wissen muß auch Denken, die stumme Manipulation sozialer Symbole, gelernt werden; und wenn man es gelernt hat, kennt oder „weiß" man es.

Einst konnten Menschen nicht sagen und daher nicht wissen, daß zwei mal zwei vier ist, weil sie in dem Prozeß ihrer Entwicklung noch kein soziales Bedürfnis nach der Ausbildung begrifflicher Symbole des relativ hohen Synthese- und Abstraktionsniveaus hatten, das unsere Zahlen repräsentieren. Aber das heißt nicht, daß sie nicht zwischen zwei Stöcken und vier Stöcken oder zwischen Herden von 50 und von

200 Tieren unterscheiden konnten. Wenn es für sie von vitaler Bedeutung war, entwickelten Menschen gewiß auf einer frühen Stufe verbale oder gestische Symbole, die es ihnen ermöglichten, sich über Dinge wie die Größe einer Gruppe von Tieren zu orientieren und miteinander zu verständigen. Aber sie gingen dabei nicht notwendigerweise, wie wir es tun, stückweise vor; sie zerlegten nicht im Geiste die Herde in einzelne Tiere und korrelierten diese „Atome" der Herde mit einem System abstrakter Zahlen. Was sie wahrnahmen und aufgrund sozialer Einübung mit einem Blick zu bestimmen vermochten, waren verschiedene Konfigurationen. Sie erkannten mit einer sehr großen Unterscheidungskraft verschiedene Gestalten von Herden, von Feindesgruppen oder von anderen Dingen, die für sie lebenswichtig waren. Wo Menschen auf einer späteren Stufe zählen und messen, vollzogen sie auf einer früheren Stufe oft, was man eine unreflektierte oder primäre Synthese nennen könnte. Auf diese Weise waren sie, innerhalb der schmaleren Bandbreite ihrer vitalen Interessen, imstande, verschiedene Gestalten sehr genau und mit sehr viel mehr Einzelheiten als Menschen fortgeschrittenerer Gesellschaften voneinander zu unterscheiden. Die Gestalten freilich, die sie wahrnahmen und durch soziale Symbole repräsentieren konnten, waren gewöhnlich punktartig. Sie zeigten an, was hier und jetzt zu sehen war. Symbole für Prozesse zu entwickeln, war damals wie heute um einiges schwieriger.

In derselben Weise ist es möglich, daß Menschen Entfernungen zwischen Orten nicht in der Form unserer hoch präzisierenden und relativ unpersönlichen Begriffe wissen, die – wie etwa unsere „Kilometer" und „Meilen" – ein hohes Niveau der Verallgemeinerung repräsentieren. Und doch waren sie, wenn Entfernungen für sie von Bedeutung waren, sehr wohl imstande, kommunizierbare Gesten für „Schlaf" zu entwickeln, mit deren Hilfe sie anderen die Entfernung zwischen Orten mitteilen konnten; sie gaben etwa an, wie oft man schlafen mußte, wie oft Licht zu Dunkelheit wurde, bevor man von hier nach dort gelangte. Statt durch soundsoviele Kilometer repräsentierten sie Entfernungen deutlich, wenn auch weniger präzise, indem sie z.B. viermal eine Geste mit der Bedeutung „Schlaf" machten. Der Unterschied ist bezeichnend. Die relative Vagheit mancher Teile ihres Wissens, verglichen mit dem unsrigen, ist charakteristisch für ihre Lebensweise; in unsere Genauigkeit übersetzt, kann es leicht verfälscht werden.

Man kann viele andere Beispiele solcher Unterschiede finden. Es ist sehr wahrscheinlich, daß Menschen auf einer früheren Stufe nicht wußten und in der Tat nicht wissen konnten, daß die dünne Sichel des jungen Mondes und das dicke, runde Gesicht des Vollmondes verschiedene Erscheinungsformen ein und derselben Sache sind. Sie mögen verschiedene Worte für beide gehabt haben, aber nicht notwendigerweise ein einheitliches Wort wie unser „Mond", das schließlich gegenüber Begriffen für verschiedene Aspekte des Mondes, die man hier und jetzt sehen kann, eine Synthese auf höherer Ebene repräsentiert.

Auch konnten Menschen, denen der integrierende Begriff eines unpersönlichen, mechanischen und zwecklosen Ablaufes von Naturereignissen nach allgemeinen Gesetzen fehlte, nicht sicher sein, daß die Sonne nach ihrem Untergang wieder am Himmel erscheinen würde. So fürchteten die Azteken, zu bestimmten Zeiten bestehe eine besonders große Gefahr, daß die Sonne, die sie als einen Gott ansahen, von ihrer Reise nicht mehr zurückkehren und so die Menschen verlassen werde. Ihr Wiedererscheinen, so glaubten sie, konnte in solchen Fällen nur durch spezifische Riten und Opfer, vor allem Menschenopfer, sichergestellt werden.

Mitglieder wissenschaftlicher Gesellschaften haben, wie es scheint, große Schwierigkeiten zu verstehen, daß Mitglieder von Gesellschaften auf einer früheren Entwicklungsstufe oft nicht zu unterscheiden vermochten, was sie selbst leicht und selbstverständlich unterscheiden. So besitzen sie selbst als Teil ihres Wissenserbes eine sehr präzise und realitätsgerechte begriffliche Unterscheidung zwischen belebten und unbelebten Dingen. Diese Unterscheidung ist so klar und so leicht durch Realitätsprüfungen zu bestätigen, daß sie zu der Annahme neigen, sie sei ihrem eigenen Kopf entsprungen. Tatsächlich dauerte es eine sehr lange Zeit, bis sich diese Unterscheidung zu ihrem gegenwärtigen Niveau der Realitätsadäquatheit entwickelte. Sie ist ein Ergebnis der gemeinsamen begrifflichen Arbeit einer langen Kette von Generationen, verbunden mit der immer wieder erneuerten Realitätsprüfung ihrer Begriffe im Schmelztiegel ihrer Erfahrungen und Reflexionen. Es ist schließlich nicht besonders schwer zu verstehen, daß Menschen auf einer vergangenen Stufe noch nicht wissen konnten, daß ein Vulkan oder das wilde Meer, die sie zu vernichten drohten, dennoch keine Lebewesen waren und daß sie, wenn sie Menschenleben vernichteten, dies unabsichtlich taten.

Ebenso ist es unvorstellbar, daß Menschen seit jeher das sehr breite Wissen über sich selbst, über Menschen, hatten, das nötig ist, um ganz sicher zu sein, daß ein Mensch sich nicht in einen Leoparden oder einen Baum verwandeln kann. Eine solche Gewißheit war zunächst um so schwerer zu erlangen, als Menschen solche Dinge ja in ihren Träumen vorkommen sahen. Dort erlebten sie immer wieder, wie sie selbst oder andere Menschen sich in, was immer es war, eine Schlange oder einen Affenbrotbaum, verwandelten. Wie konnten Menschen ab ovo wissen, daß viele Dinge, die in Träumen geschehen, in Wirklichkeit nicht geschehen können? Wie konnten sie wissen, daß zwischen Traum und Wirklichkeit ein Unterschied ist und worin dieser Unterschied besteht? Für kleine Kinder verschwimmt die Grenze zwischen Phantasie und Wirklichkeit zunächst. Sie lernen die Unterscheidung zwischen Phantasie und Wirklichkeit, zusammen mit anderen Wissensstücken, gemäß dem Standard, der von ihrer Gesellschaft jeweils erreicht ist.

Die Tatsache, daß viele Menschengruppen auf einer früheren Entwicklungsstufe Dinge als belebt ansehen, von denen wir wissen, daß sie unbelebt sind, findet einen Ausdruck in dem klassifizierenden Etikett, das wir ihnen anheften: sie werden oft „Animisten" genannt. Bezeichnungen wie diese helfen jedoch nicht zu erklären, warum Gesellschaften einer früheren Stufe Dinge als lebendig erfahren, von denen wir heute wissen, daß sie vollkommen leblos sind; ebensowenig erklären sie, warum in allen bekannten Fällen die animistische Stufe des Wissens der wissenschaftlichen vorangeht. Eine Klassifizierung weniger entwickelter Gesellschaften in Linnéscher Manier, d.h. durch die Feststellung von Unterschieden ohne die Feststellung von Beziehungen, trägt kaum zu einem besseren Verständnis der Männer und Frauen bei, die die Welt in dieser Weise erleben.

In diesem Zusammenhang ist es nützlich, auf die Beziehung zwischen der menschlichen Wissensentwicklung und Zivilisierungsprozessen einzugehen. Ich habe bereits gesagt, daß Menschen einer früheren Stufe, deren Wissensfundus, und zwar besonders in bezug auf das, was wir „Natur" nennen, sehr viel kleiner war als der unsere, die nicht die Ergebnisse eines kontinuierlichen Wissenswachstums über Jahrtausende hin geerbt hatten, Ereignisse nicht in derselben Weise verknüpfen, also nicht ganz so denken konnten, wie wir es tun. Ihre Standardformen des Denkens waren in einem viel höheren Maße von ihren eigenen Affekten, von ihren eigenen Wünschen und Ängsten durchsetzt. Sie waren in einem höheren Maße auf Phantasien, kollektiver und individueller Art, abgestimmt. Und weil jene Menschen einen kleineren und weniger konsequent realitätsorientierten Wissensfundus hatten, war auch ihre Fähigkeit zur Kontrolle der Gefahren, denen sie ausgesetzt waren, und zu einer allseitigen und maßvollen Selbstkontrolle kleiner. Größer war daher die Unsicherheit, in der sie permanent lebten, und größer auch ihr Interesse an Fragen wie: „Was bedeutet es für mich oder für uns?" oder: „Ist es gut oder schlecht für mich oder für uns?" Größer war, mit anderen Worten, die unschuldige Selbstbezogenheit, höher das Niveau der Affektivität aller Erfahrungen, aller Begriffe und Denkoperationen. Die Stärke und Tiefe der Gefühlsbeteiligung, des Engagements der Menschen an allen Ereignissen, die nach ihrer Ansicht ihr Leben beeinflussen konnten, ließ wenig Raum für die Beschäftigung mit Problemen, die für ein höheres Niveau der Distanzierung, der emotionalen Zurückhaltung charakteristisch sind – also mit Fragen wie: „Was ist es, und warum ist es so?" oder: „Was ist es für sich genommen, unabhängig von seiner Bedeutung für mich oder für uns?"

IV. Zu Sozialwissenschaften und Wissenschaftsmethoden

1. Die Ordnung des Wandels

Das allgemeine Ziel wissenschaftlicher Arbeit ist in Natur- wie Sozialwissenschaften das gleiche; herausgeschält aus seinen philosophischen Verkrustungen, besteht es darin, zu entdecken, wie und warum wahrgenommene Ereignisse miteinander zusammenhängen. (ED, 24) Zusammenhänge dort aufzudecken, wo sie vorher nicht bekannt waren, ist eine Zentralaufgabe wissenschaftlicher Untersuchungen. (WiS, 177) Die Wissenschaftler des 20. Jahrhunderts suchen Fortschritte zu machen über den jeweils existierenden Stand des Wissens in ihrem Fach hinaus. (ED, 64)

- *Die Aufgabe der Sozialwissenschaftler ist es, die sich wandelnden Muster, die Menschen miteinander bilden, und die Natur dieser Bindungen, die Struktur dieses Wandels sich und anderen verständlich zu machen. Die Forscher selbst sind mit in diese Muster eingewoben. (ED, 24f.)*
- *Im Mittelpunkt soziologischer Arbeit sollte die Untersuchung von Machtverhältnissen der Menschen einer Gesellschaft stehen, besonders: Wandlungen von Machtverhältnissen. (Notizen, 69) Macht freilich erscheint vielen Forschern unethisch: Jeder Mensch sollte doch in der Lage sein, alle Entscheidungen für sich selbst zu treffen. (WiS, 97)*
- *Die soziologische Aufgabe ist die des Entwurfs von theoretischen Modellen der gesellschaftlichen Entwicklung. (WiS, 162) Sie müssen empirienah, also überprüfbar und korrigierbar sein. (Notizen, 59) Soziologische Modelle langfristiger Entwicklungsprozesse sind Instrumente der soziologischen Diagnose und Erklärung. (WiS, 177)*
- *Die Kompliziertheit vieler gegenwärtiger soziologischer Theorien hat ihren Grund nicht in der Kompliziertheit des Gegen-*

standsgebiets, um dessen Erschließung sie sich bemühen, sondern in dem Gebrauch von Begriffen, die sich in anderen Wissenschaften, besonders den physikalischen, in hohem Maße bewährt haben, oder im Gebrauch von als selbstverständlich betrachteten Alltagsbegriffen, die zur Erschließung der spezifischen Figurationszusammenhänge ungeeignet sind. (WiS, 119) Viele der Substantive, deren man sich in den Gesellschaftswissenschaften – wie im Alltag – bedient, sind so gebildet, als ob es sich um physikalische Gegenstände, um sicht- und fühlbare Objekte in Zeit und Raum handele, die unabhängig von allen Menschen vorhanden sind. (WiS, 17)
- *Die zwingende (verdinglichende) Tendenz unseres Sprechens, uns in einer Weise Sprechen und Denken zu machen, als ob alle „Objekte" unseres Nachdenkens, die Menschen selbst mit eingeschlossen, zunächst einmal Objekte, nicht nur ohne Bewegung, sondern auch ohne Beziehungen wären, ist für das Verständnis der Menschengeflechte, die den Gegenstand der Soziologie bilden, äußerst hinderlich. (WiS, 120) Es ist ein Aberglaube, daß man bei der wissenschaftlichen Arbeit notwendigerweise so vorgehen muß, daß man die Verflechtungsprozesse in einzelne Bestandteile zerlegt. (WiS, 103)*
- *In der klassischen Phase ihrer Entwicklung betrachtete man es als Ziel der physikalischen Forschungsarbeit, alles, was als wandelbar und beweglich zu beobachten ist, auf etwas Unbewegliches und Unveränderliches zurückzuführen, nämlich auf die ewigen Naturgesetze. Diese Tendenz fand dann nachträglich ihre Sanktionierung in einer philosophischen Erkenntnis- und Wissenschaftstheorie, die diese Rückführung (Reduktion) des als beweglich und wandelbar beobachtbaren auf etwas Unwandelbares und Ewiges als die Zentralaufgabe jeder Wissenschaft überhaupt und weitgehend auch als Prüfstein der Wissenschaftlichkeit eines Forschungsgebietes hinstellte. (WiS, 121f.) Eine der Hauptschwierigkeiten für die Konzeptualisierung bestimmter beobachtbarer Wandlungen als Entwicklung war dieses Ziel, hinter allen Wandlungen oder in allen Wandlungen das Unwandelbare zu finden. (WiS, 163)*
- *Der Tendenz zur Zustandsreduktion liegt eine spezifische Wertung zugrunde, die durch Tradition geheiligt ist: Es gilt beinahe als selbstverständlich, daß das, was sich wandelt, da es ja vergänglich ist, weniger wichtig, weniger bedeutsam, kurzum weniger wert ist als das Unwandelbare. (WiS, 122)*

- *In der heutigen Soziologie denkt man gewissermaßen vom Ruhezustand als dem Normalzustand her zu der Bewegung als einem Sonderzustand hin.* (WiS, 124) *In den physikalisch-chemischen Naturwissenschaften freilich spielt heute die Suche nach ewigen Naturgesetzen schon nicht mehr die zentrale Rolle.* (WiS, 122) *Die Tendenz zur Zustandsreduktion hat ihre Fruchtbarkeit überlebt.* (WiS, 122)

Ein Kontinuum wissenschaftlicher Modelle

aus: Engagement und Distanzierung, Frankfurt a.M. 1983, S. 38-46

Bisher sieht es so aus, als ob Messungen und mathematische Operationen wie in den physikalischen so auch in allen anderen empirisch-theoretischen Wissenschaften als ein unfehlbares Sesam-öffne-dich dienen könnten. Erfahrung hat gezeigt, daß sich viele Probleme der nicht-physikalischen Wissenschaften auf diese Weise nicht lösen lassen. Ist es möglich zu erklären, warum das der Fall ist? Lassen sich die Grenzen derjenigen Forschungsverfahren bestimmen, die sich in den physikalischen Wissenschaften bisher in hohem Maße bewährt haben? Kann man insbesondere etwas mehr Klarheit in das Problem bringen, welche Grenzen mathematischen oder, da dieser Begriff in diesem Zusammenhang vielleicht zu weit ist, quantifizierenden Modellen und Techniken in den verschiedenen empirisch-theoretischen Wissenschaften gesetzt sind?

Offensichtlich haben quantifizierende Theorien und Verfahrensweisen in verschiedenen Problemgebieten nicht das gleiche Gewicht und nicht dieselbe Relevanz. In den physikalisch-chemischen Wissenschaften gibt es, soweit sich sehen läßt, keine Grenzen für den Anwendungsbereich von Verfahren, die nicht-quantitative Aspekte beobachtbarer Ereignisse mit Hilfe von quantitativen Daten, die durch Messungen gewonnen sind, zu bestimmen und zu erklären suchen; die Möglichkeiten der Reduktion anderer Charakteristika auf Quantitäten und der Errichtung höchst adäquater Theoriegebäude auf der Basis solcher Reduktionen scheinen unerschöpflich.

In anderen Forschungsgebieten ist, wie gesagt, der Bereich der Anwendbarkeit von Messungen und quantifizierenden Verfahren offensichtlich beschränkter; und Theoriegebäude, die allein auf quantifizierenden Verfahren beruhen, erweisen sich dort oft als weit weniger zureichend. Zeichnen sich Problemgebiete, die sich nicht ebensogut zur Anwendung quantifizierender Forschungsmethoden eignen wie die physikalischen Wissenschaften, durch besondere Struktureigentümlichkeiten aus, die für solche Differenzen der Reichweite und Relevanz quantifizierender Verfahren als Forschungsinstrumente verantwortlich sind?

Man könnte sich vorstellen, daß sich dieses Problem selbst ganz einfach durch den Hinweis auf quantitative Unterschiede lösen läßt, die sich bei den Objekttypen der verschiedenen empirisch-theoretischen Wissenschaften beobachten lassen. Wenn man von Untersuchungen auf der Ebene von Molekülen, Atomen und subatomaren Gebilden übergeht zur Forschungen auf der Ebene von Organismen und ihrer Entwicklung als Gattungen und Einzelwesen und von hier wiederum zur Erforschung von Menschen als Gesellschaften und Individuen, dann werden die Probleme, auf die man trifft, einem weithin herrschenden Konsens gemäß immer komplexer. Die größere Komplexität aber wird häufig auf die Tatsache zurückgeführt, daß die Zahl der aufeinander einwirkenden Teile, Faktoren, Variablen und dergleichen wächst, wenn man von der anorganischen Stufe zu der von Organismen und schließlich zu der von Menschen aufsteigt. Diese rein quantitative Zunahme der Faktoren, so läuft das Argument, hat zur Folge, daß Messungen und mathematische Operationen überhaupt zunehmend komplizierter und schwieriger werden.

Man stößt hier auf ein Grunddogma, das von den physikalischen Wissenschaften in viele andere Wissensgebiete gewandert ist. Dieses Grunddogma besagt, daß das Verhalten zusammengesetzter Beobachtungseinheiten, mit Hilfe von Messungen, aus dem Verhalten ihrer einfacheren Teileinheiten zu erklären ist. Wenn man diese Idee akzeptiert, dann wird es nötig, jede der Teileinheiten oder gegebenenfalls der Faktoren oder Variablen, die das Verhalten einer solchen zusammengesetzten Einheit beeinflussen, zunächst einmal zu isolieren und für sich zu messen, um ihre Quantitäten und so auch ihre Beziehungen zu anderen Meßeinheiten zu bestimmen. Je größer – so das Argument – die Zahl der isoliert zu messenden Teileinheiten oder Variablen wird, um so größer wird die Zahl der Messungen und um so komplizierter die Art der mathematischen Operationen, die zur Bestimmung ihres Verhältnisses zueinander nötig sind. Im Lichte dieser Hypothese wäre von einem Wissenschaftstyp zum anderen, entsprechend der wachsenden Zahl der Faktoren, die jeweils in Rechnung zu stellen sind, ein fortschreitend höherer Einsatz an Menschenkraft, an Computern und mathematischen Techniken, an Zeit und Geld erforderlich. Diese wachsenden Anforderungen, so folgert man, machen die quantifizierende Forschungsarbeit immer schwieriger und schließlich unmöglich. Hier liegt nach dieser Auffassung der Grund dafür, warum man sich auf vielen Forschungsgebieten resignierend mit weniger präzisen und weniger befriedigenden Untersuchungsverfahren bescheiden muß.

Diese Erklärung der beobachtbaren Grenzen quantifizierender Verfahren ist selbst ein gutes Beispiel für die Ausweitung von Denkformen, die bei der Erforschung physikalischer Daten als höchst tauglich befunden wurden, zu einem universellen Denkstil. Die Wahl eines Modells, das zunehmende Komplexität durch eine Menge von mehr und mehr Faktoren oder Variablen darstellt, ist selbst durch eine allgemeine Erwartung bestimmt, die offensichtlich von Erfahrungen bei der Untersuchung physikalischer Geschehenszusammenhänge abgeleitet ist, die aber sehr leicht den Charakter eines apriorischen Glaubens annimmt: durch die Erwartung, daß Forschungsprobleme jeder Art allein durch Messungen von Quantitäten befriedigend gelöst werden können.

Diese Erwartung aber, die auf dem erwähnten atomistischen Grunddogma basiert, kann nur innerhalb sehr genau abgesteckter Grenzen als Kompaß für die Formulierung von Problemen und Theorien dienen. Die Eigentümlichkeiten verschiedener Beobachtungseinheiten, mit denen sich verschiedene wissenschaftliche Disziplinen befassen, beruhen nicht allein auf der Zahl der ineinanderwirkenden Teile, Variablen, Faktoren oder Bedingungen, sondern vor allem auch auf der Art und Weise, in der diese zusammensetzenden Teile miteinander verknüpft, aufeinander abgestimmt, kurzum: organisiert und integriert sind. Man kann diese Unterschiede zwischen den Hauptgruppen der empirisch-theoretischen Wissenschaften, also den physikalischen, den biologischen und den Menschenwissenschaften, vielleicht am besten deutlich machen, wenn man als Bezugsrahmen für ihre unterscheidenden Gegenstandstypen hochgeneralisierte Modelle der Integrationseinheiten ansetzt, die für die jeweiligen Forschungsbereiche charakteristisch sind, und diese Modelle ihrerseits, gleichsam in einem Modell der Modelle, nebeneinanderstellt entsprechend dem Grad und der Art, wie die zusammensetzenden Teile dieser Integrationseinheiten aneinander gebunden sind.

Das Kontinuum eines so aufgebauten Modells der Modelle hat zwei Pole. Am einen Ende stehen allgemeine Modelle von Einheiten wie Haufen, Mengen, Vielheiten, Agglomerationen, deren zusammensetzende Teile nur zeitweilig, in der lockersten Weise aneinander gebunden sind und auch unabhängig voneinander existieren können, ohne ihre spezifischen Eigenschaften zu verändern. Der andere Pol wird gebildet durch Modelle von Einheiten wie offene Integrationsgefüge und Prozesse, also von Figurationen, die in hohem Maße autonom und zur Selbststeuerung fähig sind, die aus einer Hierarchie von ineinander verschachtelten Teilfigurationen und -prozessen bestehen und deren zusammensetzende Teile so hochgradig interdependent sind, daß sie von ihrer zusammengesetzten Einheit nicht ohne radikale Veränderungen ihrer eigenen wie der Struktur der größeren Einheit selbst isoliert werden können.

Zwischen diesen beiden Polen liegt eine aufsteigende Skala von Modellen, die nach dem Grad der Differenzierung und Integration ihrer zusammensetzenden Einheiten angeordnet sind.

Wenn man in diesem Kontinuum der Modelle von Paradigmen locker gefügter zu anderen hochorganisierter Einheiten fortschreitet, wenn Modelle einfacher Mengen Modellen sich selbst steuernder, offener Figurationen und Prozesse mit mehr und mehr Ebenen Platz machen, verändern – oder verlieren sogar – viele der Forschungswerkzeuge, die für die wissenschaftliche Untersuchung von Einheiten des ersten Typs entwickelt wurden, ihre Bedeutung. Denkmittel und Techniken, die dort die Hauptwerkzeuge der Forschung bilden, haben hier vielfach allenfalls eine Hilfsfunktion.

Weniger adäquat in diesem Sinne wird der Begriff der unabhängigen Variable einer Beobachtungseinheit, die im übrigen invariant gehalten wird, und damit auch eine Art des Beobachtens und Experimentierens, die auf der Voraussetzung beruht, daß der Untersuchungsgegenstand ein Haufe potentiell unabhängiger Variablen und ihrer Wirkungen ist.

Weniger adäquat wird auch der Begriff eines wissenschaftlichen Gesetzes als des allgemeinen theoretischen Symbols für bestimmte Verknüpfungen von Teileinheiten einer größeren Einheit. Denn es ist eine der stillschweigenden Annahmen, die sowohl der Idee wie der Aufstellung eines wissenschaftlichen Gesetzes zugrundeliegen, daß die Ereignisse, von denen man in der Form eines Gesetzes aussagen will, daß die Struktur ihres Zusammenhanges notwendig und unveränderlich sei, ihre Eigentümlichkeiten nicht irreversibel verändern, wenn sie von anderen Verknüpfungen oder voneinander abgeschnitten werden: Der Typ eines Geschehenszusammenhangs, dessen Regelmäßigkeit einigermaßen befriedigend in der Form eines Gesetzes ausgedrückt werden kann, ist dadurch charakterisiert, daß ein solcher Zusammenhang, obwohl für sich passager, doch einem permanenten Muster folgt: er kann unzählige Male beginnen und enden, ohne das Verhalten anderer Teileinheiten des größeren Beziehungsgeflechtes, innerhalb dessen er stattfindet, oder die Eigenschaften des größeren Geflechts selbst zu beeinflussen. Kurzum: Allgemeine Gesetze für besondere Fälle sind Instrumente zur Lösung von Problemen, deren Bezugsrahmen als Menge begriffen wird.

Je mehr das Rahmenwerk der Probleme einer Wissenschaft in seinen Eigentümlichkeiten einem sich weitgehend selbst steuernden Integrationsgefüge oder Prozeß ähnelt, je größer mit anderen Worten die Chance ist, daß zusammensetzende Teile permanent miteinander verknüpft sind und darum ihre Struktur unwiderruflich verändern müssen, wenn diese Verknüpfung zerschnitten wird, desto größer wird die Wahrscheinlichkeit, daß Gesetze als Forschungswerkzeuge nur noch eine subsidiäre Rolle spielen; desto mehr braucht man als vorrangige Denkmittel, um Regelmäßigkeiten von Teilzusammenhängen zu erforschen und darzustellen, Figurations- und Prozeßmodelle, die unzweideutig der Tatsache Rechnung tragen, daß Teilereignisse miteinander verbunden sind als zusammensetzende Einheiten einer größeren Funktionseinheit, ohne die sie nicht oder nicht in dieser Weise geschehen würden.

Auch jene altehrwürdigen Denkoperationen, die wir als „Induktion" und „Deduktion" kennen, behalten nicht über das ganze Kontinuum der Modelle hin den gleichen Charakter. In ihrer klassischen Form sind sie eng verknüpft mit gedanklichen Auf- und Abbewegungen zwischen diskreten, isolierten Universalien – etwa Allgemeinbegriffen, Gesetzen oder Hypothesen – auf der einen und einer unendlichen Vielheit bestimmter Ereignisse auf der anderen Seite. Auch hier werden die letzteren so behandelt, als könnten sie ihre kennzeichnenden Eigentümlichkeiten bewahren, wenn sie isoliert und unabhängig von allen anderen Zusammenhängen untersucht werden.

Wenn Modelle von Vielheiten Modellen hochintegrierter Strukturgebilde untergeordnet werden, gewinnt ein anderer Typ von Forschungsoperationen stärker die Oberhand, der die Operationen von Induktion und Deduktion in einem gewissen Maße modifiziert: nämlich Auf- und Abbewegungen zwischen Modellen der umfassenderen Einheit und solchen ihrer Teileinheiten.

Es ist nicht leicht, irgendwelche eingeführten Begriffe zu finden, die klar und deutlich die unterscheidenden Qualitäten und den komplementären Charakter dieser beiden Operationen ausdrücken. Vielleicht könnte man diejenigen Schritte der Forschung „analytisch" nennen, bei denen die theoretische Repräsentation eines umfassenderen Gebildes mehr oder weniger als Hintergrund behandelt wird, vor dem Probleme seiner zusammensetzenden Teile als das primäre Untersuchungsobjekt und als ein potentielles Prüffeld für theoretische Repräsentationen der größeren Einheit hervortreten; und man könnte diejenigen Schritte „synoptisch" (um nicht zu sagen „synthetisch") nennen, die auf die Ausarbeitung einer kohärenteren theoretischen Repräsentation einer Gesamtfiguration als vereinheitlichendes Rahmenwerk und potentielles Prüffeld für relativ unkoordinierte theoretische Repräsentationen der zusammensetzenden Teilfigurationen abzielen. Aber wie die technischen Begriffe auch lauten mögen, man kann sagen, daß die Lösung von Problemen, deren Rahmenwerk eine hochintegrierte Einheit repräsentiert, auf lange Sicht von der Koordination und Balance von Schritten in beide Richtungen abhängt. Auf kurze Sicht mag die Synopse der Analyse vorauslaufen. Ihre theoretischen Ergebnisse haben dann im schlimmsten Fall den Charakter von Spekulationen, im besten Fall, wenn sie sich mit einem größeren Bestand von Beobachtungs- und Theoriefragmenten in Einklang bringen lassen, den von Arbeitshypothesen. Viele der Ideen, die von den Pionieren der Soziologie im 19. Jahrhundert als Resultat ihrer hauptsächlichen Beschäftigung mit dem Menschheitsprozeß als ganzem vorgestellt wurden, sind Beispiele für diese Stufe. Ein anderes Mal mag die Analyse der Synopse vorauslaufen. In diesem Fall besteht das Wissen aus einem Wust von Beobachtungs- und Theoriefragmenten, für die ein einheitlicheres theoretisches Rahmenwerk noch nicht in Sicht ist. Ein Großteil der Arbeit von Soziologen in einigen Jahrzehnten des 20. Jahrhunderts kann als Beispiel für diese Stufe dienen. Viele von ihnen entwickelten, in Reaktion auf die spekulativeren Momente in der Arbeit der vorangegangenen Systembauer, ein Mißtrauen gegen jede übergreifende Perspektive und schon gegen den bloßen Gedanken einer zusammenfassenden Theorie; sie beschränkten sich mehr und mehr auf die Erforschung isolierter Problemkomplexe, die so annähernd wie möglich mit Methoden anderer Wissenschaften erforscht werden konnten. Sie benutzten diese Methoden, obwohl ihnen selbst fehlte, was Vertreter dieser anderen Wissenschaften bereits besaßen: ein einheitlicheres, höher integriertes Gefüge theoretischer Begriffe und Modelle als gemeinsamer Bezugsrahmen für isolierte Untersuchungen von Teilzusammenhängen.

Im Falle von Beobachtungseinheiten wie Mengen und Populationen ist es ein angemessenes Forschungsziel, theoretische Modelle einer zusammengesetzten Einheit als ganzer zu entwickeln, indem man diese als die Summe ihrer Komponenten behandelt und ihre Eigentümlichkeiten auf die ihrer zusammensetzenden Teile zurückführt. Aber die Reduktion auf Teileinheiten wird desto weniger angemessen, je weiter man innerhalb des Kontinuums der Modelle zu höher organisierten Gebilden aufsteigt. Da auf diesen Integrationsstufen die zusammensetzenden Teile ihren spezifischen Charakter verlieren, wenn ihr Zusammenhang mit anderen zerbrochen wird, da sie, was sie sind, nur als funktionale Teile einer Funktionseinheit bestimmter Art – oder sogar einer individuellen Einheit – werden und bleiben, ist die Untersuchung zeitweiliger Isolate in diesem Fall nur dann von Nutzen, wenn ihre Ergebnisse wieder und wieder auf ein Modell der übergeordneten Figuration zurückbezogen werden; die Eigentümlichkeiten von Teileinheiten können hier nicht adäquat erfaßt werden ohne die Richtschnur eines theoretischen Modells der Gesamteinheit. Auf einer frühen Stufe in der Entwicklung eines Problemfeldes mögen solche Modelle, wie die Landkarten noch wenig erforschter Regionen, voll weißer Flecken und vielleicht voller Irrtümer sein, die nur durch weitere Untersuchungen von Teileinheiten korrigiert werden können. Aber wie weit auch die einen oder die anderen zurückhinken mögen, Untersuchungen beider Art, ob auf der Ebene des ganzen Integrationsgefüges oder auf der Ebene von Teileinheiten, werden in ihrem Erkenntniswert erheblich geschmälert, wenn sie sich nicht auf ein gewisses Maß an Korrespondenz und Koordination stützen können, das Wissenschaftlern die

Möglichkeit gibt, den Brennpunkt ihrer Beobachtungen und Überlegungen frei von der einen zur anderen Ebene zu verschieben.

2. Autonomie des Gegenstandsgebietes

Die Entwicklung eines *relativ autonomen Gesellschaftsbildes*, das sich als *Leitbild* für eine wissenschaftliche Erschließung eignet, ist allein schon deswegen besonders schwierig, weil sich Menschen den Gedanken an die relative Autonomie der gesellschaftlichen Funktionszusammenhänge eben nicht nur in Auseinandersetzung mit *vorwissenschaftlichen Gesellschaftsbildern* erkämpfen müssen, sondern auch in Auseinandersetzung mit *vorherrschenden Bildern von der Natur*, also von einem Funktionszusammenhang niedrigerer Integrationsstufe. (WiS, 60)

- *Der Begriff der relativen Autonomie, von dem hier die Rede ist, bezieht sich auf drei verschiedene, aber völlig interdependente Aspekte der Wissenschaften:*
  Die erste Schicht der relativen Autonomie, die Voraussetzung aller anderen, ist die relative Autonomie des Gegenstandsgebietes einer Wissenschaft in seiner Beziehung zu den Gegenstandsgebieten anderer Wissenschaften.
  Die zweite Schicht ist die relative Autonomie der wissenschaftlichen Theorie von diesem Gegenstandsgebiet (gegenüber vorwissenschaftlichen und anderen Theorien).
  Die dritte Schicht ist die relative Autonomie einer bestimmten Wissenschaft im Institutionengefüge der akademischen Forschung und Lehre und die relative Autonomie der wissenschaftlichen Berufsgruppen. (WiS, 62)

- *Die Konzentration der philosophischen Wissenschaftstheorien auf die ideale Wissenschaft und innerhalb ihrer wieder auf die wissenschaftliche Methode beruht auf Spielregeln, auf herkömmlichen philosophischen Prinzipien, die sich wie eine Art von unsichtbarer Glaswand zwischen die Denkenden und die Gegenstände ihres Denkens, also in diesem Fall die Wissenschaften, schieben. (WiS, 63)* Wenn man sich von den ein-

schränkenden Spielregeln der philosophischen Untersuchung von Wissenschaften abwendet und an Wissenschaften als Gegenstände theoretisch-empirischer Untersuchungen herantritt, läßt sich schnell entdecken, daß das Gegenstandsbild, wie es im Laufe der wissenschaftlichen Arbeit hervortritt, und das Bild der Methode, deren man sich zur Erschließung eines Gegenstandsgebietes bedient, funktionell interdependent sind. (WiS, 64) Der Gedanke, daß Menschen eine Methode, ein Werkzeug der Erkenntnis, unabhängig von der Vorstellung, die sie von dem zu erkennenden Gegenstandsgebiet haben, erfinden, ist ein nachträgliches Produkt der philosophischen Einbildungskraft. (WiS, 59)

- *Alles, was Kant als zeitlos und vor aller Erfahrung gegeben hinstellte, sei es die Vorstellung einer Kausalverknüpfung, die der Zeit oder die natürlicher und moralischer Gesetze, muß zusammen mit den entsprechenden Worten von anderen Menschen gelernt werden, um im Bewußtsein des einzelnen Menschen vorhanden zu sein. (Notizen, 19) Schon Comte wandte sich aufgrund seiner entwicklungssoziologischen Einstellung mit aller Entschiedenheit gegen die Trennung von Form und Inhalt, von Wissenschaftsmethode und Wissenschaftsgegenstand, von Denken und Wissen. (WiS, 41)*
- *Nur mit Hilfe einer vergleichenden Methode ist es möglich, die unterscheidenden Struktureigentümlichkeiten des wissenschaftlichen Erkenntnisbemühens ohne vorgefaßte und willkürliche Werte und Ideale zu bestimmen. (WiS, 57)*
- *Da die Gegenstandsbereiche unterschiedlich autonom sind, werden zu ihrer Erforschung unterschiedliche Denkmittel benötigt. Das heißt aber nicht, daß man einen Bruch der ontogenetischen Kontinuität behaupten will; man behauptet keine physischen und metaphysischen „Sphären" (WiS, 112) Daß das Bestehen einer völligen ontogenetischen Kontinuität zwischen verschiedenen Integrationsstufen mit einer relativen Autonomie jeder Integrationsstufe gegenüber den niedrigeren, mit dem Vorhandensein ihr eigentümlicher Zusammenhangsformen und deren Unreduzierbarkeit verträglich sei, ist eine Einsicht, die gewiß zunächst nicht leicht zu verstehen ist, aber zu der, soweit sich sehen läßt, viele Fortschritte der biologischen Wissenschaften und nun gewiß auch die der soziologischen hindrängen. (WiS, 113)*
- *Der entscheidende Schritt, den Comte tat, liegt in der Erkenntnis der relativen Autonomie der Gesellschaftswissenschaf-*

ten gegenüber den älteren Naturwissenschaften. (WiS, 36) Zu den Aufgaben der Soziologie gehört, das Denken und Sprechen über Zwangsläufigkeiten, denen sich Menschen in bestimmten empirisch beobachtbaren Gesellschaften und Gruppen oder in Gesellschaften überhaupt ausgesetzt finden, von seiner Bindung an heteronome Vorbilder zu lösen und statt der Wort- und Begriffsbildungen, deren Gepräge auf magisch-mythische oder naturwissenschaftliche Vorstellungen zurückgeht, allmählich andere zu entwickeln, die der Eigenart der von Individuen gebildeten gesellschaftlichen Figurationen besser gerecht werden. (WiS, 15)
- *Wer sagt, daß die Naturwissenschaften „nicht wertend" oder „wertfrei" seien, verwendet die Begriffe in irreführender Weise. (ED, 13) An die Stelle der irreführenden Unterscheidung von „wertenden" und „wertfreien" Wissenschaften sollte besser die Unterscheidung von heteronomen und autonomen Wertungen treten. (ED, 59)*
- *Die Arbeit der Naturwissenschaftler ist im Unterschied zu der vieler Sozialwissenschaftler durch fest etablierte Berufsstandards und andere institutionelle Sicherungen in relativ hohem Maße gegen die Durchdringung mit heteronomen Wertungen geschützt. (ED, 14)*
- *Dies ist das gemeinsame Selbstverständnis vieler Sozialwissenschaftler: Sie gestehen einander, wie gegensätzlich auch ihre Grundannahmen sein mögen, einen sehr weiten Spielraum zu für die Verwendung dogmatischer Ideale und Wertungen als Basis ihrer Problemstellung, ihrer Auslese von Belegen, ihrer Entwicklung von Theorien; und dieser Spielraum wird gewöhnlich um so größer, je mehr der Druck der Spannungen und Leidenschaften in einer Gesellschaft steigt. (ED, 31)*
- *Unter Sozialwissenschaftlern findet man auch immer wieder eine Neigung, die Schwierigkeiten und Unzulänglichkeiten ihrer Arbeit der Tatsache zuzuschreiben, daß es ihnen nicht gelingt, die Methoden der physikalischen Wissenschaften mit der gewünschten Strenge zu kopieren. (ED, 33)*
- *Die Emanzipation von heteronomen, naiv-egozentrischen oder naturwissenschaftlichen Vorstellungen und den zugehörigen Denk- und Sprechweisen ist im Falle der Menschenwissenschaften kaum einfacher, als es die entsprechende Aufgabe im Fall der Naturwissenschaften vor drei oder zwei Jahrhunderten gewesen ist. (WiS, 17) Es bedarf einer gewissen Zeit, bis eine aufsteigende Gruppe von Spezialisten sich von dem je-*

weils etablierten Stil des Denkens und Handelns loslösen kann. (ED, 34) Im großen und ganzen benutzen Wissenschaftstheorien als ihr primäres Modell immer noch die physikalischen Wissenschaften – oft nicht einmal in ihrer gegenwärtigen, sondern in ihrer klassischen Gestalt. (ED, 32)
- *Die statische philosophische Vorstellung von der wissenschaftlichen Erkenntnis als einer „ewig menschlichen" Erkenntnisform blockiert noch so gut wie völlig die Frage nach der Soziogenese und Psychogenese der naturwissenschaftlichen Sprech- und Vorstellungsweisen, die allein es möglich machen könnte, Erklärungen für diese Umorientierung des menschlichen Denkens und Erfahrens auf die Spur zu kommen. (WiS, 16) Man kann die gemeinsamen Struktureigentümlichkeiten des wissenschaftlichen Wissenserwerbs nicht herausfinden, ohne das ganze wissenschaftliche Universum, ohne die Vielheit der Wissenschaften in betracht zu ziehen. (WiS, 63f.)*

Zu spät oder zu früh

Notizen zur Einordnung der Prozeß- und Figurationstheorie

aus: Norbert Elias über sich selbst, Frankfurt a.M. 1990, S. 170-197; zuerst veröffentlicht in: Peter Gleichmann/Johan Goudsblom/Hermann Korte (Hrsg.): Macht und Zivilisation. Materialien zu Norbert Elias' Zivilisationstheorie 2, Frankfurt a.M. 1984, S. 58-79

Die Erinnerung an die vorsoziologischen Erfahrungen eines Soziologen ist nicht ganz unnütz für das Verständnis seines Werdegangs. Ein langes Leben hat seine Vorteile, nicht nur für einen selbst, sondern auch für die wissenschaftliche Arbeit, die man zu leisten hat. Man kann viele gesellschaftliche Zusammenhänge miteinander vergleichen, die man miterlebt hat.

Es ist nicht unnütz, so scheint mir, in der Spätzeit des 20. Jahrhunderts, wo sich Forschung und Lehre der Soziologie im Sinne eines etablierten akademischen Fachbereichs, und oft genug nach Modellen physikalischer und philosophischer Establishments, in hohem Maße professionalisiert und bürokratisiert haben, an die Erfahrungen einer früheren Zeit zu erinnern, in der das weit weniger der Fall war und in der, wie ich das schon oben erwähnt habe, Menschen, die aus anderen Fachbereichen kamen, eigentlich erst begannen, Modelle für Forschung und Lehre der Soziologie zu schaffen in Fortführung der Arbeit, die die großen Pioniere der Soziologie im 19. Jahrhundert geleistet hatten. Aber die Professionalisierung und Bürokratisierung der Soziologie, deren praktische Vorteile unbestritten sind und die ja bei den gegenwärtigen Bedingungen der Menschenwissenschaften an den Universitäten auch unvermeidlich sind, hat zugleich bestimmte Verengungen der soziologischen Perspektive, bestimmte Verkümmerungen der soziologischen Vorstellungskraft und Sensibilität mit sich gebracht. So wäre es für das Verständnis der Entwicklung der Soziologie im frühen 20. Jahrhundert gewiß nicht ohne Bedeutung, sich zu fragen, was in dieser Zeit eine ganze Reihe von Menschen, die ursprünglich andere Fächer studiert hatten, dazu bewog, sich der Soziologie zuzuwenden. Ich muß mich in diesem Zusammenhang damit begnügen, auf das Problem als solches hinzuweisen. Es ist ein bißchen vernachlässigt worden und verdient eine eigene Untersuchung.

Gerade Angehörige der frühen, noch nicht professionalisierten Generationen sind es zumeist, die heute als Autoritäten der Soziologie kanonisiert sind. Was sie zur Soziologie trieb, war sicherlich in vielen Fällen die Erkenntnis, daß im Zuge der zunehmenden Urbanisierung und Industrialisierung auf der Ebene der gesellschaftlichen Praxis selbst eine Fülle von neuen Problemen auftauchte, die Geschichte, Nationalökonomie und die anderen Sozialwissenschaften brachliegen ließen, weil sie sich in ihr Problemschema nicht einfügten und ihren herkömmlichen Methoden nicht zugänglich waren. Zugleich stellten diese spürbaren gesellschaftlichen Wandlungen Gelehrten, die wach genug waren, sie zu sehen, eine innovatorische Aufgabe großen Maßstabes – die Aufgabe, eine umfassende Theorie der menschlichen Gesellschaft, genauer gesagt, der Menschheitsentwicklung auszuarbeiten, die als integrierender Bezugsrahmen für die verschiedenen speziellen Gesellschaftswissenschaften dienen konnte.

Mir selbst kam diese Aufgabe allmählich zu Bewußtsein, noch vage in der Heidelberger, etwas schärfer umrissen in der Frankfurter Zeit, und dieser Aufgabe, eine Zentraltheorie der Soziologie zu entwerfen, die empirienahe, also überprüfbar und korrigierbar ist, den Grundstock eines Theoriegebäudes zu legen, auf dem spätere Generationen aufbauen, das sie je nachdem verwerfen, korrigieren oder auch weiterentwickeln können – dieser Aufgabe ging ich mit wachsender Bewußtheit nach und arbeitete an ihr bis heute durch alle die vielen Sonderaufgaben hindurch, die meines gewundenen Weges kamen.

Damit ist nicht gesagt, daß ich mich in irgendeinem Sinne als Anfang sah, als Neuerer aus dem Nichts. Ich war mir dessen bewußt, daß ich ganz und gar in der Generationskette stand, also auch in der der Soziologen. Ich sah mich mit sehr wachem Bewußtsein als Mensch meiner Generationen (der Plural besagt, daß das Leben mit den späteren Generationen nicht ohne Wirksamkeit blieb, wenn auch das mit den frühsten und früheren am tiefsten einsank). Selbst die verhältnismäßig hohe Individualisierung der soziologischen Vorstellungskraft war ein gemeinsames Kennzeichen vieler Soziologen, die vor dem zweiten großen Krieg des 20. Jahrhunderts auf die Szene traten. Marx und in begrenzterem Maße auch Comte hatten bereits an dem Problem langfristiger gesellschaftlicher Prozesse gearbeitet, wenn auch in hohem Maße verwoben mit politischen Ideologien, mit sozialen Wunschvorstellungen und Idealen besonderer Art. Auch blieb jeder von ihnen der Beschäftigung mit einem bestimmten Gesellschaftsprozeß verhaftet; sie waren noch nicht auf die Reflexionsstufe hinaufgestiegen, von der aus man die Frage nach dem Wie und Warum gerichteter langfristiger gesellschaftlicher Prozesse als solcher stellen konnte.

Auch ein weites geschichtliches Wissen war unter Soziologen vor der Mitte des 20. Jahrhunderts nichts Seltenes, und viele von ihnen registrierten bereits, daß diese Kenntnis der Vergangenheit unentbehrlich ist für das Verständnis der Gegenwartsprobleme. So gut wie alle diese Menschen hatten sich, wie ich selbst, ihre historischen Kenntnisse, und damit auch die Kenntnis früherer Gesellschaftsstrukturen, nicht als Fachhistoriker erworben, sondern durch eigene Arbeit entsprechend dem Zwang der soziologischen Probleme, die sie zu lösen suchten. So verhielt es sich mit Marx; in bezug auf seine Geschichtskenntnisse wie auf sein anderes empirisches Wissen war er zum guten Teil Autodidakt. So verhielt es sich später mit Sombart, Max und Alfred Weber und auch mit Mannheim, etwa bei der Vorbereitung seines Aufsatzes über das konservative Denken. Sie alle erwarben sich Wissen von früheren Gesellschaftsverhältnissen zumeist gerade deswegen selbst, weil ihre Fragestellung, der Gesichtspunkt, unter dem sie „historisches" Material benutzten, sich grundlegend von den Fragestellungen der Fachhistoriker unterschied.

Spätere Generationen, die diesen Unterschied nicht mehr richtig verstanden, deren Wissen und Interesse sich auf die enge Gegenwart beschränkte, gaben dann dieser Beschäftigung mit vergangenen sozialen Strukturen, mit soziologischen Problemen früherer Gesellschaftsphasen den Namen „historische Soziologie"; aber das ist eine irreführende Bezeichnung. Alle die Soziologen, die ich genannt habe, stellten an die Vergangenheit nicht historische, sondern soziologische Fragen. Sie verstanden oft etwas von der Dynamik der Gesellschaft. Sie sahen mit mehr oder weniger großer Klarheit, daß man die jeweils gegenwärtigen Probleme und Strukturen menschlicher Gesellschaften nicht zu erklären vermag, wenn man sie in einem engen Horizont, also lediglich als statische Gegebenheiten, als hic-et-nunc-Probleme und -Strukturen betrachtet, die man in der gleichen Manier angehen kann wie physikalische Probleme und Strukturen, nämlich als ob sie praktisch unendlich wiederholbar seien, als ob es darum ginge, nach ewig gültigen Gesetzen für sie zu suchen. Vergangenheit, Gegenwart und zuweilen auch Zukunft menschlicher Gesellschaften zusammen ins Auge zu fassen als Repräsentanten einer kontinuierlichen Bewegung war also durchaus nichts Seltenes in diesen Soziologengenerationen meiner Jugend: Sie ahnten vielleicht, wenn sie es auch noch nicht mit diesen Worten sagten, daß die Probleme und Strukturen der jeweiligen Gegenwart eine recht andere Gestalt annehmen, wenn man sie im Lichte der Vergangenheit, im Verein mit den langen sozialen Prozessen, die zu ihnen hinführen, sieht, als wenn man sie kurzfristig und statisch nur als Gegenwart für sich betrachtet.

Als Spätkommender auf diese Szene zu treten hatte für mich neben manchen Nachteilen auch gewisse Vorteile. Es war leichter für mich zu erkennen, wie ideologiegesättigt existierende Modellentwürfe langfristiger Gesellschaftsprozesse noch waren. Es fehlte an Untersuchungen, die gesellschaftliche Wandlungen über einen längeren Zeitraum hin mit Hilfe von detaillierten empirischen Belegen derart greifbar machen konnten, daß es möglich wurde, an die Stelle der vorhandenen, oft recht spekulativen Modelle langfristiger sozialer Prozesse einen anderen Typ theoretischer Modelle zu setzen, nämlich Prozeßmodelle, die empirisch überprüfbar und, wenn nötig, korrigierbar oder widerlegbar waren. Das aber war offensichtlich nur dann möglich, wenn der Untersuchende nicht doktrinär an vorgefaßte Glaubensaxiome, an die eine oder andere der gegensätzlichen Ideologien auf dem zeitgenössischen Parteispektrum gebunden war.

Darum also ging es mir. Ich suchte etwas dazu beizutragen, diese Desideologisierung soziologischer Theorien in Gang zu bringen. Es war schwieriger, als ich gedacht hatte. In meinem Buch *Über den Prozeß der Zivilisation* war es mir, wie ich hoffte, gelungen, theoretische Probleme wie das der zivilisatorischen Veränderung von Menschen und die eng damit verbundene langfristige Verwandlung der staatlichen Integrationsebene von Menschen mit Hilfe von detaillierten empirischen Belegen in den Griff zu bekommen. Ich hoffte, daß es für spätere Generationen möglich sein würde, an diesen und anderen Problemen langfristiger Prozesse weiterzuarbeiten und, wenn nötig, diese ersten Schritte zu korrigieren, also jedenfalls die kontinuierlichere Entwicklung der Soziologie zu sichern, an der es ihr bisher in vielerlei Hinsicht fehlte.

Das Theoriemodell, das hier entstand, genügte auch meinem Verlangen, nicht einfach mit allgemeinen Begriffen, sondern mit greifbaren Forschungsergebnissen zu demonstrieren, daß es möglich ist, soziologische Theorien zu entwickeln, die sich nicht mehr in das Spektrum der zeitgenössischen politischen Parteiungen und sozialen Ideale fügen. Die Emanzipation der soziologischen Theorien von der Hegemonie der zeitgenössischen politischen Ideologien war gewiß kein einfaches Unternehmen – schon deswegen nicht, weil man diese Aufgabe nicht verstand. Vielleicht bedarf es einer Reihe von Generationen, ehe sich die verwirrende Vormacht der sozialen und politischen Ideologien überwinden läßt und die Soziologie sich in Sicherheit auf dem zweispurigen Gleis der empirisch-theoretischen Forschungsarbeit weiterbewegen kann. Ein einzelner Mensch kann nur ein paar Schritte auf diesem Wege tun; aber ich hoffe gezeigt zu haben, daß der Durchbruch möglich ist – ein Ausbruch aus der Falle der gegenwärtigen politischen und sozialen Glaubensdoktrinen.

Die Zivilisations- und Staatsbildungstheorie, die Symboltheorie des Wissens und der Wissenschaften und im weiteren Sinne die Prozeß- und Figurationstheorie, um deren Ausarbeitung ich mich bemüht habe, sind weder marxistisch noch liberal, weder sozialistisch noch konservativ. Mir erschienen die versteckten Parteidoktrinen, die verschleierten sozialen Ideale im wisenschaftlichen Gewande nicht nur als Fälschungen, sondern auch als unfruchtbar. Das war – und ist – sicherlich einer der Gründe für die Rezeptionsschwierigkeiten dieser Theorie und der Bücher, in denen sie enthalten ist. Man erwartet von einer soziologischen Theorie, daß sie Argumente für oder gegen die eine oder die andere Seite in den großen sozialen Glaubens- und Interessenkämpfen der neueren Zeit beibringen werde. Es ist desorientierend, daß sich diese Erwartung hier nicht erfüllt – wenn es auch gewiß an Versuchen zu einer solchen Interpretation nicht fehlt. Es ist z.B. leicht genug zu übersehen, daß der Begriff der Figuration ausdrücklich dazu geschaffen ist, die vertrackte Polarisierung der soziologischen Theorien in solche, die das „Individuum" über die „Gesellschaft", und solche, die die „Gesellschaft" über das „Individuum" stellten, zu überwinden – eine Polarisierung der soziologischen Theorien, die der Hauptachse der Glaubens- und Interessenkämpfe draußen im Lande entsprach. Aber man muß sich ja als Soziologe dem Zwang dieser Kampfachse nicht fügen, zumal sie in der Realität längst von anderen Kampfachsen überschattet wird.

Heute glaube ich sagen zu können, daß sich das Denken in Figurationen, die Menschen (und unter ihnen man selbst) miteinander bilden, bei der Weiterarbeit bewährt hat. Es fehlt mir nicht an Verständnis dafür, daß man das begriffliche Werkzeug, das ich in der Form des Figurationsbegriffs auszuarbeiten suchte, hauptsächlich daraufhin prüft, was es mit älteren Theorievorschlägen gemein hat, die die kollektiven über die individuellen Integrationsstufen der Menschen stellten, also etwa mit den Durkheimschen und Simmelschen Vorschlägen oder mit denen der „Systemtheoretiker". Ich kann die Blinden nicht sehen lehren, kann ihnen, wie unzweideutig ich es auch sage, den Unterschied nicht verständlich machen. Denn er beruht letzten Endes auf einem weiteren Akt der Selbstdistanzierung, auf dem Aufstieg zu der nächsthöheren Stufe auf der Wendeltreppe des Selbstbewußtseins, und wenn man diese Selbstdistanzierung nicht nachvollziehen kann, stößt die Erklärung auf taube Ohren.

Zu einem solchen Aufstieg gibt es Ansätze in den vorangehenden Theoriebildungen der Soziologie. Manche Theorien von Marx und Weber zeugen von einem hohen Maß an Distanzierung, eingebettet in Zeugnisse ihres Engagements. Aber sie machen Distanzierung und Engagement noch nicht zum Problem. Sie heben den Schritt der Selbstdistanzierung noch nicht als solchen ins Bewußtsein. Solange das nicht geschieht, sieht man unwillkürlich immer sich selbst als Einzelnen der Gesellschaft gegenüber und so auch alle anderen einzelnen Menschen als „Individuen" jenseits der Gesellschaft – oder umgekehrt die Gesellschaft als etwas, das jenseits und außerhalb der einzelnen Individuen existiert. Solange man diesen weiteren Schritt der Selbstdistanzierung nicht zu tun, nicht gedanklich in den Griff zu bekommen vermag, ist es, mit einem Wort, schwierig, das Schiff der Soziologie wie das der Menschenwissenschaften überhaupt zwischen den Ideologien des Individualismus und des Kollektivismus hindurchzusteuern. Was den Figurationsbegriff von vorangehenden Begriffen, mit denen man ihn vergleichen mag, unterscheidet, ist eben die Perspektive auf Menschen, die er repräsentiert. Er hilft aus der herkömmlichen Falle heraus, aus der Falle von Polarisierungen wie der von „Individuum" und „Gesellschaft", soziologischem Atomismus und soziologischem Kollektivismus. Allein schon die Worte „Individuum" und „Gesellschaft" blockieren oft die Wahrnehmung. Wenn man den weiteren Akt der Selbstdistanzierung zu vollziehen vermag, dann ist man in der Lage, beim Aufstieg auf der Wendeltreppe des Bewußtseins sich selbst, gleichsam auf der vorangehenden Stufe, als einen Menschen unter anderen zu erkennen und die Gesellschaft selbst als Figuration, die viele von Grund auf interdependente, aufeinander angewiesene und voneinander abhängige Menschen zusammen miteinander bilden; erst dann vermag man die ideologische Polarisierung von Individuum und Gesellschaft gedanklich zu überwinden. Die Aufgabe ist so leicht wie die des Eis des Kolumbus und so schwierig wie die kopernikanische Wende.

Der Widerstand gegen diesen Aufstieg auf eine weitere Stufe des Selbstbewußtseins stammt zum Teil aus einer Erlebnisschicht, die am offensten beim Kleinkind zutage liegt und die nie ganz untergeht: aus der Erlebnisschicht, aufgrund deren man sich selbst als Zentrum der ganzen Welt empfindet. Sie zeigt sich unter anderem in der Selbstverständlichkeit, mit der Menschen früherer Entwicklungsstufen ihre Erde und ihre Gruppe darauf als Zentrum der Welt erlebten. Sie zeigt sich von neuem, verbrämt durch einen schweren Vorhang gelehrter Worte, in den solipsistischen und nominalistischen Neigungen der neuzeitlichen Philosophie von Descartes und Kant bis zu Husserl und Popper.

Der Widerstand gegen die Wahrnehmung seiner selbst als einer Person, die spezifische Figurationen mit anderen Menschen bildet, ist kraft dieses primären Egozentrismus der menschlichen Erfahrung sicherlich nicht geringer als der Widerstand gegen die Vorstellung, daß die Erde nur einen nicht sehr hervorragenden Platz in der Planetenkonstellation des Sonnensterns einnimmt und daß es überdies eine sehr große Anzahl von Sternen ähnlicher Art gibt. Aber es kommt noch hinzu, daß die gegenwärtig vorherrschende Form der zivilisatorischen Ausprägung von Menschen die Illusion verstärkt, daß jeder Mensch im Inneren etwas ist, das nicht nach „außen" kann, und daß dieses „Innere" das „Eigentliche" der eigenen Person, ihr „Kern" und „Wesen" ist. Die Theorie des Zivilisationsprozesses ermöglicht es zu erkennen, daß dieser Typ des Selbsterlebnisses und der Individualisierung selbst etwas Gewordenes, Teil eines sozialen Prozesses ist. Aber dem stemmt sich die ganze Wucht des persönlichen Gefühls entgegen, im Inneren ganz für sich allein, unabhängig von anderen Menschen zu existieren, und die entsprechend große Abneigung der so geprägten Menschen gegen die Einsicht, daß selbst ihr Persönlichstes und Eigenstes zugleich etwas im Zuge der langen Gesellschaftsentwicklung so Gewordenes ist.

Schon von diesen Erlebnisschichten her ist die Neigung recht stark, die menschliche Gesellschaft von sich selbst, vom „Individuum" als einem vereinzelten, ganz auf sich gestellten Wesen her zu konstruieren. Der Widerstand gegen die offensichtliche Tatsache, daß von Geburt an das Leben in Figurationen von Menschen zu den Grundtatsachen der menschlichen Existenz gehört, hat also zum Teil seinen Ursprung in einer Persönlichkeitsstruktur, einer Stufe der Bewußtseinsentwicklung, die der Illusion Nahrung gibt, daß der „Kern" des einzelnen Menschen in dessen „Innerem" gleichsam hinter Schloß und Riegel gefangensitzt und so von der „Außenwelt", insbesondere auch von anderen Menschen oder von Naturobjekten, hermetisch abgeschlossen ist.

Zugleich aber findet auch eine bestimmte politische Ideologie ihren Ausdruck in diesem Menschenbild des homo clausus. Die Vorstellung des total unabhängigen Individuums, des absolut autonomen und daher auch absolut freien einzelnen Menschen bildet das Kernstück einer bürgerlichen Ideologie, die einen ganz bestimmten Platz auf dem Spektrum der zeitgenössischen sozialen und politischen Glaubensbekenntnisse einnimmt. Es handelt sich dabei, wie immer man es nennen will, um ein Ideal oder eine Utopie, der nichts in der gesellschaftlichen Realität entspricht oder entsprechen kann.

Als reales gesellschaftliches Modell für dieses Idealbild des freien, ganz auf sich selbst gestellten und unabhängigen Individuums dient gewöhnlich der Unternehmer, also der Chef einer Handels–, Fabrik–

oder Bankorganisation, der unabhängig von staatlich-bürokratischen Interventionen, allein seinem eigenen Urteil gehorchend, als absoluter Herr im Hause und in diesem Sinne als völlig freies Individuum im staatlich unbehinderten Konkurrenzkampf mit anderen ebenso freien Unternehmern seinen eigenen Reichtum vermehrt und zugleich durch die Leitung eines florierenden Unternehmens zur Schaffung von Arbeitsplätzen und zum Wohlstand des Landes beiträgt. Nun ist es durchaus möglich, daß man auf der gegenwärtigen Stufe der Gesellschaftsentwicklung und der Entwicklung individueller Persönlichkeitsstrukturen nur dann von Menschen diejenige Leistungsintensität, diejenige Anspannungs- und Erfindungskraft erwarten kann, die nötig ist, um das kontinuierliche Wachstum des Sozialprodukts einer Gesellschaft zu sichern, wenn man an den Egoismus der leitenden Männer appelliert, wenn man sie mit Zuckerbrot und Peitsche – dem Zuckerbrot des Profits und der Peitsche des Konkurrenzmechanismus – dazu antreibt. Es ist durchaus möglich, daß sich bei den gegenwärtigen Persönlichkeitsstrukturen ein solches gesellschaftliches Arrangement, wenn das Ziel ein kontinuierliches Wachstum des Sozialprodukts ist, im Konkurrenzkampf mit einer total von der Regierung geplanten und bürokratisch verwalteten Wirtschaft, die ohne starke persönliche Motivation allein auf Befehlen und Gehorchen abgestellt ist, rein wirtschaftlich als vorteilhafter erweist. Aber die Vorstellung, daß der Besitzer oder, entsprechend dem Entwicklungsstand des 20. Jahrhunderts, etwa auch der Direktor eines wirtschaftlichen Unternehmens als Musterbeispiel für das Idealbild des freien Individuums dienen könne, das ganz für sich allein und unabhängig von allen anderen Menschen Entscheidungen trifft, läßt sich – wohlwollend – nur als Selbsttäuschung der betreffenden Schichten, weniger wohlwollend als politische Ideologie verstehen.

Im späten 20. Jahrhundert ist der ideologische Charakter dieses Bildes vom Unternehmer als Modell des freien, unabhängigen Individuums um so prononcierter, als der Monopolmechanismus, dessen Wirkweise ich an anderer Stelle untersucht und dargestellt habe, im Laufe des 19. und 20. Jahrhunderts zur Herausbildung immer größerer wirtschaftlicher Einheiten geführt hat. An die Stelle einer vergleichsweise großen Anzahl relativ kleiner Unternehmen, die vielfach in der Tat von ihren Eigentümern und deren Familien persönlich geleitet werden konnten, so daß Konkurrenzkämpfe oft noch gewissermaßen als Duelle zwischen Individuen ausgefochten wurden, ist nun in vielen Bereichen der Wirtschaft eine kleine Anzahl von Großunternehmen getreten. Ganz entsprechend der Theorie des Monopolmechanismus können dann kleinere wirtschaftliche Einheiten in solchen ökonomischen Bereichen nicht mehr mitkonkurrieren. In diesen Großunternehmen aber sind selbst die leitenden Männer und Frauen dermaßen in komplexe Interdependenzketten eingespannt und in ihren Entscheidungen dermaßen von Informationen und Ratschlägen spezialisierter Experten abhängig, daß auf sie bezogen das Idealbild des freien, unabhängigen Individuums eher als eine Karikatur der Wirklichkeit erscheint. Man verwechselt hier wohl „Macht" mit „Freiheit".

Vor allem aber ist die Interpretation der freien Konkurrenz gleichsam als Urbild der Freiheit des einzelnen Menschen deswegen fehl am Platze, weil sie die immanente Dynamik und Zwangsläufigkeit der Figuration, die frei miteinander konkurrierende Einheiten, ob Wirtschaftsunternehmen oder Staaten, miteinander bilden, nicht in Rechnung stellt – eben jene Dynamik, auf die ich zuvor unter dem Namen Monopolmechanismus verwiesen habe. Der Unternehmer, der sich als frei konkurrierendes Individuum versteht, weil der Mechanismus der freien Konkurrenz nicht durch Staatsinterventionen abgedrosselt oder eingeschränkt ist, bezieht in den Bereich der gedanklichen Interpretation seiner selbst als eines frei entscheidenden Menschen nicht die sozialen Zwänge mit ein, denen er selbst und seine Entscheidungen unterworfen sind aufgrund der immanenten Dynamik eines Feldes frei konkurrierender Einheiten. Die Antwort, die mir ein Unternehmer gab, in dessen Fabrik ich eine Zeitlang arbeitete, als ich ihn fragte, warum er, ein sehr begüterter Mann, bei der enormen Anspannung seiner täglichen Arbeit seine Gesundheit aufs Spiel setze, ist recht aufschlußreich: „Wissen Sie", sagte er, „das ist Jagd. Das macht ja auch Freude, den Konkurrenten die Aufträge abzujagen, und wenn man es nicht tut, dann kommt man doch bald ins Hintertreffen." Das war in den zwanziger Jahren, und es handelte sich um ein Familienunternehmen, das allem Anschein nach ein einzelner Mann freihändig dirigieren konnte. Aber er hatte Einsicht genug, um zu verstehen, daß der Repräsentant eines Unternehmens, das zu einem Feld frei konkurrierender Einheiten gehört, nicht etwa frei entscheiden kann, ob er sich an dem Konkurrenzkampf beteiligen will oder nicht. Er ist – durch die Eigenart der Konkurrenzfiguration – gezwungen mitzukonkurrieren, wenn er nicht in Abhängigkeit geraten oder untergehen, also Bankrott machen will. Denn das ist die Gesetzmäßigkeit jedes Feldes frei konkurrierender Einheiten, die ja als Konkurrenten interdependent sind: in einem Feld frei konkurrierender Einheiten, innerhalb dessen einige Einheiten größer werden als die anderen, wird ein einzelner Konkurrent automatisch kleiner, wenn und weil er nicht ebenfalls größer wird. Wie der Kartenspieler von seinen Karten und dem Geschick seiner Mitspieler, so ist der Unternehmer vom Markt und dem Geschick seiner Konkurrenten abhängig.

Hier hat man zugleich ein Beispiel für den Akt der Selbstdistanzierung vor sich, der notwendig ist, wenn man von der Bewußtseinsstufe, auf der man die Welt von sich selbst als ihrem Zentrum her erlebt, zur nächsthöheren Stufe heraufsteigt, von der aus man sich selbst als ein Individuum unter anderen zu sehen vermag, mit denen zusammen man Figurationen spezifischer Art bildet. Aus der Perspektive der früheren Stufe betrachtet mag man sich selbst recht wohl als absolut freier Herr seiner eigenen Entscheidungen vorkommen. Aus der Perspektive der nächsthöheren Stufe sieht man sich selbst nicht etwa, wie das im Sinne der gegenwärtigen politischen Polaritäten zuweilen erscheint, als passives Objekt anonymer gesellschaftlicher Kräfte, die gleichsam außerhalb der einzelnen Menschen existieren und gänzlich unabhängig von deren Handlungen die einzelnen Menschen vor sich her treiben. Man sieht sich selbst vielmehr als jemanden, dessen Entscheidungsspielraum deswegen begrenzt ist, weil er oder sie mit vielen anderen Personen, die ebenfalls Bedürfnisse haben, sich Ziele setzen und Entscheidungen treffen, zusammenlebt.

Im Grunde ist es also ein einfacher Schritt, den es zu tun gilt, um sich besser, als es heute möglich ist, in der Welt, die Menschen miteinander bilden, zu orientieren. Statt von dem einzelnen Individuum oder von gesellschaftlichen Gegebenheiten jenseits der Individuen her gilt es von der Vielheit der Menschen her zu denken. Was wir als gesellschaftliche Zwänge bezeichnen, sind die Zwänge, die viele Menschen entsprechend ihrer gegenseitigen Abhängigkeit aufeinander ausüben. Aber dieser einfache Gedankenschritt scheint für viele Menschen heute noch kaum weniger schwer vollziehbar zu sein als ehedem der Gedanke, daß die Erde nur ein Sonnenplanet unter anderen ist. Vielleicht ist die Selbstdistanzierung, die das Sehen der eigenen Person als eine Person unter anderen verlangt, gegenwärtig noch etwas zu schwer; vielleicht ist es schwierig, den Gedanken zu vollziehen, daß die vielen einzelnen Menschen niemals in einer völlig zufälligen und willkürlichen Art und Weise miteinander leben. Gerade die Tatsache, daß die anderen, wie man selbst, einen eigenen Willen haben, setzt der Eigenwilligkeit eines jeden von ihnen Grenzen, gibt ihrem Zusammenleben eine eigene Struktur und eine eigene Dynamik, die man weder verstehen noch erklären kann, wenn man jeden einzelnen Menschen für sich betrachtet; man kann das nur, wenn man von der Vielheit der Menschen, von den vielfältigen Graden und Arten ihrer Abhängigkeit und ihrer Angewiesenheit aufeinander ausgeht.

Die Verschiedenheiten dieser menschlichen Abhängigkeit und Angewiesenheit sind der Kern dessen, worauf man sich bezieht, wenn man von den Machtverhältnissen der Menschen einer Gesellschaft spricht. Deren Untersuchung, so scheint es mir, steht im Mittelpunkt der Forschungsarbeit der Soziologie, genauer gesagt: sollte im Mittelpunkt ihrer Arbeit stehen. Ohne Bestimmung und Erklärung der Machtverhältnisse einer Gruppe bleiben soziologische Untersuchungen makro- oder mikrosoziologischer Art unvollständig, vage und letzten Endes steril. Besondere Aufmerksamkeit verlangen dabei die Wandlungen von Machtverhältnissen und deren Erklärung.

Ich habe versucht, eine soziologische Machttheorie zu entwickeln und zugleich zu zeigen – etwa in meinem Buch über Die höfische Gesellschaft –, wie man mit ihr arbeitet. Aber auch dafür ist es noch schwer, Gehör zu finden. Es besteht offenbar eine besondere Scheu davor, wechselnde Machtbalancen als eine allgegenwärtige Eigentümlichkeit aller menschlichen Beziehungen zu erkennen – wie ich etwa in meinem Essay *Was ist Soziologie?* dargelegt habe. Ein gutes Beispiel dafür ist die marginale Rolle, die der Begriff und das Problem der Macht in den theoretischen Werken Max Webers spielen. In manchen seiner empirischen Arbeiten, besonders in seinem Frühwerk über die ostelbischen Arbeiter und auch in brieflichen Urteilen, zeigte Max Weber oft einen unbestechlich scharfen Blick für Machtprobleme. In seinem großen Theorieentwurf suchte er, so gut es sich nur eben tun ließ, das Problem der Machtverhältnisse selbst aus seiner Typologie der Herrschaftsverhältnisse zu verdrängen. Seine außerordentliche soziologische Sensibilität ließ ihn klar genug erkennen, daß das Monopol der physischen Gewalt zu den unentbehrlichen Zentralinstitutionen eines Staates gehört. Die Verfügung über ein solches Monopol, die Möglichkeit der jeweils Herrschenden, die Staatsbürger durch den Gebrauch oder auch durch die bloße Androhung physischer Zwänge zur Befolgung der gesellschaftlichen Normen und Gesetze anzuhalten, ist sicherlich eine der entscheidenden Machtquellen jeder Art von Staatsherrschaft. Aber in Webers Theorie der Herrschaft, die sich ja gewiß auch auf die Herrschaft im Staate bezieht, taucht das Problem der Macht allenfalls am Rande auf. Gelegentlich fällt einmal die Bemerkung, daß Herrschaft „oktroyiert" werden könne. Im übrigen ist das Problem, das Weber am meisten am Herzen lag, die Frage, warum sich die Individuen der Herrschaft fügen. Deren Motive, etwa die affektive Bindung des Beherrschten an den Herrschenden, stehen an erster Stelle seiner Typologie.

Wie in anderen Fällen spielt bei Weber die liberale Grundeinstellung, die ihn zwingt, die Gesellschaft von dem einzelnen Individuum her zu konstruieren, eine verhängnisvolle Rolle bei der Ausarbeitung einer soziologischen Theorie. Ich spreche hier nicht von Verdiensten, die eine liberale Einstellung in den politischen Parteikämpfen unserer Tage haben mag. Ich spreche von der verzerrenden Bedeutung, die eine liberale Ideologie für die Konstruktion soziologischer Theorien haben muß. Sie zwang Max Weber und sie zwingt andere Soziologen dazu, bei dem Bemühen um eine soziologische Theorie das Verhältnis von Individuum und Gesellschaft so darzustellen, als ob der einzelne Mensch zunächst ganz für sich und unabhängig von der Gesellschaft, also von anderen Menschen, existiere und gewissermaßen erst sekundär und nachträglich mit anderen Menschen in Berührung komme.

Max Webers berühmtes Beispiel für das, was soziales und was nicht-soziales, also offensichtlich „rein individuelles" Handeln ist, zeigt diese egozentrische Grundhaltung, in der ein Mensch sich selbst primär als vereinzeltes Individuum erlebt, mit höchster Anschaulichkeit. Wenn viele Menschen gleichzeitig einen Regenschirm aufspannen, weil es zu regnen beginnt, dann ist das nach Weber kein soziales Handeln. Weber unterläßt es, wie so oft in seinem Theorieentwurf, dieses nicht-soziale Handeln begrifflich-positiv zu identifizieren; aber es ist recht unzweideutig, worum es ihm geht. Jedes Individuum handelt hier für sich; den Gegensatz zum sozialen Handeln, den Weber hier konstruiert, bildet in seiner Sicht das „rein individuelle" Handeln. Weber war noch nicht in der Lage, zu derjenigen Stufe der Selbstdistanzierung hinaufzusteigen, von der aus er die vielen Menschen, die ihre Schirme öffnen, weil es zu regnen beginnt, miteinander als eine soziale Figuration hätte wahrnehmen können, d.h. als Mitglieder einer Gesellschaft, in der es üblich ist, sich vor Regen mit Schirmen zu schützen. Er blieb noch auf der Bewußtseinsstufe stehen, auf der er sich selbst – und nach seinem Muster dann auch jeden anderen Menschen – als eine zunächst ganz für sich existierende Gestalt wahrnahm. Deren Handeln wird nach Weber sozial erst durch einen Willensakt des Individuums, nämlich dann, wenn es im Bewußtsein des Handelnden auf andere Menschen ausgerichtet ist. In diesem theoretischen Konzept kommt, wie gesagt, nicht nur eine bestimmte politische Ideologie, sondern auch die Primärerfahrung des Kindes zum Ausdruck, das sich selbst als das Zentrum der Welt, als eine für sich existierende Monade erlebt.

In dieses Erlebensmuster fügte sich dann auch glatt und nahtlos Webers erkenntnistheoretische Grundeinstellung neukantianischer Färbung. Auch für sie bildet die Monade ohne Fenster, der homo clausus, der egozentrische Mensch den Ausgangspunkt der Theoriebildung. Als Subjekt der Erkenntnis steht hier der vereinzelte Mensch der ganzen Welt gegenüber. Die Bilder dieser Welt im „Innern" des Kopfes sind von der Welt da draußen, von der „Außenwelt", wie durch eine unsichtbare Mauer abgetrennt. So kann er eigentlich nie wissen, ob oder wieweit diese „inneren" Bilder zu der „äußeren" Welt passen. Bei Kant beschränkte sich die Vorstellung von der Außenwelt noch in hohem Maße auf die Welt unbelebter Naturobjekte. Bei Weber bezog sie sich nun vor allem auf die menschliche Gesellschaft. An sich war diese nach Webers Vorstellung, die seiner atomistischen Grundeinstellung entsprach, ein nur wenig geordnetes Sammelsurium von vielen einzelnen Handlungen vieler einzelner Menschen; aber als Soziologe konnte man durch eine idealisierende Abstraktion wiederkehrender typischer Strukturen, also durch die Bildung von „Idealtypen", Ordnung in das realiter etwas chaotische Allerlei der sozialen Handlungen vieler Individuen bringen. Kants philosophischer Idealismus, der die Ordnung der Natur letzten Endes aus der Vernunft des die Natur untersuchenden Menschen herleitete, vertrug sich also recht gut mit Webers soziologischem Idealismus, der die Ordnung der Gesellschaft letzten Endes aus der Vernunft des die Gesellschaft untersuchenden Menschen herleitete. Allerdings gilt das zumeist nur für Webers allgemeinsten Theorieentwurf. In seinen mehr empirienahen Untersuchungen stellte er oft genug überprüfbare Figurationsmodelle – etwa der Stadt oder der Bürokratie – in einer Weise vor, die dem normalen wissenschaftlichen Bemühen um größtmögliche Realitätskongruenz der Modelle durchaus entsprach.

Webers zugleich atomistischer und idealisierender Zugang zu einer soziologischen Theorie war wohl auch einer der Gründe, aus denen er trotz seiner Scharfsicht für Machtverhältnisse in der gesellschaftlichen Praxis theoretisch wenig zum Machtproblem beizutragen vermochte. Denn Machtprobleme sind, von einigen Grenzfällen abgesehen, Beziehungs- und Interdependenzprobleme. Ob man die Machtverhältnisse in der Beziehung von Kleinkind und Eltern, von Arbeitern und Unternehmern, von Regierenden und Regierten oder von kleineren und größeren Staaten untersucht, es handelt sich immer um zumeist unstabile Machtbalancen, die sich wandeln können. Von der atomistischen Grundvorstellung eines ursprünglich beziehungslosen Individuums her ist es schwer, einen theoretischen Zugang zu dieser Art von Problemen zu finden.

Hinzu kommt vielleicht, daß man von seiten der Machtstärkeren mehr dazu neigt, die Probleme der Machtunterschiede aus dem Auge zu verlieren und zu verdecken. Die Lage der Machtschwächeren, besonders wenn sie in der Lage sind, für die Verbesserung ihrer Situation zu kämpfen, schafft, so kann man annehmen, eine größere Disposition für die Wahrnehmung von Machtunterschieden. Es ist nicht verwunderlich, daß Marx, der selbst aus einer Außenseitergruppe stammte und sich in sehr hohem Maße mit der machtschwächeren Arbeiterklasse identifizierte, aus diesem spezifischen Winkel heraus einige spezifische Machtprobleme wahrnahm und theoretisch verarbeitete. Er erkannte, daß die Monopolisierung der Produktionsmittel im Verhältnis von Arbeitern und Unternehmern eine Machtquelle der letzteren bildet.

Aber der Blick von Marx und den meisten seiner Anhänger blieb dermaßen auf diese eine Form von Machtquellen und auf die Machtdifferenzen, die dieser Monopolisierung entspringen, fixiert, daß sie eine explizite und umfassendere Theorie der Macht nicht vorzulegen vermochten. Der verhängnisvolle Einfluß dieser Blickverkürzung zeigte sich deutlich genug bei dem ersten großen Versuch, Marx' Theorie in die Praxis umzusetzen. Schon Marx selbst scheint die Vorstellung gehabt zu haben, daß es genüge, die ökonomischen Quellen von Machtungleichheiten, die außerstaatliche Monopolisierung der Produktionsmittel, zu beseitigen, um die sozialen Ungleichheiten zum

Verschwinden zu bringen. Die Praxis zeigte mit erschreckender Präzision die Unzulänglichkeit dieser Theorie; sie zeigte, daß die Beseitigung des Privatmonopols an Produktionsmitteln ganz und gar nicht genügt, um die hierarchische Ungleichheit der Gesellschaftsstruktur zu beseitigen oder auch nur auf ein geringeres Maß herabzuschrauben. Der Versuch, die Marxsche Gesellschaftstheorie in die Praxis umzusetzen, brachte in relativ kurzer Zeit und mit größerer Prägnanz als jedes Buchargument die Einseitigkeit ihrer ideologischen Perspektive und damit zugleich auch ihre theoretischen Mängel zutage.

Die Marxsche Theorie aus der Perspektive der Industriearbeiterschaft hatte mit den ideologischen Theoriebildungen aus der Perspektive des liberalen Bürgertums dies gemein, daß sie den Staat als Diener der Wirtschaft hinstellt; die Machtquellen, die einer Staatsregierung zur Verfügung stehen, erschienen in beiden Fällen als etwas Sekundäres gegenüber den ökonomischen Machtquellen, gegenüber der ‚wirtschaftlichen Sphäre‘ überhaupt. Marx spielte sogar mit dem Gedanken, daß die staatliche Organisation als solche keine andere Funktion als die im Dienste der Unternehmerklasse, also etwa zum Schutze des Eigentums, habe und daß sie daher verschwinden werde, wenn das Privateigentum durch eine Revolution abgeschafft worden sei. Wie die meisten bürgerlichen Gesellschaftstheoretiker glaubte auch er eine zureichende Gesellschaftstheorie vorlegen zu können, die sich auf Aspekte der inneren Verhältnisse einer Staatsgesellschaft beschränkte. Er sah noch nicht, daß eine Gesellschaftstheorie, um realistischer, also für die Praxis brauchbarer zu sein, alle diejenigen Gesellschaftsstrukturen, die mit den zwischenstaatlichen Beziehungen, mit dem Vorhandensein einer Vielheit von Staatsgesellschaften zusammenhängen, ebenso in Anschlag bringen muß wie die Strukturen, die sich primär auf innerstaatliche Verhältnisse einer einzelnen Staatsgesellschaft beziehen. Dementsprechend hatte er kein Organ dafür, daß die beiden interdependenten Zentralmonopole der staatlichen Organisation, die der physischen Gewalt und der steuerlichen Abgaben, auch noch ganz andere Funktionen haben als die, das Privateigentum einer Klasse zu schützen, und daher auch nach deren Vernichtung als hochgradige Machtmittel bestehen bleiben. Es ist fraglich, ob Marx' Vorstellung von einer quasi-autonomen ökonomischen Sphäre überhaupt auf Phasen der Gesellschaftsentwicklung anwendbar ist, in denen kaufmännische Eigentümer von Kapital als quasi-autonome Gruppe nicht zugleich – wie etwa gegenwärtig in Amerika – in hohem Maße über die Machtmittel des Staates verfügen oder kraft ihrer Machtmittel denjenigen Gruppen, die über die Machtmittel des Staates verfügen, die Waage zu halten vermögen.

Jedenfalls trat die ideologische Blickverkürzung der Marxschen Theorie schnell genug zutage bei dem Versuch, sie zu verwirklichen.

Der Privatbesitz an Produktionsmitteln wurde beseitigt, aber die Staatsorganisation zeigte – auch als die Zeit verging – nicht die geringste Tendenz zu verschwinden. Ganz im Gegenteil, der Funktionsbereich des Staates und daher die Macht der Regierenden vergrößerte sich durch die Revolution. In dieser Hinsicht erwies der Versuch, die Marxsche Theorie in die Praxis umzusetzen, mit besonderer Eindringlichkeit die Fehlorientierung, die die Vermischung von soziologischer Theorie mit ideologischen Wunschbildern und Idealen mit sich bringt. Wie es das revolutionäre Programm vorschrieb, wurde die Verfügungsgewalt über das gesamte Kapital der Staatsgesellschaft, die bisher zum guten Teil verstreut in den Händen einer ganzen Klasse von Menschen gelegen hatte, nun zusammengefaßt und vereinheitlicht; sie konzentrierte sich nun in den Händen der Parteileitung und der Regierungsträger. Das bedeutete einen gewaltigen Machtzuwachs der Staatsregierung im Verhältnis zu den weit verstreuten Regierten. Mit dem Regierungsmonopol der Verfügung über die Mittel physischer Gewalt, repräsentiert durch die Kontrolle über Militär und Polizei, und über dessen Zwillingsmonopol der Steuerabgaben, das unter anderem die Aufrechterhaltung der staatlichen Gewaltapparaturen ermöglicht, vereinte sich nun in den Händen einer kleinen Gruppe von Regierenden die monopolistische Verfügungsgewalt über das gesamte Kapital der Staatsgesellschaft, also das Monopol der Produktionsmittel. Hinzu trat rasch die Verfügungsgewalt der Regierenden über zwei weitere Monopole, die von zentraler Bedeutung für die Machtverteilung in einer Gesellschaft sind: die nachrevolutionäre Regierung nahm für sich das absolute Monopol der grundlegenden Orientierungsmittel in Anspruch, insbesondere das der Auslegung aller gesellschaftlichen Ereignisse und Strukturen in Vergangenheit und Gegenwart, sowie das Monopol des Organisationsrechts – keine Gruppe im Lande durfte sich organisieren ohne Erlaubnis der Zentralregierung.

Alle diese Monopole stellten – und stellen – Machtmittel dar. Ihre Ballung in den Händen einer kleinen Gruppe von Menschen, die niemandem über ihre Entscheidungen Rechenschaft schuldig waren als dem eigenen Gremium, bedeutete also auf einer anderen Ebene – nicht auf der wirtschaftlichen, sondern auf der staatlichen, nicht in dem Verhältnis von Arbeitern und Unternehmern, sondern in dem Verhältnis von Regierten und Regierenden – eine scharfe Hierarchisierung, eine feste Institutionalisierung von Ungleichheiten der in dieser Staatsgesellschaft miteinander verbundenen Menschen.

Hand in Hand mit dieser ungeplanten, aber theoretisch vorhersehbaren Hierarchisierung, die sich mit der praktischen Umsetzung der Marxschen Theorie in strafferer, besser durchorganisierter Form von neuem einstellte, gingen begrenzte neue Formen der Egalisierung. Zu ihnen gehörte eine umfassende Erhöhung der Aufstiegs- und Karrierechancen von jungen Angehörigen arbeiterlicher und bäuerlicher Herkunft, insbesondere auch für Frauen. Zu ihnen gehörte ebenfalls eine planvollere, zielbewußtere Industrialisierung und Modernisierung des Landes und ein umfassender staatlicher Ausbau der Wohlfahrtseinrichtungen für die Masse der Bevölkerung, also eine Parallelentwicklung zu der der westlichen Wohlfahrtsstaaten. Auf der anderen Seite blieb selbst in den Fabriken die Hierarchisierung der sozialen Positionen ungefähr auf dem gleichen Niveau wie in den Privatunternehmen des Westens. An die Stelle der privaten traten staatliche und parteiliche Kontrolleure der Arbeiter und Angestellten.

Beide, die kommunistische wie die kapitalistische Gesellschaft, blieben in Wirklichkeit höchst unvollkommen. Sie funktionierten beide wahrscheinlich besser als die meisten Gesellschaften auf früheren Entwicklungsstufen. Aber die soziale Ungleichheit und Misere blieb in beiden Gesellschaften noch sehr groß. Die Realität blieb in beiden Fällen recht weit hinter den idealisierenden Spiegelbildern ihrer Ideologien zurück, durch die sie sich vor sich selbst und in ihrer Beziehung zueinander zu legitimieren suchten. Rußland, so kann man vereinfachend sagen, blieb weit davon entfernt, ein Land der Gleichen, Amerika weit davon entfernt, ein Land der Freien zu sein.

Wenn man versucht, sich eine mehr sachorientierte, nicht durch Ideologien maskierte soziologische Betrachtung des Funktionierens beider Gesellschaften vorzustellen, wenn man also vor Augen hat, wie grell und auffallend bei einer realistischeren Betrachtung die Unvollkommenheiten beider Gesellschaften zutage treten und um wieviel sie sich mindern ließen, wenn man auch nur einen Teil der militärischen Ausgaben darauf verwendete, diese Unvollkommenheiten zu verringern, dann kann man sich der Frage nicht erwehren, wie denn eigentlich die sich steigernde Spannung zwischen den beiden Großmächten, die gegenwärtig die ganze Menschheit bedroht, nun wirklich zu erklären ist. Die Antwort ist, kurz gesagt, daß sich die regierungsfähigen Etabliertengruppen der beiden Großmächte in eine Doppelbinderfiguration hineinmanövriert haben. Aus Furcht, von der Gegenseite überwältigt zu werden, sucht jede dieser Gruppen die andere zu überwältigen, zumindest stärker zu werden als die andere, also zur Hegemonialmacht zu werden. Beide befinden sich in einer Zwickmühle, die ihnen die Züge vorschreibt. Aus Furcht, ins Hintertreffen zu geraten, müssen sie dem Rivalen weltweit den Rang ablaufen. Was läßt sich tun, um die Fesseln dieser Zwangssituation zu lockern?

Man sieht beim Stellen dieser Frage zunächst einmal schärfer, welche zentrale Rolle bei der Feindschaft der beiden Großmächte die Gegensätzlichkeit ihrer sozialen Ideologien, ihrer vorherrschenden Glaubensbekenntnisse und Ideale spielt. Es handelt sich nicht einfach darum, zwei Gesellschaften nach verschiedenen Mustern weiterzuentwickeln und dann nach einiger Zeit vor einem Gremium von neutralen Schiedsrichtern zu entscheiden, welches Modell sich für die Masse der Menschen, die diese Gesellschaften bilden, als vorteilhafter erweist, welche Gesellschaft also in diesem Sinne besser funktioniert. Die verschiedenen Gesellschaftsmodelle nehmen entsprechend der gegenwärtigen Zivilisationsstufe im Bewußtsein der Menschen einen anderen Charakter an als den von verschiedenen Bauplänen für Gesellschaften. Sie nehmen den Charakter von sinngebenden Glaubensbekenntnissen an, von Ideologien mit dem gleichen Gefühlswert wie übernatürliche Religionen. Als solche haben sie für das Empfinden der Menschen, genau wie die übernatürlichen Religionen in früheren Tagen und vielfach auch noch in den unseren, einen Ausschließlichkeitsanspruch: Nur unser Gesellschaftsmuster – das besagt die Erhebung eines sozialen Bauprogramms zur sozialen Religion – kann das richtige sein; das eure ist verwerflich, minderwertig und schädlich.

Diese tief eingebaute Feindseligkeit der zu Glaubensbekenntnissen erhobenen beiden Gesellschaftsmodelle ist gewiß kein Zufall, denn die beiden Ideologien stammen aus den staatsinternen Konflikten zwischen zwei verschiedenen sozialen Klassen der Industriegesellschaften. Aber mit der Eroberung des Staatsapparates eines großen Reiches durch Anhänger eines Glaubensbekenntnisses, das im Namen der machtschwächeren Klassenkampfgruppen konzipiert und ausgearbeitet worden war, veränderte sich die Funktion dieses Glaubensbekenntnisses. Sie verlagerte sich von der innerstaatlichen auf die zwischenstaatliche Ebene; aus einer Ideologie staatsinterner Klassenkonflikte wurde eine Ideologie internationaler Staatskonflikte. Wie zu erwarten, beschränkte sich diese Umfunktionalisierung einer staatsinternen Klassenkampfideologie zu einer quasi-nationalen Staatenkampfideologie nicht auf die eine Seite. Auch die Ideologie der anderen Seite verwandelte sich nun von einem vorwiegend staatsinternen zu einem quasi-nationalen Glaubensbekenntnis einer ganzen Staatsbevölkerung oder jedenfalls ihrer Führungsgruppen.

Die Umfunktionalisierung von ideologischen Waffen des Klassenkampfes zu ideologischen Waffen des Staatenkampfes trug nicht wenig zum Anheizen der Spannungen und Konflikte auf der zwischenstaatlichen Ebene bei. Man könnte sich fragen, ob das russische Reich und die Vereinigten Staaten auf der gegenwärtigen Entwicklungsstufe nicht auch dann die beiden mächtigsten Staaten der Erde und als solche Rivalen geworden wären, wenn der russische Industrialisierungs- und Modernisierungsprozeß entsprechend dem kapitalistischen Modell vonstatten gegangen wäre. Wenn man das Gedankenexperiment durchführt, erkennt man leicht, daß zwar in diesem Falle die Dynamik des Monopolmechanismus die beiden Großmächte mit aller Wahrscheinlichkeit ebenso gegeneinander getrieben hätte, aber ein entscheidender Umstand wäre dann anders gewesen. Die Führungskader der beiden Gesellschaften hätten sich dann bei einem Konflikt nicht notwendigerweise mit sozialer und vielleicht auch physischer Vernichtung bedroht. Wie sehr sie auch durch die Dynamik der zwischenstaatlichen Hegemonialkämpfe gegeneinander getrieben worden wären, sie hätten als Kapitalisten die gleiche Ideologie, den gleichen sozialen Glauben miteinander geteilt. Aber aufgrund der Verwandlung von innerstaatlichen Klassenkampfparolen in zwischenstaatliche nationale Ideologien bedeutet die kriegerische Spannung zwischen den beiden Großmächten die gegenseitige Bedrohung aller Führungskader der beiden Mächte mit völliger Vernichtung. Die Kommunisten drohen im Falle ihres Sieges ein kommunistisches Regime in Amerika einzuführen, die amerikanischen Kapitalisten im Falle eines Sieges in Rußland ein kapitalistisches Regime. Und da beide Seiten, von ihren Ideologien gedrängt, zugleich das Bild ihrer sozialen und ihrer physischen Vernichtung vor Augen haben, stellen sie beide füreinander eine tödliche Bedrohung dar.

Den Gegensatz zwischen den beiden Großmächten versucht man heute im wesentlichen dadurch zu erklären, daß die Amerikaner eine kapitalistische und die Russen eine kommunistische Gesellschaftsverfassung haben. Aber die Verschiedenheit der internen Gesellschaftsverfassungen allein kann kaum das Ausmaß der Feindschaft und die gegenseitige Bedrohung mit Vernichtung verständlich machen. Wäre diese Verschiedenheit allein dafür verantwortlich, könnte man wirklich sagen: Laßt die Russen ihren kommunistischen Staat aufbauen und die Amerikaner ihren kapitalistischen. Wenn sie nichts als das tun, ist es nicht recht einzusehen, warum sie einander stören sollten.

Man kommt der Erklärung für das Ausmaß und die Unerbittlichkeit der Feindschaft bereits etwas näher, wenn man in Rechnung stellt, daß die Verschiedenheit der Gesellschaftsstrukturen sich mit einer Verschiedenheit des sozialen Glaubens verbindet, also mit Verschiedenheiten der religionsartig verfestigten sozialen Ideologien. Dieser ideologische Antagonismus treibt sowohl die Russen als auch die Amerikaner dazu an, ihre in Wirklichkeit noch recht unvollkommenen Gesellschaftssysteme jeweils als das ideale, das beste System der Welt hinzustellen und es als eine Art nationaler Mission zu betrachten, ihrem Gesellschaftssystem und ihrem sozialen Glauben in möglichst vielen anderen Staaten zur Vorherrschaft zu verhelfen. Dabei haben die Russen als Missionare für die Ausbreitung des kommunistischen Systems einen gewissen Vorteil vor den Amerikanern, weil sie ein autoritatives Buch und eine darin niedergelegte Prophezeiung besitzen, die ihnen verspricht, daß ihrem Gesellschaftssystem und ihrem Glauben die Zukunft gehört; beide, so steht geschrieben, werden sich unausweichlich über die Welt hin ausdehnen. Sicherlich wissen in Rußland wie in Amerika viele Menschen, daß die gesellschaftliche Realität ihres Landes große Mängel aufweist und von dem Idealbild durch eine weite Kluft getrennt ist. Aber zugleich verankert sich teils durch Erziehung, teils durch Propaganda und soziale Kontrolle der Glaube an den unvergleichlichen Wert und die Endgültigkeit hier des kommunistischen, dort des kapitalistischen Systems tief in der Persönlichkeitsstruktur der zugehörigen Menschen als integraler Bestandteil ihrer nationalen Identität, für die es sich lohnt, wenn nötig sein Leben einzusetzen und zu sterben.

Die Eskalation des Doppelbinders, der die beiden Großmächte gegeneinander treibt, ist unter anderem deshalb so schwer unter Kontrolle zu bringen, weil die religionsartige emotionale Verankerung der sozialen Ideologien dem im Wege steht. Eine gelassenere Handhabung des sozialen Glaubens ist gewiß einer der Schlüssel zur Lockerung der Doppelbinder-Falle. Militärische ohne ideologische Abrüstung genügt nicht. Wenn es keinen großen Krieg gibt, müssen Kapitalisten und Kommunisten noch lange miteinander leben und sich dabei ändern. Denn weder Kapitalismus noch Kommunismus sind ein Endzustand.

Ich glaube nicht, daß die Soziologen ihren Beitrag zu einer Bewältigung der großen Gefahr, in der wir uns befinden, liefern können, solange sie selbst intellektuell und emotional Gefangene der ideologischen Zwickmühle und damit des großen Doppelbinders sind. Das gelassene soziologische Studium der Ideologien und Doppelbinder-Fallen verlangt selbst ein gewisses Maß an Distanzierung.

3. Soziologie und Geschichte

Die Autonomie der Soziologie gegenüber der Biologie beruht letzten Endes darauf, daß man es bei Menschen zwar mit Organismen, aber mit Organismen, die in bestimmter Hinsicht einzigartig sind, zu tun hat. *(WiS, 114)*

- *Es gibt Einzigartigkeiten und Einmaligkeiten verschiedener Stufen, und was im Rahmen der einen Stufe einzigartig und einmalig ist, kann von einer anderen Stufe her gesehen als Wiederholung, als Wiederkehr des ewig Gleichen erscheinen. (HG, 22)*
- *Daß man das, was gegenwärtig als Geschichte erforscht wird, gewöhnlich als eine Sammlung von einmaligen Daten ansieht, beruht darauf, daß man Ereignisse, die einzigartig und unwiederholbar sind, als das Wesentliche der zu erforschenden Geschehenszusammenhänge ansieht. Es beruht mit anderen Worten auf einer spezifischen Wertung. (HG, 22) Der Fundus des gesicherten historischen Einzelwissens wächst, aber das Wachstum des gesicherten Wissens von den Zusammenhängen der Details hält damit nicht Schritt. (HG, 57f.) Die Geschichte der Historiker ist strukturlos. (Notizen, 29)*
- *Unsere begrifflichen Werkzeuge sind gegenwärtig noch nicht entwickelt genug, um klar ausdrücken zu können, worin die Gesamttransformation der Gesellschaft besteht, mit der man es hier zu tun hat, und damit auch die Beziehung zwischen den vielen Sonderaspekten. (WiS, 68)*
- *Es entsprach einer ganz bestimmten Stufe der Entwicklung industrieller Gesellschaften, daß Marx glaubte, man könne die Machtmittel und die Funktion des Staates als Derivate der Machtmittel und der Funktionen von bürgerlichen Unterneh-*

mergruppen erklären, also als Derivat des Klasseninteresses jener Berufsgruppen, denen der Begriff der Wirtschaft und des Wirtschaftslebens seine spezifische Bedeutung verdankt. (WiS, 152f.) Die Forderung des bürgerlichen Unternehmertums, daß die „Wirtschaft" Autonomie von Staatseingriffen genießen solle, verwandelt sich in die Vorstellung, daß die Wirtschaft als Sphäre der Gesellschaft im Funktionszusammenhang einer Staatsgesellschaft auch tatsächlich funktional völlig autonom sei. (WiS, 153)

- *Marx' Klassenbegriff umfaßte nur eine Ebene. Die Front der Arbeiter- und Unternehmerklasse, wie er sie sah, lag in der Produktionsstätte; sie ergab sich allein aus der Natur ihrer Position im Produktionsprozeß. Der Klassenbegriff muß heute der Tatsache Rechnung tragen, daß die beiden organisierten Klassen in allen entwickelten Gesellschaften in weit höherem Maße als das zu der Zeit von Marx der Fall war, in die Staatsorganisation integriert sind. (WiS, 157) Heute treten Spannungen neuer Art schärfer hervor: die Spannungen zwischen den Vertretern verschiedener Integrationsebenen der gleichen Klassen und vor allem die zwischen Regierenden und Regierten. (WiS, 158)*

- *Max Webers Gegenthese zur Marxschen Geschichtsauffassung lautete: Auch die Religion als solche kann der Wirtschaftsentwicklung Anstöße geben, nicht nur die Wirtschaftsentwicklung der Religionsentwicklung. (Notizen, 27)*

- *Marx' dualistische These von dem bewußtseinsfremden Sein und dem seinsfremden Bewußtsein ist in der Tat eine Fiktion. (Notizen, 34) Die Beschränkung der Antriebskraft gesellschaftlicher Prozesse auf eine einzelne Sphäre des Zusammenlebens, eine Teilsphäre der Gesellschaft, sei es die ökonomische, sei es die religiöse, wird den belegbaren Tatsachen nicht gerecht. (Notizen, 47) Die existierenden Modellentwürfe langfristiger Gesellschaftsprozesse waren ideologiegesättigt, spekulativ, doktrinär. (Notizen, 61)*

- *Marx, Comte und andere waren noch nicht auf der Reflexionsstufe angelangt, von der aus man die Frage nach dem Wie und Warum gerichteter langfristiger gesellschaftlicher Prozesse als solcher stellen kann. (Notizen, 60)*

- *Sieht man die politische, die wirtschaftliche und alle anderen „Sphären" als Funktionszusammenhänge interdependenter Menschen, dann wird es eher einsichtig, daß eine begriffliche Trennung, die sich nicht zugleich auf ein soziologisches Modell*

ihres Zusammenhangs beziehen läßt, die Erforschung von gesellschaftlichen Problemen in die Irre führt. (WiS, 68) Anstelle eines „Sphären"-Modells sollten sich Soziologen des Modells der zu- oder abnehmenden Funktionsdifferenzierung und Integrierung bedienen. (WiS, 155)
- *Die Entstehung von Wissenschaften, die sich die Spezialaufgabe stellen, Gesellschaften zu erforschen, ist selbst ein Aspekt der spezifischen Entwicklung von Staatsgesellschaften in der Phase, in der Marx gelebt hat, die unter anderem durch zunehmende Verwissenschaftlichung der Naturkontrollen und eine entsprechende Zunahme der beruflichen Differenzierung gekennzeichnet ist. (WiS, 67)*
- *Nicht nur die Soziologie und die Gesellschaftswissenschaften überhaupt, sondern auch die Leitgedanken der Kämpfe, in die Menschen miteinander verwickelt waren, weisen darauf hin, daß Menschen in dieser Periode sich selbst in einem anderen Sinne als zuvor, nämlich als Gesellschaften wahrzunehmen begannen. (WiS, 66) Man kann sagen, daß die Gesellschaftswissenschaften und die Glaubenssysteme der großen Massenparteien, die großen sozialen Ideologien, so verschieden Wissenschaft und Ideologie auch sein mögen, Geburten der gleichen Stunde, Erscheinungsformen der gleichen gesellschaftlichen Transformationen sind. (WiS, 70) Die Wissenschaft der Soziologie zeigt selbst, daß sie in ihrer Entwicklung in sehr hohem Maße von dem Wandel der Machtverhältnisse und vom Kampf der gesellschaftlichen Glaubenssysteme abhängig ist. (WiS, 168)*
- *Wie die Dinge liegen, ist die soziale Aufgabe der Sozialwissenschaftler als Wissenschaftler mit den Anforderungen, die sich aus ihrer Position als Mitglieder anderer Gruppen ergeben, oft unvereinbar; und die letzteren werden die Oberhand haben, solange der Druck der Gruppenspannungen und -leidenschaften so stark bleibt, wie er gegenwärtig ist. (ED, 30) Vertreter der Sozialwissenschaften befassen sich mit Ereignissen eines Lebensbereichs, in dem die Bedrohung der Menschen durch unbeherrschbare Gefahren ständig sehr groß ist. (ED, 56) Ihre eigene Teilnahme aber ist eine der Voraussetzungen für ihr Verständnis der Probleme, die sie als Wissenschaftler zu lösen haben. (ED, 30)*

Einmaligkeit und Wiederholung

aus: Die höfische Gesellschaft, Frankfurt a.M. 1983, S. 29-39

Im Betrieb der Forschung, den wir heute als historische Forschung bezeichnen, prüft man vielleicht nicht genau genug, ob und wieweit sich die durch Länge und Wandlungstempo des Einzellebens gegebene Zeiteinteilung als Bezugsrahmen für die Erforschung langfristiger gesellschaftlicher Entwicklungsreihen eignet. Der einzelne Mensch setzt sich selbst leicht als Maß aller Dinge an, als verstünde sich das von selbst. Im Hauptstrom der bisherigen Geschichtsschreibung geschieht das, als verstünde es sich von selbst, mit höherer oder geringerer Bewußtheit und Konsequenz. Man stellt die Linse der Beobachtung in erster Linie auf Veränderungen ein, die mit einzelnen Menschen vor sich gehen oder von denen man glaubt, daß sie sich zureichend auf einzelne Menschen als ihre Urheber zurückführen lassen.

In der Entwicklung der Geschichtswissenschaft selbst hing diese Konzentrierung der Aufmerksamkeit auf einzelne, scharf profilierte Individuen zunächst einmal aufs engste mit spezifischen Formen der gesellschaftlichen Machtverteilung zusammen. Man kann das nicht ganz vergessen. Die Aufmerksamkeit der Geschichtsschreiber richtete sich oft in erster Linie auf diejenigen Individuen, die als Einzelne kraft ihrer Leistungen für einen bestimmten Staat oder für irgend eine andere Gruppierung von Menschen als besonders bedeutsam bewertet wurden. Das waren zunächst gewöhnlich Personen in einer gesellschaftlichen Position mit sehr großen Machtchancen, also in erster Linie Kaiser, Könige, Prinzen, Herzöge und andere Mitglieder fürstlicher Häuser. Sie hoben sich kraft ihrer Machtposition in der Tat besonders scharf profiliert als Einzelne für das Auge des Geschichtsschreibers aus der Menge der Menschen heraus. Dank der Eigenart ihrer sozialen Position war ihr Handlungsspielraum, verglichen mit dem anderer Menschen, besonders groß, und die Eigentümlichkeiten ihrer Individualität stachen besonders ins Auge. Sie waren einzigartig und unwiederholbar. Die Gewohnheit, in Regierungszeiten einzelner Fürsten zu denken und etwa von „Preußen unter Friedrich dem Großen" oder vom „Zeitalter Ludwigs XIV." zu sprechen, hat sich bis heute als einleuchtende Gliederungsform des Geschichtsverlaufs erhalten.

Ähnlich steht es mit anderen Personen in Machtpositionen, etwa mit großen Feldherren, deren Siege oder Niederlagen für die „Geschichte" eines bestimmten Gesellschaftsverbandes von großer Bedeutung waren, oder mit Staatsministern und anderen Helfern regierender Fürsten, denen Staatsverbände neue Institutionen verdankten oder die sich dem Aufstieg von Neuerungen widersetzten. Im Zusammenhang mit Machtverschiebungen in den Gesellschaften selbst, verschob sich diese Akzentuierung im Laufe der Zeit auch in der Geschichtsschreibung. Neben den Individuen, die zu macht- oder prestigereichen Eliten gehörten, wurden auch weniger scharf individuell profilierte und weniger mächtige Gruppen von Menschen in das Blickfeld der historischen Untersuchungen miteinbezogen. Aber in der allgemeinen Sicht der Historiker auf ihr eigenes Verfahren behielt dennoch der einzelne Mensch als solcher und besonders das durch Macht oder Leistung hervorragende Individuum seine Wertposition als primärer Bezugsrahmen für die Interpretation der beobachteten Geschehenszusammenhänge und als repräsentatives Symbol ihrer Einzigartigkeit und Unwiederholbarkeit. Selbst als sich die politische Geschichtsschreibung, die den Blick auf Regierende oder auf Machteliten konzentrierte, durch die Einbeziehung wirtschaftlicher, intellektueller, religiöser, künstlerischer und anderer sozialer Aspekte der Entwicklung einer Staatsgesellschaft langsam ausweitete, blieb die Geschichtsschreibung doch in hohem Maße auf vergleichsweise stark individualisierte Eliten ausgerichtet. Mit wenigen Ausnahmen, wie etwa denen der wirtschafts- und sozialgeschichtlichen Untersuchungen, wählt man auch weiterhin gewöhnlich als Bezugsrahmen für die Darstellung der Geschichtszusammenhänge die individuellen Werke und Taten von Menschen aus, die zu bestimmten gesellschaftlichen Elitegruppen gehören, ohne indessen die soziologischen Probleme solcher Elitebildungen selbst in die Untersuchung miteinzubeziehen. Die Strategie und die Problematik der Auslese von Problemen und Belegen bleibt in den Diskussionen über die Natur der Geschichtsschreibung im großen und ganzen unerörtert. Man begnügt sich oft mit dem Hinweis auf die Größe der individuellen Leistung als solcher und auf das einzelne Individuum als die nicht weiter erklärbare Quelle der großen Leistung. Hier, so scheint es, gelangt das Bemühen um eine Erklärung der zu erforschenden Geschehenszusammenhänge an das Ende des Weges. Das Problem, das man sich stellt, scheint gelöst, wenn man für ein bestimmtes geschichtliches Phänomen einen individuellen Urheber gefunden hat. Bleiben bei dieser Art der Verknüpfung lose Fäden im Leeren hängen, dann behandelt man sie wie andere geschichtliche Phänomene, die sich nicht durch den Hinweis auf einzelne große, namentlich bekannte Urheber erklären lassen, als etwas verschwommene Hintergrunderscheinungen. Aber wenn man derart die letztliche Erklärung der geschichtlichen Zusammenhänge in etwas Geheimnisvollem, nicht weiter Erklärbarem, im Geheimnis einer „Individualität an sich" sucht, dann läßt es sich nicht leicht vermeiden, automatisch den hohen gesellschaftlichen Wert einer Person, ihrer Leistungen, Eigenheiten und Äußerungen, als persönlichen Wert eines einzelnen Individuums, als persönliche Größe zu deuten. Das einfachste Beispiel dafür ist das Attribut „der Große" als Beiwort für erbliche Könige. Was im folgenden über Ludwig XIV.

gesagt wird, illustriert das Problem. Gelegentlich kommt es wohl noch immer vor, daß Geschichtsschreiber und -lehrer die von einer bestimmten gesellschaftlichen Tradition als groß abgestempelten Personen einfach als solche übernehmen. In der Darstellung der Geschichte bedient man sich bei der Abschätzung menschlicher Größe nur zu leicht einer konventionellen und daher im wissenschaftlichen Sinne unzuverlässigen Wertskala, die ungeprüft bleibt. In Unkenntnis der gesellschaftlichen Strukturen, die einem einzelnen Menschen seine Chance und seinen Leistungsspielraum geben, kommt man leicht dazu, Menschen ohne großes persönliches Verdienst als groß hinzustellen und Menschen mit großem Verdienst als klein.

Historiker sagen zuweilen: Wir befassen uns gar nicht mit Gesellschaften, sondern nur mit Individuen. Aber wenn man genauer hinsieht, dann findet man, daß sich die Geschichtsschreibung gewiß nicht mit beliebigen Individuen befaßt, sondern mit Individuen, die in Gesellschaftsverbänden und für Gesellschaftsverbände bestimmter Art eine Rolle spielen. Man kann weitergehen und sagen, daß sie sich mit diesen Individuen befaßt, weil sie in gesellschaftlichen Einheiten der einen oder anderen Art eine Rolle spielen. Es wäre natürlich auch möglich, in die Geschichtsschreibung die „Geschichte" eines beliebigen Hundes, eines Blumenbeetes oder eines durch Los ermittelten Menschen einzubeziehen. Jeder Mensch hat seine „Geschichte". Aber wenn man von „Geschichtsforschung" spricht, dann gebraucht man das Wort „Geschichte" in einem ganz spezifischen Sinn. Ihren Bezugsrahmen bilden letzten Endes immer ganz bestimmte gesellschaftliche Einheiten, die man für besonders wichtig hält. Es gibt jeweils eine hierarchisch geordnete Wertskala dieser gesellschaftlichen Einheiten, die bestimmt, welche von ihnen als Bezugsrahmen von Untersuchungen höher und welche niedriger rangieren. So rangieren wohl im allgemeinen historische Untersuchungen, deren gesellschaftlicher Bezugsrahmen eine einzelne Stadt in einem Staat ist, niedriger als solche, deren Bezugsrahmen ein ganzer Staat ist. An erster Stelle in dieser Wertskala stehen gegenwärtig wohl Nationalstaaten. Deren Geschichte bildet heute den Hauptrahmen für die Auslese der Individuen und der geschichtlichen Probleme, die im Zentrum der Geschichtsforschung stehen. Man reflektiert gewöhnlich nicht darüber, warum gegenwärtig die Geschichte solcher gesellschaftlicher Einheiten, wie „Deutschland", „Rußland" oder die „Vereinigten Staaten" als primärer Bezugsrahmen für die Auslese von Individuen dienen, die man als „historische Persönlichkeiten" in den Vordergrund der Geschichtsforschung rückt. Noch fehlt es an einer Forschungstradition, in deren Rahmen die Verbindungslinien zwischen den Handlungen und Leistungen einzelner namentlich bekannter Akteure der Geschichte und der Struktur der Gesellschaftsverbände, innerhalb deren sie Bedeutung gewannen, systematisch herausgearbeitet werden. Geschähe das, dann ließe sich unschwer zeigen, wie häufig die Auslese der Individuen, auf deren Schicksale oder Handlungen sich die Aufmerksamkeit von Historikern richtet, mit deren Zugehörigkeit zu spezifischen Minoritäten, zu aufsteigenden oder in Macht befindlichen oder absteigenden Elitegruppen bestimmter Staatsgesellschaften zusammenhängt. Zum mindesten in allen geschichteten Gesellschaften hing lange Zeit hindurch die individuelle „Chance zur großen Leistung", die das Auge des Historikers auf sich zieht, von dieser Zugehörigkeit eines Individuums zu spezifischen Elitegruppen oder der Möglichkeit, Zugang zu ihnen zu finden, ab. Ohne soziologische Analyse, die der Struktur solcher Eliten Rechnung trägt, kann man Größe und Verdienst der historischen Figuren kaum beurteilen.

Die höfische Gesellschaft, der Gegenstand dieses Buches, ist eine solche Elitebildung. Man findet in dieser Untersuchung einige Beispiele, die das eben Gesagte illustrieren. Individuen, die in der Regierungszeit Ludwigs XIV. nicht zur höfischen Gesellschaft gehörten oder Zugang zu ihr fanden, hatten verhältnismäßig geringe Chancen, ihre individuellen Potentiale durch Leistungen zu erweisen und zu erfüllen, die im Sinne der herkömmlichen historischen Wertskala als geschichtswürdig gelten können. Mit Hilfe einer eingehenderen Untersuchung einer solchen Elite kann man überdies recht verläßlich aufzeigen, in welcher Weise deren Struktur einzelnen Menschen ihre individuellen Leistungs- und Erfüllungschancen gab oder verstellte. Dem Herzog von Saint-Simon zum Beispiel war durch seine spezifische gesellschaftliche Position als hoher Adliger, der nicht zum königlichen Hause selbst gehörte, entsprechend der positionsgemäßen Königsstrategie Ludwigs XIV., der Zugang zu Regierungsämtern und darüber hinaus zu jeder offiziellen politischen Machtposition verstellt. Gerade das war die Art der Position, die er sein Leben lang erstrebte. In dieser Richtung, als Staatsmann, als Politiker, als Regierender, hoffte er in erster Linie seine Erfüllung finden zu können. In solchen Positionen erwartete er von sich, etwas Großes zu leisten. Da ihm diese Möglichkeit entsprechend seiner Stellung im Machtgefüge des Hofes verschlossen war, solange Ludwig XIV. lebte, suchte er, neben der Beteiligung an dem höfischen Intrigenspiel hinter den Kulissen, vor allem durch schriftstellerische Betätigung in derjenigen Form, die dem Brauch und Geschmack des höfischen Adels entsprach, durch die Niederschrift von Erinnerungen, die das Leben am Hof in seinen Einzelheiten festhielten, seine Erfüllung zu finden. Abgedrängt von der politischen Macht ging er dann auf diese Weise, durch die Größe seiner Leistung als Memoirenschreiber, wie man zu sagen pflegt, in die Geschichte ein. Weder die Entwicklung seiner Individualität noch die seiner Haltung als Schriftsteller sind verständlich ohne Bezug auf ein soziologisches Modell der höfischen Gesellschaft und ohne Kenntnis der Entwicklung seiner gesellschaftlichen Position innerhalb ihres Machtgefüges.

In der herkömmlichen Debatte über die Rolle der Einzelmenschen in der Geschichte geht man zuweilen von der Annahme aus, daß der Gegensatz zwischen denen, die bei der Untersuchung geschichtlicher Zusammenhänge die Aufmerksamkeit auf „individuelle Erscheinungen", und denen, die sie auf „gesellschaftliche Erscheinungen" konzentrieren, unversöhnlich und unvermeidlich sei. Aber es handelt sich hier um eine recht unreale Antinomie. Sie läßt sich nur im Zusammenhang mit zwei politisch-philosophischen Traditionen erklären, von denen die eine die „Gesellschaft" als etwas Außerindividuelles, die andere das „Individuum" als etwas Außergesellschaftliches hinstellt. Beide Vorstellungen sind fiktiv. Man sieht es hier. Die höfische Gesellschaft ist nicht ein Phänomen, das außerhalb der Individuen, die sie bilden, existiert; die Individuen, die sie bilden, ob König oder Kammerdiener, existieren nicht außerhalb der Gesellschaft, die sie miteinander bilden. Der Begriff der „Figuration" dient dazu, diesen Sachverhalt zum Ausdruck zu bringen. Der herkömmliche Sprachgebrauch erschwert es, von Individuen zu sprechen, die Gesellschaften miteinander bilden, oder von Gesellschaften zu sprechen, die aus Einzelmenschen bestehen, obgleich es eben das ist, was man tatsächlich beobachten kann. Wenn man etwas weniger belastete Worte gebraucht, ist es eher möglich, das, was man tatsächlich beobachten kann, klar und deutlich auszusprechen. Eben das ist der Fall, wenn man davon spricht, daß einzelne Menschen Figurationen verschiedener Art miteinander bilden oder daß Gesellschaften nichts anderes sind als Figurationen interdependenter Menschen. Man gebraucht heute oft in diesem Zusammenhang den Begriff des „Systems". Aber solange man sich soziale Systeme nicht ebenfalls als Systeme von Menschen denkt, schwebt man beim Gebrauch dieses Begriffs im luftleeren Raum.

Wenn man zurückblickt und sich von neuem fragt, ob die Bewertung von unwiederholbaren, einmaligen und einzigartigen Aspekten als das wesentliche des Geschehenszusammenhangs, den man „Geschichte" nennt, in der Eigenart dieses Zusammenhangs selbst begründet ist oder heteronom von außen als ideologisch bedingte Bewertung von Geschichtsforschern an diesen Geschehenszusammenhang herangetragen wird, dann ist man mit solchen Überlegungen auf dem Wege zu einer Antwort einige Schritte weiter vorangekommen. Man kann besser sehen, daß bei der Interpretation der „Geschichte" als eines Zusammenhangs von einmaligen und einzigartigen Ereignissen, beide Typen der Wertung, sachgerechte und ideologische Wertungen zugleich mitspielen. Eine umfassende Analyse dieses Amalgans von autonomen und heteronomen Wertungen ist ein umfangreiches Unternehmen. Hier muß man sich damit begnügen, unter Hinweis auf Probleme, die in den folgenden Untersuchungen eine Rolle spielen, ein paar Aspekte dieser Frage zu klären.

Der Hof Ludwigs XIV. war etwas Einzigartiges. Ludwig XIV. selbst war eine einmalige und unwiederholbare Erscheinung. Aber die gesellschaftliche Position, die er innehatte, die Position des Königs, war nicht einmalig oder jedenfalls nicht in dem gleichen Sinne einmalig wie die des jeweiligen Inhabers. Es gab Könige vor Ludwig XIV. und es gab Könige nach Ludwig XIV. Sie alle waren Könige, aber ihre Personen waren verschieden.

Könige wie Ludwig XIV. haben einen Spielraum für einzigartige, unwiederholbare Erfahrungen und Verhaltensweisen, der vergleichsweise außerordentlich groß ist. Das ist das erste, was sich im Falle Ludwigs XIV. über die Realität seiner Einzigartigkeit und Unwiederholbarkeit sagen läßt. Verglichen mit Menschen in anderen gesellschaftlichen Positionen, war Ludwigs XIV. Spielraum der Individualisierung besonders groß, weil er ein König war.

Aber der Individualisierungsspielraum des Königs war in einem anderen Sinne zugleich auch besonders groß, weil er ein Mensch war. Das ist das zweite, was über diesen Spielraum zu sagen ist. Verglichen mit nichtmenschlichen Lebewesen ist von Natur die Chance der Individualisierung der einmaligen und einzigartigen Ausgestaltung jeder Menschenperson außerordentlich groß. Selbst in den einfachsten menschlichen Gesellschaften, die wir kennen, ist die Individualisierungschance des einzelnen Organismus sehr viel größer als in den kompliziertesten nicht-menschlichen Tiergesellschaften.

Wenn Historiker gerade diejenige Ebene des vielschichtigen menschlichen Universums ins Blickfeld rücken, in der das, was an Menschen verschieden ist, ihre Individualität, eine besondere Rolle spielt, wenn sie aufzuzeigen suchen, welchen Anteil einzelne Personen im Zusammenhang mit der Einzigartigkeit ihrer Begabung und ihres Verhaltens an Ereignissen hatten, die für die Geschichte bestimmter gesellschaftlicher Verbände von Bedeutung waren, dann kann ihr Forschungsbemühen also durchaus sachgerecht sein. Denn Unterschiede in der individuellen Ausziselierung der wiederholbaren biologischen Grundstruktur von Menschen können tatsächlich bei denjenigen Veränderungen von Gesellschaftsverbänden, die man ihre „Geschichte" nennt, je nach deren Struktur, eine größere oder geringere Rolle spielen. So kann etwa ein Historiker, der sich mit dem Zeitalter Ludwigs XIV. beschäftigt, mit Recht darauf hinweisen, wieviel der Glanz seines Hofes und im weiteren Sinne die Politik Frankreichs unter seiner Regierung der spezifischen Begabung und auch der spezifischen Begrenzung, kurzum der einzigartigen Individualität des Königs verdanken.

Aber die Untersuchung ist ungenügend, wenn man an diesem Punkte stehenbleibt. Ohne systematische Untersuchung der Königsposition als solcher, als einer der konstituierenden Positionen der Figuration des Hofes und der französischen Gesellschaft, kann man die Beziehung zwischen der individuellen Person und der gesellschaftlichen Position des Königs nicht verstehen. Die erstere entwickelte sich innerhalb der letzteren, die auch ihrerseits als Position im engeren Gefüge der höfischen Elite und im weiteren der Gesamtgesellschaft Frankreichs in einer Entwicklung begriffen und dementsprechend im Flusse war. Man braucht hier nicht im einzelnen den Zusammenhängen zwischen der persönlichen Entwicklung der Königsposition nachzugehen, aber die gedankliche Klärung, zu der dieses Modell der Königsentwicklung beiträgt, ist von Wichtigkeit. Die Begriffe „Individuum" und „Gesellschaft" werden häufig so gebraucht, als spräche man von zwei verschiedenen ruhenden Substanzen. Man gewinnt bei diesem Gebrauch der Worte leicht den Eindruck, daß es sich bei dem, worauf sie abzielen, nicht nur um verschiedene, sondern um absolut getrennt existierende Objekte handle. Aber in Wirklichkeit sind es Prozesse, auf die diese Worte abzielen. Es sind Prozesse, die sich zwar unterscheiden, aber nicht trennen lassen. Des Königs persönliche Entwicklung und die Entwicklung seiner Position gehen Hand in Hand. Da die letztere eine spezifische Elastizität besitzt, kann sie bis zu einem gewissen Grade entsprechend der persönlichen Entwicklung ihres Inhabers gesteuert werden. Aber mit ihrer Elastizität verbindet jede gesellschaftliche Position, selbst die des absolutistischen Königs, kraft ihrer Interdependenz mit anderen Positionen des gesamtgesellschaftlichen Gefüges, zu dem sie gehört, ein außerordentlich hohes Maß von Eigenstärke, verglichen mit der individuellen Stärke ihres Inhabers. Dessen Handlungsspielraum sind durch die Struktur seiner Position recht feste Schranken gesetzt, die sich, genau wie die der Elastizität einer Stahlfeder, um so stärker fühlbar machen, je mehr er durch individuelle Verhaltenssteuerung die Elastizität seiner gesellschaftlichen Position anspannt und auf die Probe stellt. Während also derart des Inhabers persönliche Entwicklung innerhalb bestimmter Grenzen auf die seiner Position Einfluß gewinnt, beeinflußt auf der anderen Seite die Entwicklung der gesellschaftlichen Position als direkter Repräsentant der gesamtgesellschaftlichen Entwicklung, zu der sie gehört, die persönliche Entwicklung ihres Inhabers.

Man sieht bereits an diesem Punkte, wie unvollständig und ungeklärt die wissenschaftstheoretische Hypothese von der Einmaligkeit und Unwiederholbarkeit des Gegenstandes der Geschichtswissenschaft ist. Rein als Person betrachtet, war Ludwig XIV. einmalig und unwiederholbar. Aber die „reine Person", das „Individuum an sich", ist nicht weniger ein Kunstprodukt der philosophischen Einbildungskraft als das „Ding an sich". Die Entwicklung der gesellschaftlichen Positionen, die ein Individuum von Kindheit an durchläuft, ist nicht in dem gleichen Sinne einmalig und unwiederholbar, wie die des Individuums, das sie durchläuft. Da sich die Entwicklung der Königsposition in einem anderen Tempo vollzog als die des jeweiligen Inhabers, da diese Position nach dem Ausscheiden eines Inhabers fortbestehen und auf einen anderen übergehen konnte, hatte sie, gemessen an der Einmaligkeit und Unwiederholbarkeit des einzelnen Individuums, den Charakter eines wiederholbaren oder jedenfalls nicht in dem gleichen Sinne einmaligen Phänomens. Die Geschichtsforschung kann daher nur so lange in dem herkömmlichen Sinne als Wissenschaft erscheinen, die sich allein mit einzigartigen und individuellen Phänomenen befaßt, als sie soziologische Probleme wie diese nicht in ihren Untersuchungskreis mit einbezieht. Wie man sieht, bleibt die Bestimmung der Einmaligkeit selbst eines Königs ohne Untersuchung der nicht im gleichen Sinne einmaligen und individuellen Königsposition fragmentarisch und ungewiß.

Dabei sind Modalitäten wie Einmaligkeit und Wiederholbarkeit überhaupt nur Symptome für Struktureigentümlichkeiten der Geschehenszusammenhänge, auf die sich diese Begriffe beziehen. Wenn man durch die Schicht der einmaligen und individuellen Ereignisse in die umfassendere Schicht vordringt, die zugleich auch die gesellschaftlichen Positionen und Figurationen der Menschen einschließt, dann eröffnet man sich zugleich den Weg zu einem Typ von Problemen, die bei der Beschränkung auf individualistisch-historische Probleme verborgen und unzugänglich bleiben.

Mit Hilfe einer systematischen Figurationsuntersuchung kann man zum Beispiel aufzeigen, daß ein Mann in der Position des Königs selbst zur Zeit Ludwigs XIV. durchaus nicht „unumschränkt" regierte, wenn man darunter versteht, daß seinem Handeln und seiner Macht keine Schranken gesetzt waren. Der Begriff des „absoluten Herrschers" gibt, wie man sehen wird, einen falschen Eindruck. Unter diesem Gesichtspunkt betrachtet, stellt die Untersuchung der gesellschaftlichen Position eines absoluten Königs einen Beitrag zu umfassenderen Problemen dar, auf die zum Teil bereits hingewiesen wurde: Wie ist es überhaupt möglich, daß ein einzelner Mensch seine Position als Herrscher, der direkt oder indirekt Entscheidungen über das Wohl und Wehe von Hunderttausenden und vielleicht von Millionen von Menschen trifft, und den großen Entscheidungsspielraum, den ihm diese Position gibt, über lange Jahre hin aufrecht zu erhalten vermag? Welche Entwicklung eines Gefüges von interdependenten Menschen, welche Figuration von Menschen gibt überhaupt die Chance zur Bildung einer Zentralposition mit jenem besonders großen Entscheidungsspielraum, auf den wir mit Begriffen wie „Absolutismus" oder „autokratische Herrschaft" hinweisen? Unter welchen Bedingungen bilden sich gesellschaftliche Positionen der Einherrschaft heraus, die ihren Inhabern besonders hohe Machtchancen im Verhältnis zu der Machtausstattung anderer gesellschaftlicher Positionen in die Hand spielen? Warum gehorchen eigentlich, nicht nur in einer Krisensituation, sondern im Verlauf der normalen Routinen des gewöhnlichen gesellschaftlichen Lebens, Hunderttausende von Menschen einem einzelnen Mann? Und im Falle von Königen nicht nur einem einzelnen Mann Zeit seines Lebens, sondern vielleicht auch seinem Sohn und seinem Enkel, kurzum den Mitgliedern einer bestimmten Familie über mehrere Generationen hin?

4. Fortschritt

Es ist schrecklich, sich vorzustellen, daß Menschen selbst miteinander Funktionszusammenhänge bilden, in denen sie zum guten Teil blind, ziellos und hilflos dahintreiben. Es ist viel beruhigender, wenn man sich vorstellen kann, daß die Geschichte – die ja immer die Geschichte bestimmter menschlicher Gesellschaften ist – einen Sinn und eine Bestimmung, vielleicht gar einen Zweck habe; und es gibt ja immer von neuem Menschen, die uns verkünden, was dieser Sinn ist. (WiS, 61)

- *Da die Menschen alle ihre Fragen so stellen, daß sie der vorwegnehmenden Hypothese darüber, wie eine befriedigende Antwort aussieht, entsprechen, war die Fragestellung bereits so ausgerichtet, daß sie die Augen der Menschen bei der Suche nach einer Antwort von vornherein auf das sinngebende Ziel richtete. (WiS, 164)*
- *Die Gründer der Soziologie (Comte, Marx, Spencer) vertraten die allgemeine Vorstellung von einer Gesellschaftsentwicklung in engem Bezug zu empirischen Belegen. Dieser Schub wurde im 20. Jahrhundert von einem Schub in die entgegengesetzte Richtung abgelöst. (WiS, 165)*
- *Die Entwicklungssoziologen des 19. Jahrunderts teilten miteinander als eine Art von gemeinsamer sozialer Religion die Auffassung, daß die Gesellschaft sich im Sinne eines steten Fortschritts entwickelt. (WiS, 166) Am Ende dieser Vorstellungen vom Wandel steht die Vorstellung von einem unwandelbaren Endzustand der Gesellschaft als Bezugspunkt und Maßstab: das verwirklichte Ideal. (WiS, 167) Im Gegensatz dazu lassen soziologische Theorien des 20. Jahrhunderts bestimmte bestehende Gesellschaften als höchsten Wert erscheinen. (WiS, 167)*

- *Soziologen sollen nicht ihrer Überzeugung Ausdruck verleihen, wie sich eine Gesellschaft entwickeln soll. Vielmehr müssen sie sich von der Vorstellung befreien, die Gesellschaft, um deren Untersuchung sie sich bemühen, entspreche auch tatsächlich entweder hier und jetzt in ihrer eigenen Gegenwart oder in ihrem weiteren Verlauf notwendigerweise ihrem eigenen sozialen Glauben, ihren Wünschen und Hoffnungen, ihren moralischen Forderungen und ihren Vorstellungen von dem, was gerecht und menschlich ist. (WiS, 169)*
- *Dabei ist offenbar für viele Menschen verwirrend, daß der Gang der Gesellschaftsentwicklung in der einen oder anderen Hinsicht in eine Richtung geht, die entsprechend ihrem eigenen Wertsystem „sinnvoll" zu sein scheint. (WiS, 171) Die Soziologie muß sich die Blindheit solcher Abläufe bewußt machen. (WiS, 171)*
- *Heute scheint es vielen Menschen selbstverständlich, daß die Darstellung eines langfristigen Trends des Figurationsstromes in der Vergangenheit ohne weiteres eine bestimmte Vorhersage für die Zukunft impliziert. (WiS, 175) Diese Vorstellung wird zuweilen noch dadurch verstärkt, daß gegenwärtig eine philosophische Wissenschaftstheorie dominiert, die unter den vielen Funktionen einer wissenschaftlichen Theorie gerade die Prognose als entscheidendes Kriterium ihrer Wissenschaftlichkeit heraushebt. (WiS, 176)*
- *Von der früheren her gesehen ist die spätere Figuration – in vielen, wenn auch nicht in allen Fällen – nur eine der Möglichkeiten ihrer Veränderung. Von der späteren her gesehen, ist die frühere gewöhnlich eine der notwendigen Bedingungen ihres Zustandekommens. (WiS, 178) Es wäre wahrscheinlich präziser und sachgerechter, wenn man in der vorwärtsblickenden Perspektive statt von Notwendigkeit vielmehr von Möglichkeiten und Wahrscheinlichkeiten verschiedenen Grades spräche. (WiS, 181)*
- *In den weiterentwickelten Wissenschaften dient als Hauptmaßstab das Verhältnis von jeweils neueren Forschungsergebnissen zum vorhandenen älteren Wissen, also nicht etwas, was durch statische Polaritäten wie „richtig" oder „unrichtig" ausgedrückt werden kann, sondern gerade nur durch Hinweise auf das, was zwischen ihnen liegt, durch die Dynamik der wissenschaftlichen Prozesse, in deren Ablauf das theoretisch-empirische Wissen größer, richtiger, angemessener, wirklichkeitsorientierter wird. (WiS, 54)*
- *Kein Mensch ist ein Anfang, ein Neuerer aus dem Nichts. Jeder steht in einer Generationenkette (Notizen, 59), setzt fort. (Credo, 114)*

– *Die mehr oder weniger geregelte Konkurrenz der Fachvertreter, ihre Auseinandersetzungen und Übereinkünfte entscheiden letzten Endes, ob und wie weit die Ergebnisse eines einzelnen Forschers als gesichert, als Gewinn, als Fortschritt des wissenschaftlichen Wissenserwerbs verbucht werden oder nicht. (WiS, 64) Als Kriterium für die gesamtgesellschaftliche Entwicklung ist der Fortschrittsbegriff als Ausdruck einer dogmatischen Überzeugung in der Tat unbrauchbar. Als Ausdruck des Maßstabes, den Wissenschaftler selbst an ihre Forschungsergebnisse anlegen, trifft er den Kern der Sache. (WiS, 53) Die Insel menschlichen Wissens im Meer des Nicht-Wissens wächst. (Credo, 109)*
– *Es gibt die Annahme, daß theoretisch-empirische Wissenschaften, ob Physik oder Soziologie, die gleiche Aufgabe haben wie reine Mathematik oder formale Logik, nämlich das Auffinden von verbalen oder anderen symbolischen Formeln, die eine absolute und endgültige „Wahrheit" repräsentieren, und entsprechend die Sonderung endgültig wahrer und endgültig falscher Aussagen. (ED, 36) Aber in vielen Fällen haben sich in diesem Bereich simple Gegensatzpaare wie „wahr" und „falsch" als Symbole des Erkenntniswerts von Forschungsergebnissen als untauglich erwiesen. (ED, 37) Tauglicher ist es zu prüfen, ob Hypothesen oder Theorien adäquater sind, in sich schlüssiger und in besserer Übereinstimmung mit Tatsachenbeobachtungen als die jeweils vorhandenen Theorien und Hypothesen. (ED, 37)*
– *Die philosophische Vorstellung der absoluten Wahrheit als Ziel der Naturwissenschaften oder irgendwelcher anderen empirisch-theoretischen Wissenschaften ist ein Erbstück aus früheren Zeiten, in denen man dem Prozeßcharakter aller Wissenschaften eine weit geringere und einzelnen Theorien für sich betrachtet eine weit höhere Relevanz zuschrieb. (ED, 64)*
– *Die Frage ist nicht einfach: „Ist es wahr oder falsch?", sondern: „Wie verhält sich dieser Befund zu unserem bisherigen Wissen? Stellt er eine Erweiterung unseres bisherigen Wissens dar? Widerspricht er unserem bisherigen Wissen oder den vorhandenen Theorien anderer? Bestätigt er sie?" (Credo, 110) Das ist die tatsächliche Vorgehensweise der Wissenschaft. Relative Wahrheit bedeutet in diesem Zusammenhang, daß eine Aussage keine Endgültigkeit besitzt; sie mag für diese bestimmte Zeit oder diese bestimmte Gruppe gültig sein, aber nicht für sämtliche Zeiten und sämtliche Gruppen. (Credo, 107)*
– *Was den Modellen der empirisch-theoretischen Forschung gemeinsam ist, was sie als wissenschaftlich kennzeichnet, ist vor*

allem dies, daß sie Wissenschaftlern die Möglichkeit geben, zu prüfen und einen Konsens darüber zu gewinnen, ob jeweils neue Forschungsergebnisse im Zusammenhang des empirisch-theoretischen Prozesses einen Fortschritt des menschlichen Wissens, verglichen mit dem jeweils vorangehenden Wissensbestand, darstellen oder nicht. (ED, 37f.) Was Forschungsergebnisse in diesen Bereichen voneinander unterscheidet, ist oft genug nicht eine absolute Dichotomie, sondern ein relatives Mehr oder Weniger an „Wahrheit" oder, besser: Adäquatheit. (ED, 64)

- *Es gibt Wissenschaften, die einer empirischen oder experimentellen Überprüfung weder zugänglich noch bedürftig sind: reine Mathematik, Logik. Diese Wissenschaften haben keinen Gegenstand außer ihrer selbst. Sie beschäftigen sich mit der Erforschung reiner Beziehungen. (Credo, 96) Reine Beziehungswissenschaften sind „eingleisige", „Ein-Ebenen"-Wissenschaften. Ihre Ordnungen sind ganz und gar von Menschen geschaffen. (Credo, 96f.)*
- *„Zweigleisige", „Zwei-Ebenen"-Wissenschaften sind z.B.: Physik, Biologie, Ökonomie. Ihr Ziel ist die Untersuchung und Erklärung eines Zusammenhangs beobachtbarer Ereignisse, die selbst keine Symbole sind, auch wenn sie durch Symbole repräsentiert werden können. (Credo, 97) Diese Wissenschaften arbeiten theoretische Modelle solcher Zusammenhänge aus, auf der Grundlage vorangegangener Beobachtungen, die ihrerseits mit Hilfe vorangegangener Modelle und Beobachtungen gemacht wurden. (Credo, 97)*
- *Die wissenschaftliche Untersuchung der Wissenschaften (Wissenschafts-Soziologie) ist ein Vorgang des zweigleisigen, des theoretisch-empirischen Typs. Somit ergeben sich drei Ebenen:*

    1. die primäre Ebene der natürlichen oder sozialen Ereignisse;
    2. die sekundäre Ebene derjenigen Wissenschaften, die den Zusammenhang von Ereignissen auf der Primärebene erforschen;
    3. die tertiäre Ebene derjenigen Wissenschaften, die sich mit der Erforschung und Erklärung des Zusammenhangs von Wissenschaften auf der Sekundärebene befassen, was eo ipso die Objekte der Primärebene mit einschließt. (Credo, 97f.)

- *Soziologie bewegt sich auf Ebene zwei und drei, wo vorher nur die – nun entfunktionalisierte – Philosophie war. (Credo, 98)*
- *Philosophie befaßt sich – spekulativ – mit dem, was soll, mit der Natur des Wissens, der Erkenntnis, Wirklichkeit, Wahrheit und des moralisch Guten. (Credo, 98) Metaphysik ist der Ver-*

such, Modelle noch unbekannter Zusammenhänge, Lösungen noch ungelöster Probleme auszuarbeiten, ohne Bezug auf übermenschliche Mächte, aber auch ohne Kenntnis von Einzelfakten. (Credo, 99f.)
- *Popper geht es nicht darum, wie Wissenschaftler tatsächlich, empirisch, beobachtbar verfahren, sondern darum, wie sie verfahren sollen. (Credo, 94) Popper fragt: Wie soll ein einzelner Wissenschaftler vorgehen? Induktiv oder deduktiv? (Credo, 101)*
- *Popper fordert uns auf, sein Ideal der Wissenschaften als axiomatische Systeme mit ihm zu teilen. Sobald man dies Ideal nicht mit ihm teilt, scheint sein Beitrag zur Wissenschaftstheorie wenig Relevanz zu haben. Man kann ihn nicht (Poppers eigene Forderung:) überprüfen. (Credo, 103) Der Sicherheit versprechende Rekurs auf axiomatische Glaubensvorstellungen ist die letzte Quelle der Unsicherheit und Verwirrung. (Credo, 108)*
- *Popper versucht zu zeigen, daß alle Wissenschaften in derselben hypothetisch-deduktiven Weise verfahren könnten wie bestimmte Zweige der Mathematik und der modernen Logik. (Credo, 114) Aber seine Grundannahme über die möglichen Typen von Wissenschaftstheorie ist falsch. Ihm zufolge muß man entweder ein Deduktionist oder ein Induktionist sein. (Credo, 114) Was wir brauchen, ist nicht ein schönes, aber phantastisches Wissenschaftsideal, sondern ein besseres Verständnis dafür, wie Wissenschaften, in all ihren verschiedenen Verzweigungen tatsächlich vorgehen und ihrer Aufgabe gerecht werden, die Domäne der Menschheit in der Welt zu vergrößern. (Credo, 114)*

Zeitreguliert

aus: Über die Zeit, Frankfurt a.M. 1984, S. 113-122

Die Entwicklung des Standards der menschlichen Betätigungen und Vorstellungen im Umkreise dessen, was wir heute als „Zeit" begreifen, ist selbst ein gutes Beispiel für die Entwicklung menschlicher Symbole im Sinne einer sich allmählich ausweitenden Synthese. Für die Art der Zeitbestimmung von Gesellschaften auf einer früheren Stufe der Entwicklung ist etwa eine Aussage wie „Wenn wir uns kalt fühlen" charakteristisch. Auf einer etwas späteren Stufe besitzt eine Menschengruppe vielleicht schon das weniger persönliche Symbol „Winter".

Heute benutzt man über die ganze Erde hin einen Kalender, der anzeigt, in welchem Monat der Winter beginnt; und diesen Kalender gebrauchen auch Menschen in Erdteilen, wo es in den „Wintermonaten" recht warm ist.

Es ist unwahrscheinlich, daß Menschen aller früheren Gesellschaftsstufen es erforderlich fanden, das zu tun, was wir heute als „Zeitbestimmen" bezeichnen. Aber wenn man den frühen Spuren solcher Betätigungen nachgeht, dann erkennt man unschwer, daß es sich für die beteiligten Menschen dabei immer um recht persönliche Beziehungen zwischen ihnen selbst und einem spezifischen, sichtbaren oder fühlbaren Sachverhalt handelte. So erlebten Menschen etwa das Erscheinen dessen, was wir „Sonne" oder „Neumond" nennen, als ein ihnen gegebenes Zeichen dafür, daß sie etwas Bestimmtes tun oder nicht tun sollten. Zur Eigentümlichkeit des Begriffs der „Zeit" hingegen gehört es nicht allein, daß er ein Symbol für eine überaus weitgespannte Synthese, für eine „Abstraktion" auf sehr hoher Stufe ist, sondern zugleich auch, daß er zwar ebenfalls ein Symbol für Beziehungen ist, aber nicht ein Symbol für Beziehungen zwischen bestimmten Personen oder bestimmten Sachverhalten. In dieser Hinsicht gehört der Begriff der Zeit zu der gleichen Gattung von Symbolen wie die Symbole, mit denen Mathematiker arbeiten. Er ist ein reines Beziehungssymbol. „Zeit" ist zwar selbst ein Symbol für die Beziehung von Positionen im Nacheinander zweier Geschehensabfolgen, aber die derart aufeinander bezogenen Ereignisse sind auswechselbar. Gleichheit der Beziehung verträgt sich mit Verschiedenheit des Bezogenen.

Die Menschheit hatte einen langen Weg zurückzulegen, ehe Menschen in der Lage waren und es erforderlich fanden, solche Symbole reiner Beziehungen zu schaffen. Aber obgleich diese Art der Symbolbildung das Vermögen zu relativ weitgespannten Synthesen oder, in der vertrauteren Sprache, ein hohes Abstraktionsvermögen voraussetzt, ist doch das Elementarste, was sich darüber sagen läßt, einfach genug.

Wenn man zwei mal zwei Äpfel nebeneinanderlegt, so sind das vier Äpfel. Es gibt in der Gesellschaftsentwicklung Stufen, auf denen Menschen zwar Symbole für „vier Äpfel", „vier Kühe" oder entsprechende Symbole besaßen, aber noch nicht Symbole wie „vier", „fünf", „sechs", die sich auf keine spezifischen Objekte beziehen und sich gerade deswegen auf eine Vielfalt verschiedener Objekte beziehen lassen. Hier öffnet sich also die Tür zu dem Geheimnis der Anwendbarkeit der Mathematik auf so verschiedene Gegenstandsbereiche. In allen diesen Gegenstandsbereichen gibt es spezifische Beziehungen. Mit Hilfe von Messungen lassen sich diese Beziehungen durch reine Beziehungssymbole der Mathematik darstellen. Reine Beziehungssymbole lassen sich, etwa auf dem Papier, ganz anders manipulieren als Beziehungen zwischen spezifischen Objekten oder Personen. Aber das Ergebnis solcher rein symbolischen Manipulationen läßt sich dann von neuem auf Beziehungen zwischen spezifischen Objekten oder Personen übertragen. Und man kann vielleicht experimentell nachprüfen, ob die durch Manipulation reiner Beziehungssymbole errechneten Ergebnisse bei ihrem Rückbezug auf benannte oder spezifische Beziehungen ihre Bestätigung finden oder nicht.

„Zeitbestimmen" ist, wie gesagt, eine Tätigkeit, bei der Menschen Nacheinander-Aspekte von mindestens zwei Geschehensabläufen in Beziehung zueinander setzen, von denen einer als Maßstab für Intervalle oder Positionen im Nacheinander der Ereignisse von anderen gesellschaftlich standardisiert ist. Die Position im Geschehensablauf gesellschaftlich standardisierter Zeitmaßstäbe, die wir symbolisch als „12.30 Uhr" darstellen, kann als Bezugspunkt für eine Fülle verschiedenartiger spezifischer Handlungs- und Geschehensabläufe dienen. Sie kann sich ebensogut auf die Abfahrt eines Zuges wie auf den Beginn einer Sonnenfinsternis oder das Ende einer Schulstunde beziehen.

Vielleicht macht das wenige, was hier über reine Beziehungssymbole gesagt werden konnte, bereits verständlich, daß Symbole, die eine so umfassende Synthese voraussetzen wie diese, eine relativ späte Stufe in der Entwicklung der menschlichen Symbole und der entsprechenden gesellschaftlichen Institutionen repräsentieren. Man bedürfte einer Theorie der Entwicklung menschlicher Symbole, um solche Probleme fester in den Griff zu bekommen. Solange diese Lücke im gegenwärtigen Wissensbestand sich nicht schließt, bleibt eine ganze Reihe von Problemen unlösbar. Das der Zeit ist eines von ihnen.

Ich las einmal die Geschichte einer Gruppe von Menschen, die in einem unbekannten, sehr hohen Turm immer höher stiegen. Die ersten Generationen drangen bis zum fünften Stock vor, die zweiten bis zum siebenten, die dritten bis zum zehnten. Im Laufe der Zeit gelangten die Nachkommen in das hundertste Stockwerk. Dann brach das Treppenhaus ein. Die Menschen richteten sich im hundertsten Stockwerk ein. Sie vergaßen im Laufe der Zeit, daß ihre Ahnen je auf unteren Stockwerken gelebt hatten und wie sie auf das hundertste Stockwerk heraufgelangt waren. Sie sahen die Welt und sich selbst aus der Perspektive des hundertsten Stockwerks, ohne zu wissen, wie Menschen dahin gelangt waren. Ja, sie hielten sogar die Vorstellungen, die sie sich aus der Perspektive ihres Stockwerks machten, für allgemein menschliche Vorstellungen.

Das vergebliche Bemühen um die Lösung eines im Grunde so einfachen Problems wie des Zeitproblems ist ein gutes Beispiel für die Folgen des Vergessens der gesellschaftlichen Vergangenheit. Wenn man sich ihrer erinnert, entdeckt man sich selbst.

Alle Menschen, die miteinander einen der hochdifferenzierten industriellen Nationalstaaten unserer Zeit bilden, haben Vorfahren, die irgendwann in der Vergangenheit Stammesgruppen und vielleicht Dorfstaaten auf der gleichen Entwicklungsstufe miteinander bildeten, wie sie heute zum Beispiel durch einige Indianerstämme des Amazonas repräsentiert wird. Wie die letzteren haben auch die ersteren, so unterschiedlich diese Nationalstaaten ansonsten sein mögen, als Vertreter ein und derselben Stufe in der Gesellschaftsentwicklung bestimmte Persönlichkeitsmerkmale miteinander gemein. Ein spezifisches Zeiterleben ist eines dieser gemeinsamen Merkmale. Mitglieder industrieller Nationalstaaten haben gewöhnlich ein fast unausweichliches Bedürfnis, zumindest annähernd zu wissen, welche Zeit es ist. Dieses Bedürfnis, dieses alldurchdringende Zeitgefühl ist so zwingend, daß die meisten Menschen, die in solchen Gesellschaften zusammenleben, sich kaum oder überhaupt nicht vorzustellen vermögen, daß ihr eigenes Zeitempfinden nicht von Menschen allerorts geteilt wird. Dieses Zeitgefühl erscheint so tief verwurzelt, bildet so sehr ein Attribut ihrer Persönlichkeit, daß es ihnen überaus schwer fällt, darin ein Ergebnis sozialer Erfahrungen zu sehen. Unter den Mitgliedern solcher Gesellschaften besteht eine weitverbreitete Tendenz, nur das als ganz ihr eigen zu betrachten, was sie als eine Gabe der Natur oder vielleicht der Götter begreifen. Was gesellschaftlich erworben ist, ihr sozialer Habitus, erscheint ihnen im Verhältnis zu ihrer wahren Natur als akzidentell, als eine Fassade, die leicht beiseitegeschoben werden kann.

Der imperative Charakter des Zeitgefühls, wie es von Mitgliedern höher differenzierter Gesellschaften in der Regel empfunden wird, kann dazu beitragen, eine solche Ansicht zu korrigieren. Dieses Zeiterleben ist ein integraler Teil dessen, was Menschen in derartigen Gesellschaften als ihr eigenes Selbst erleben. Auch wenn sie zuweilen die innere Stimme hassen, die, in den Worten W.H. Audens, „hustet, wenn man küssen möchte", sie können sie doch nicht loswerden. Sie ist einer der Zivilisationszwänge, die zwar nicht selbst in der menschlichen Natur angelegt sind, wohl aber durch sie ermöglicht werden. Diese Zwänge bilden einen Teil dessen, was oft als „zweite Natur" bezeichnet wird, einen Teil des sozialen Habitus, der eine Eigentümlichkeit der Individualität jedes Menschen ist.

Was vielleicht noch nicht immer ganz klar ist, was noch nicht zum Gemeinwissen unserer Zeit gehört, ist die Tatsache, daß Unterschiede im sozialen Habitus der Mitglieder verschiedener Gesellschaften häufig für Schwierigkeiten oder sogar Blockierungen der Verständigung zwischen ihnen verantwortlich sind. Solche Blockierungen sind besonders wahrscheinlich und besonders massiv, wenn Gesellschaften miteinander in Berührung kommen, die verschiedene Stufen der sozialen Entwicklung vertreten. Gegenwärtig werden Verständigungsschwierigkeiten oder -blockaden dieser Art dadurch noch unüberwindlicher gemacht, als sie von sich aus sind, daß man sie vielfach in einer

Terminologie zu diagnostizieren sucht, die ungenau und zweideutig ist. Nachdem der Terminus „Rassenunterschiede" ad acta gelegt ist, findet man Zuflucht in Ausdrücken wie „ethnische Differenzen", die dem Erfordernis einer klaren Aussage, ob die gemeinten Unterschiede mehr genetisch bedingt oder mehr sozial erworben sind, ausweichen. Unterschiede im Zeiterleben verschiedener Gesellschaften lassen, wie andere Aspekte von Zivilisationsprozessen, in dieser Hinsicht eine unzweideutige Bestimmung zu. Diese Unterschiede sind ohne Zweifel sozial erworben. Sie sind charakteristisch für Unterschiede im sozialen Habitus und damit in der Persönlichkeitsstruktur von Menschen, die verschiedenen Gesellschaften angehören – Unterschiede, die am ausgeprägtesten sind, wenn diese Gesellschaften verschiedene Stufen der sozialen Entwicklung repräsentieren. Als soziale Unterschiede sind sie, wenn nötig, dem Wandel zugänglich, auch wenn es ein langsamer Wandel sein mag. Oft braucht man ein Drei-Generationen-Modell, um einen solchen Wandel in den Blick zu bekommen.

Eine Episode aus den 30er Jahren des 20. Jahrhunderts, die von Edward T. Hall berichtet wird, bietet eine anschauliche Illustration des gegensätzlichen Zeiterlebens von Amerikanern und Puebloindianern. Hall verweist auf die große Gewissenhaftigkeit der Amerikaner in Sachen Zeit. Ein weniger zeitbewußtes Verhalten kann leicht als Beleidigung oder als Unverantwortlichkeit erscheinen. Es gibt, wie er bemerkt, extreme Fälle, in denen Menschen geradezu zeitbesessen sind und von dem Bedürfnis absorbiert werden, „keine Zeit zu verschwenden", überall „rechtzeitig" da zu sein. Die Gelegenheit eines Zusammenpralls zwischen dem Zeitgefühl der Amerikaner und der Puebloindianer war ein Weihnachtstanz der letzteren, der von Gruppen der ersteren besucht wurde. Die Indianer lebten in den Bergen am Rio Grande.

„In 2.300 m Höhe", schreibt Hall, „ist die beißende Winterkälte um 1 Uhr morgens nahezu unerträglich. Zitternd in der lautlosen Dunkelheit des Pueblos suchte ich unablässig nach einem Hinweis, wann der Tanz beginnen würde.

Draußen war alles undurchdringlich still. Bisweilen hörte man den gedämpften Schlag einer tiefen Pueblotrommel, das Öffnen einer Tür oder sah einen Lichtstrahl das Dunkel der Nacht durchschneiden. In der Kirche, wo der Tanz stattfinden sollte, drängten sich auf einer Empore einige weiße Stadtmenschen zusammen und suchten nach einem möglichen Anhaltspunkt, dem sie entnehmen konnten, wie lange sie noch zu leiden hätten. ‚Letztes Jahr sollen sie um 10 Uhr angefangen haben.' ‚Sie können nicht anfangen, bevor der Priester kommt.' ‚Man kann überhaupt nicht vorhersagen, wann sie anfangen.' All dies unterbrochen durch Zähneklappern und Füßestampfen, um den Kreislauf in Ganz zu halten.

Plötzlich öffnete ein Indianer die Tür, kam herein und schürte das Feuer im Ofen. Jeder stieß seinen Nachbarn an: ‚Vielleicht fangen sie jetzt an.' Wieder verstrich eine Stunde. Ein weiterer Indianer erschien, durchquerte das Kirchenschiff und verschwand durch eine andere Tür. ‚Bestimmt fangen sie jetzt an. Schließlich ist es schon fast 2 Uhr.' Irgend jemand vermutete, daß sie sich einfach stur stellten, in der Hoffnung, die Weißen würden dann verschwinden. Ein anderer hatte einen Freund im Pueblo und ging zu seinem Haus, um zu fragen, wann der Tanz beginnen würde. Niemand wußte es. Plötzlich, als die Weißen fast am Ende ihrer Kräfte waren, wurde die Nacht durch die tiefen Klänge der Trommeln, Klappern und singender Männerstimmen durchbrochen. Ohne Vorwarnung hatte der Tanz begonnen."

Für Puebloindianer hatte ein Tanz dieser Art traditionellerweise, was immer seine sonstigen Funktionen sein mochten, stets auch eine rituelle Funktion. Gemäß ihrer Tradition wurde ein solcher Tanz als eine Kommunikation – und vielleicht eine Identifizierung – mit Ahnengeistern oder jedenfalls mit der Geisterwelt erlebt. Die Teilnehmer begannen zu tanzen, wenn sie in der richtigen Stimmung waren. Ihre herkömmliche Lebensweise verlangte eine Zeitdisziplin, wenn überhaupt, nur bei wenigen Gelegenheiten, wie z.B. bei der Nahrungsmittelbeschaffung. Aber die Disziplin wurde ihnen durch greifbare Zwänge auferlegt, so durch den Druck des aktuellen oder antizipierten Hungers. Was sie zur Pflicht rief, war nicht die Zeit als eine Stimme ihres individuellen Gewissens. Nach und nach wurde die rituelle Bedeutung des Tanzens zweifellos schwächer und, in einigen Fällen, seine finanzielle Bedeutung stärker. Das Tanzen selbst, wenn es nicht erlosch, veränderte seinen Charakter; es nahm die Form eines Schauspiels an. Aber ein solcher Wandel der Tradition und die Umgestaltung der Persönlichkeitsstruktur, die er erforderte, waren ein schwieriger und oft schmerzhafter Prozeß, der mindestens drei Generationen beanspruchte. Auch hier mag wieder ein Beispiel helfen.

Der Inspektor des Schulwesens einer Siouxreservation unterhielt sich mit Hall über die Anpassungsschwierigkeiten der Stammesgruppen. Er selbst war ein Mann von gemischter Herkunft, der als Kind in der Reservation gelebt hatte. Danach hatte er anscheinend eine normale amerikanische Erziehung genossen, hatte an einer amerikanischen Universität studiert und einen akademischen Grad erworben. Als er Schulinspektor einer Siouxreservation wurde, besaß er verständlicherweise das amerikanische Zeitgefühl und konnte nicht begreifen, warum seine Schützlinge, die Sioux, nicht dieselbe Zeitdisziplin hatten wie er.

„Was würden Sie von einem Volk denken", sagte er, „das kein Wort für ‚Zeit' hat? Meine Leute haben kein Wort für ‚zu spät' oder auch für ‚warten'. Sie wissen nicht, was es heißt, zu warten oder zu spät zu kommen." Dann fuhr er fort: „Ich kam zu dem Schluß, daß sie sich niemals an die weiße Kultur anpassen könnten, solange sie nicht wüßten, was Zeit bedeutet und wieviel Uhr es ist. Also ging ich daran, ihnen die Zeit beizubringen. In keinem Klassenzimmer der Reservation gab es eine Uhr, die ging. Also kaufte ich zuerst einige anständige Uhren. Dann ließ ich die Schulbusse pünktlich abfahren, und wenn ein Indianer zwei Minuten zu spät kam, hatte er eben Pech gehabt. Der Bus fuhr um 8 Uhr 42, und zu dieser Zeit mußte er da sein."

Ein Kind, das in einer der hoch zeitregulierten und industrialisierten Staatsgesellschaften des 20. Jahrhunderts aufwächst, braucht sieben bis neun Jahre, um „die Zeit zu lernen", d.h. um das komplizierte Symbolsystem der Uhren und Kalender exakt zu lesen und zu verstehen und um sein eigenes Fühlen und Verhalten entsprechend zu regulieren. Wenn sie aber diesen Lernprozeß hinter sich gebracht haben, scheinen die Mitglieder solcher Gesellschaften zu vergessen, daß sie die „Zeit" lernen mußten. Es ist für sie fraglos evident, daß man die Tage und Nächte direkt oder indirekt im Sinne der Zeitzeichen reguliert, die man an dem einen oder anderen der technischen Instrumente mit dieser Funktion ablesen kann. Die Instanzen der Selbstkontrolle eines Menschen, „Vernunft" oder „Gewissen", oder wie immer man sie nennen will, sind entsprechend geformt. Sie werden gewaltig verstärkt durch soziale Zwänge, die in dieselbe Richtung wirken. Menschliche Beziehungen aller Art würden in Gesellschaften dieser Stufe schwer gestört und könnten auf lange Sicht kaum aufrechterhalten werden, wenn man aufhörte, sein eigenes Verhalten nach einem kollektiven Zeitschema zu regulieren.

Strukturmerkmale der eigenen Person, die so unentrinnbar und zwingend sind und die man überdies mit den meisten Menschen, die man kennt, gemeinsam hat, werden nach dem vorherrschenden Wissenskanon oft als natürliche Eigenschaften, als angeborene Attribute erlebt und begrifflich erfaßt. Darum reagieren die meisten Menschen, die in diesen hoch zeitregulierten Gesellschaften erzogen worden sind, wenn sie mit nicht in derselben Weise zeitbewußten und zeitregulierten Menschen zusammenkommen, so, wie der Schulinspektor der Siouxreservation. Sie können kaum glauben, daß es Menschen gibt, die nicht ebenso zeitreguliert sind wie sie selbst und die vielleicht nicht einmal ein Wort für „Zeit" haben.

Die Schwierigkeit ist, daß die hoch zeitregulierten Mitglieder späterer Gesellschaften nicht nur unfähig sind, die Mitglieder früherer Gesellschaften mit geringeren Zeitbestimmungsbedürfnissen zu verstehen; sie sind auch unfähig, sich selbst zu verstehen. Der Kategorialapparat, über den sie verfügen, bietet ihnen zur Diagnose und Erklärung eines so zwingenden und unausweichlichen Attributs ihrer eigenen Person, wie es ihr Zeiterleben ist, ein einziges hauptsächliches Denkmittel an: nämlich die Vorstellung einer ungelernten Eigentümlichkeit der Menschennatur, vielleicht in der verkleideten Form einer begrifflichen Synthese vor aller Erfahrung. Es ist schwer zu übersehen, daß Zeitbestimmen gelernt werden muß. Und doch ist das allgegenwärtige Zeitbewußtsein, einmal erworben, so imperativ, daß es für die Betroffenen wie ein Teil ihrer natürlichen Ausstattung erscheint. Man hat bisher noch nicht klar und gewiß nicht allgemein erkannt, daß eine gelernte, und das heißt sozial erworbene, Strukturierung der menschlichen Naturanlage beinahe ebenso zwingend und unentrinnbar sein kann wie die genetisch determinierte Struktur einer Person. Das Zeiterleben von Menschen, die zu streng zeitregulierten Gesellschaften gehören, ist ein Beispiel von vielen für Persönlichkeitsstrukturen, die nicht weniger zwingend als biologische Eigentümlichkeiten und doch sozial erworben sind. Hieraus erklärt sich die scheinbar selbstverständliche Erwartung der Mitglieder hochdifferenzierter Gesellschaften, daß ihr eigenes Zeiterleben eine universelle Gabe aller Menschen sei, und die Ungläubigkeit oder die Überraschung, mit der sie oft reagieren, wenn sie – direkt oder in den Berichten Dritter – auf Menschen anderer Gesellschaften stoßen, die nicht in derselben Weise zeitreguliert sind.

V. Fallstudien

Über den Klatsch

aus: Etablierte und Außenseiter, Frankfurt a.M. 1990, S. 166-186

Zu den Früchten der intensiven Untersuchung einer gespaltenen Gemeinde, die dieser Arbeit zugrunde liegt, gehörte eine bessere Einsicht in die Eigenart und Funktion des Klatsches. Der „Dorf"klatsch über die „Siedlung" beruhte, wie erwähnt, auf festen Glaubensvorstellungen über deren Bewohner, die als ein Selektionsraster wirkten: Vorfälle in Zone 3, die nicht zu dem vorgefaßten Glauben paßten, waren für die „Dörfler" wenig interessant; man hielt es kaum für der Mühe wert, sie in die Klatschmühlen einzuspeisen. Vorfälle dagegen, die dem fixen Bild der „Siedlung" entsprachen, wurden mit Gusto aufgegriffen und hielten die Klatschmühlen eine Weile in Betrieb, bis sie schal und durch frische Themen ersetzt wurden.

Klatsch, mit anderen Worten, ist keine unabhängige Gegebenheit. Was klatschwürdig ist, hängt von kommunalen Normen und Glaubensaxiomen sowie von kommunalen Beziehungen ab. Das negative Image der „Siedlung", das dazu führte, daß die „Dörfler" jedes bestätigende Ereignis als einen willkommenen Gegenstand des Klatsches betrachteten, war die Kehrseite des positiven Bildes, das sie von sich selbst hatten. Unser gewöhnlicher Sprachgebrauch legt es nahe, als „Klatsch" vor allem mehr oder weniger herabsetzende Informationen über Dritte anzusehen, die zwei oder mehr Personen einander mitteilen. Strukturell jedoch läßt sich der Schimpf- oder Schmähklatsch nicht von dem Lobklatsch trennen, der in der Regel auf einen selbst oder auf Gruppen, mit denen man sich identifiziert, beschränkt ist. Ein Vergleich des „Dorf"klatsches mit dem Klatsch – soweit davon die Rede sein konnte – in der „Siedlung" machte sehr deutlich, wie eng die Struktur des Klatsches mit der Struktur der Gruppe verbunden ist, deren Mitglieder seine Träger sind. Eine eng geknüpfte Gemeinde wie das „Dorf" erforderte, damit die Dinge liefen, einen stetigen Klatschfluß. Sie hatte ein ausgearbeitetes System von Klatschzentren. Nach den Gottesdiensten, in Clubs und im Pub, bei Theateraufführungen und Konzerten konnte man die Klatschmühlen in Aktion sehen und hören. Man konnte beobachten, wie der relativ hohe Organisationsgrad im „Dorf" den Fluß des Klatsches von Mund zu Mund erleichterte und es ermöglichte, daß sich interessante Nachrichten mit großer Schnelligkeit in der Gemeinde verbreiteten.

Jede Neuigkeit über Menschen, die am Ort bekannt waren, bildete einen Leckerbissen des Klatsches. Mehr als einmal erlebte es der Interviewer im „Dorf", daß er beim Betreten eines Hauses, noch bevor er sich fertig vorgestellt hatte, angesprochen wurde als „der Mann, der neulich bei Mrs. Smith war" oder „der am Mittwochnachmittag den Altenclub besucht hat". In der „Siedlung" geschah Ähnliches nie. Die dichter gefügte Gemeinde hatte mehr vorgebahnte Kanäle, durch die Nachrichten von öffentlichem Interesse fließen konnten, und es gab dort auch mehr Interessen, die viele Einwohner miteinander teilten. Ob eine Neuigkeit Fremde betraf, die ins „Dorf" kamen, oder Mitglieder des „Dorfes" selbst, sie wurde bald öffentliches Wissen. Belange einheimischer Familien, oft mit persönlichen Details, wurden bei den Interviews wie bei Zusammenkünften der Vereinigungen immer wieder selbstverständlich erörtert. Im Vergleich dazu redeten „Siedlungs"familien sehr viel weniger über die Angelegenheiten anderer Familien. Eine Frau aus dem „Dorf", prominentes Mitglied eines Kirchen-Theaterclubs, zählte im Interview ihre Freundinnen auf, die zu der Gruppe gehörten. Dabei ließ sie eine bekannte Schauspielerin aus, und der Interviewer wies auf die Lücke hin. „Ja, wissen Sie denn nicht", war ihre erstaunte Antwort, „daß sie an Weihnachten ein Kind erwarten? Darum spielt sie diesmal nicht mit." Auf dieser Stufe setzte man im „Dorf" bereits voraus, daß der Interviewer voll in die Klatschkreise eingeschaltet sei, obwohl er de facto noch nicht ganz auf der Höhe war.

Die meisten Leute im „Dorf", und keineswegs nur Angehörige derselben Verwandtschaftsnetze, kannten einander schon lange. Eine ältere Frau erinnerte sich, wie sie vor 50 Jahren mit „Harry" gespielt hatte; „damals hat er mich immer über den Rasen gejagt". 1959 waren beide eifrige Mitglieder des Altenclubs. Auch lange Bekanntschaft vertiefte in einem sozialen Kontext wie dem „Dorf" das gemeinsame Interesse an allem, was Mitgliedern der Binnengruppe widerfuhr, und erleichterte den Nachrichtenfluß. Man wußte, wo man miteinander stand. Es gab wenige Schranken der Kommunikation. Neuigkeiten übereinander, über alle öffentlich bekannten Menschen machten das Leben spannend. So enthielt der Klatschstrom, abgesehen von dem Schimpfklatsch, der sich vor allem mit Außenseitern beschäftigte, und dem Lobklatsch zur Erhöhung der eigenen Person und Gruppe, auch einfachen Binnengruppen-Klatsch – Neuigkeiten über Freunde und Bekannte, die um ihrer selbst willen interessant waren.

In all seinen vielfältigen Formen hatte der Klatsch einen erheblichen Unterhaltungswert. Wäre den Klatschmühlen im „Dorf" je der Stoff ausgegangen, hätte das Leben viel von seiner Würze verloren. Maßgeblich dabei war nicht allein, daß man ein Interesse an den betreffenden Personen hatte, sondern daß es ein gemeinsames Interesse war. Die Menschen, die Klatschneuigkeiten lieferten, waren Menschen, über die man mit anderen sprechen konnte. Auch in dieser Hinsicht warfen die Strukturdifferenzen zwischen „Dorf" und „Siedlung" ein Licht auf die Eigenart des Klatsches. Die „Dörfler" hatten offenbar einen viel weiteren Kreis von gemeinsamen Bekannten, über die sie klatschen konnten, als die „Siedlungs"bewohner. Sie verfügten stets über einen Vorrat an unterhaltsamen Geschichten, von denen sie wußten, daß andere ein Ohr dafür haben würden.

Dabei unterschied sich die Art und Weise, wie sie über gemeinsame Bekannte redeten, oft kaum von der, wie sie über Filmstars, Mitglieder des Königshauses oder eben über jede Person sprachen, deren Privatleben „in den Nachrichten" war, die in den Zeitungen stand – vor allem in der populären Sonntagszeitung, die sie alle lasen. Wie gesagt, waren die „Dörfler" in bezug auf ihre Freizeitvergnügungen weithin auf sich gestellt. Neben interessanten Neuigkeiten über Bewohner der eigenen oder anderer Zonen von Winston Parva, die ständig in die Klatschkanäle eingeführt wurden, bildeten Zeitungsberichte eine gute zusätzliche Quelle des Klatsches, und das Muster, wie Informationen aus dieser oder jener Quelle durchgesprochen wurden, war im wesentlichen dasselbe. Es ging hier wie dort um Ereignisse mit „human touch". Wenn jemand einem/einer Bekannten die Handlung eines Theaterstücks, eines Films erzählte, den er/sie nicht hatte sehen können, klang das genauso wie bei anderer Gelegenheit eine Geschichte über „Dorf"nachbarn oder Leute aus der „Siedlung". Die Erzählung hatte alle Merkmale einer Klatschgeschichte. Der Tonfall und das Vokabular waren identisch, aber auch die Vereinfachung der Charaktere und Motive, die Akzentsetzung im Sinne eines Schwarz-Weiß und natürlich die zugrunde liegenden Normen und Glaubensvorstellungen. Besonders die Frauen schienen alles, was sie durch die öffentlichen Medien über die Außenwelt erfuhren, in den Kategorien ihrer eigenen Nachbarschaft wahrzunehmen.

In den meisten Fällen war der Unterhaltungswert von Klatschneuigkeiten verbunden mit Elementen, die dem Ich von Erzähler oder Zuhörer oder beiden schmeichelten. Das heißt jedoch nicht, daß man sich über andere immer nur kritisch oder mit spitzen Untertönen äußerte. Auch Mitleid oder Mitgefühl für das Unglück anderer kamen im Klatsch der „Dörfler" zum Ausdruck. Ein Beispiel dafür ist, wie sie die Geschichte von Mrs. Crouch erzählten. Diese Frau hatte im Ersten Weltkrieg ihren Mann verloren und war, als noch recht junge Witwe, mit drei kleinen Mädchen allein dagestanden. Sie ging arbeiten, um ihre Kinder zu ernähren, und brachte eines von ihnen über eine schwere Krankheit hinweg. Als Mitglied einer Veteranen-Vereinigung setzte sie sich für andere Kriegerwitwen ein. An der Wand ihres Wohnzimmers hing eine große Photographie ihres Mannes in Uniform. Als ihre Kinder herangewachsen waren, trat sie noch weiteren Vereinigungen bei. Auf Clubversammlungen oder beiläufig unter Nachbarn sprach man mit Wärme von ihrem Schicksal und von ihr selbst; man erwähnte die „liebe" oder die „gute, alte Mrs. Crouch" als eine geachtete Mitbewohnerin des „Dorfes". Offenbar hatten ihre kommunalen Aktivitäten nach dem Tod des Mannes ihrem Leben einen neuen Impetus und Zweck gegeben, und das „Dorf" würdigte, wie sie ihrem Mann, der Gemeinde und den akzeptierten Normen die Treue hielt. Im Lob auf Mrs. Crouch lobte man zugleich das wohlanständige, respektable Leben, das man in der eigenen Nachbarschaft – zum Unterschied von anderen – führte. Die Befriedigung, die man dabei empfand, war die von Menschen, die mit ihrer Gruppe wie mit ihrem Gewissen im Reinen sind. Der Lobklatsch bedeutete für Mrs. Crouch zweifellos eine erhebliche Hilfe, zuerst in ihren frühen Schwierigkeiten und jetzt im Alter.

Hier wie in anderen Fällen, die sich bei der Untersuchung zeigten, hatte eine Familieneinheit in ihren Nöten großen Gewinn von der Unterstützung der Gemeinde. Unterstützender Klatsch war eines der Vehikel zur Mobilisierung kommunaler Hilfe. Über Straßen, Clubs oder Kirchen und die anderen Klatschkanäle verbreitete sich die Nachricht, daß Mrs. X oder Mr. Y „in Schwierigkeiten ist und Hilfe braucht", bis hin zu Ladenbesitzern und Fabrikdirektionen. Der Wohltätigkeitsausschuß benutzte, wie man oben sah, die Klatschkanäle für die Zuteilung oder auch Versagung von Hilfe: „Wir halten unsere Ohren offen", erklärte eines der Mitglieder, „und bitten die Ladenbesitzer, auf jeden ernsten Notfall zu achten, vor allem bei den alten Leuten; und wenn dann die Namen zu uns kommen, gehen wir hin und prüfen die Lage."

Obwohl aber der unterstützende und Lobklatsch im Strom der Nachrichten, der unaufhörlich durch die Klatschkanäle des „Dorfes" lief, seine Rolle spielte, war er doch gemischt und häufig untrennbar vermengt mit Themen der entgegengesetzten Gefühlsfarbe, mit ablehnendem und Schimpfklatsch. Grob geschätzt, schien der letztere als Element des Klatschstroms den ersteren weit zu überwiegen. Man hatte den Eindruck, daß Neuigkeiten über einen Verstoß gegen die herrschenden Normen, begangen von öffentlich bekannten Personen, viel mehr goutiert wurden, daß sie einen größeren Unterhaltungswert hatten und Erzählern wie Zuhörern mehr Befriedigung verschafften als der Austausch über eine Person, die für ihre Normentreue gelobt oder in ihrer Not unterstützt zu werden verdiente. So sehr auch ein solcher Austausch dem Ich der Klatschträger in effigie schmeichelte – jenes „die gute, alte Mrs. Crouch" hatte oft etwas gönnerhafte Untertöne –, der Schimpfklatsch erzielte dieselbe Wirkung offenbar massiver und lustvoller. Er appellierte unmittelbarer an das Gefühl der eigenen Rechtschaffenheit. Zugleich hatte man auf diese Weise den Lustgewinn, mit anderen über Verbotenes und Verpöntes reden zu können. Und die Gespräche klangen nicht selten so, als ob es die Klatscher kitzelte, sich einen Moment lang vorzustellen, daß sie selbst getan hätten, was man nicht tun darf – „Stell dir vor!" –, daß sie den Schatten der Angst und Schuld, die sie dabei empfinden würden, gespürt hätten und schnell wieder zu sich gekommen wären mit dem frohen, erleichterten Gefühl: „Aber ich war es nicht!" Daß man darüber mit anderen klatschte, war ein Beweis der eigenen Untadeligkeit. Es stärkte die Gemeinschaft der Gerechten. Der Gruppenschimpf gegen die Regelbrecher hatte eine starke integrierende Funktion. Aber er stand nicht für sich, sondern erhielt bereits vorhandene Gruppenbande lebendig und befestigte sie.

In der Tat ist es kaum mehr als eine Halbwahrheit, wenn man, wie es bisweilen geschieht, die integrierende Funktion des Klatsches betont. Die Realität ist, wie die Untersuchung in Winston Parva lehrte, komplexer, auch wenn die Struktur des Klatsches, die Figuration seiner Funktionen in einer Gemeinde im Grunde einfach genug ist.

Daß der Klatsch nicht als eine unabhängige Gegebenheit behandelt werden kann, daß seine Struktur von der Struktur der Gemeinde abhängt, deren Mitglieder miteinander klatschen, wurde bereits gesagt. So hatte er in den beiden Arbeiterbezirken von Winston Parva einen verschiedenen Charakter, spielte eine verschiedene Rolle. In der eng geknüpften Nachbarschaft des „Dorfes" flossen die Neuigkeiten reich und glatt durch die Klatschkanäle, die das differenzierte Netzwerk der Familien und Vereinigungen bereitstellte. In der locker geknüpften und weniger organisierten Nachbarschaft der „Siedlung" war der Klatschfluß im großen und ganzen träger. Die Klatschkreise waren kleiner und häufig voneinander isoliert. Selbst zwischen benachbarten Familien bestanden oft keine oder nur dünne Klatschverbindungen. Es gab mehr Barrieren der Klatschkommunikation.

Auch innerhalb des „Dorfes" selbst hatte der Klatsch keineswegs nur die Funktion, Menschen zu unterstützen, die von der herrschenden „Dorf"meinung positiv beurteilt wurden, und die Beziehungen zwischen den Einheimischen zu zementieren. Er hatte zugleich die

Funktion, Menschen auszuschließen und Beziehungen zu trennen. Er konnte als ein überaus wirksames Instrument der Ablehnung dienen. Wenn beispielsweise ein Zuzügler als „nicht so nett" empfunden wurde, brachte man in den Klatschkanälen – oft sehr tendenziös gefärbte – Geschichten über Normverstöße in Umlauf, wie etwa im Falle der Frau, die an einem kalten Wintertag den Müllmännern eine Tasse Tee angeboten hatte. Und die gnadenlose Härte, mit der diese furchtbare Waffe kollektiv von Menschen eingesetzt wurde, die als Individuen einen freundlichen, gutherzigen Eindruck machten, war recht bezeichnend für den eigentümlichen Einfluß, den das Arbeiten der Klatschmühlen und der ständige Austausch von Neuigkeiten und Ansichten generell auf die Entwicklung gemeinsamer Meinungen und Glaubensaxiome in eng geknüpften Gruppen zu haben scheint.

Eine wichtige Determinante des Klatsches ist gewöhnlich die Schärfe der Konkurrenz, mit der die Beteiligten um Ohr und Aufmerksamkeit ihrer Mitmenschen ringen, und diese hängt ihrerseits von dem Konkurrenzdruck, vor allem dem Druck der Statusrivalitäten innerhalb einer solchen Gruppe ab. Man wird um so eher Aufmerksamkeit und auch Beifall finden, wenn man andere Klatscher zu überbieten vermag – wenn man zum Beispiel etwas noch Abträglicheres, Skandalöseres und Unerhörteres als sie über Außenseiter erzählen oder wenn man zeigen kann, daß man noch loyaler in der Befolgung des gemeinsamen Credos ist und noch radikaler im Pochen auf die Glaubensüberzeugungen, die den Gruppenstolz stärken. Der verzerrende Einfluß, den die Konkurrenzdynamik in dicht gefügten Gruppen auf kollektive Überzeugungen im allgemeinen und Klatschthemen im besonderen ausübt, läuft darauf hinaus, die günstigste, schmeichelhafteste Ansicht über sich selbst und die ungünstigste, abträglichste Ansicht über widerspenstige Außenseiter zur Geltung zu bringen, mit einer Neigung zu wachsender Rigidität in beiden Fällen. Im großen und ganzen kann man sagen: Je sicherer sich die Angehörigen einer Gruppe in ihrer Überlegenheit und ihrem Stolz fühlen, desto geringer wird die Verzerrung, die Kluft zwischen Vorstellungsbild und Wirklichkeit sein, und je bedrohter und unsicherer sie sich fühlen, desto wahrscheinlicher wird der Binnendruck, und als ein Teil davon die Konkurrenz untereinander, gemeinsame Glaubensansichten in Extreme der Illusion und doktrinären Verhärtung treiben.[1]

So kann man häufig den Grad der Verzerrung und Rigidität eines Gruppenglaubens als Maßstab benutzen, wenn nicht für die tatsächliche, so doch für die vermeintliche Gefahr, in der sich die Gruppe befindet, und in diesem Sinne als ein Hilfsmittel zur Rekonstruktion ihrer Lage. Obwohl die „Dörfler" im Verhältnis zu den Neuankömmlingen, die sich in der „Siedlung" niederließen, gut etabliert und mächtig waren, empfanden sie diese gewiß als eine Gefahr für ihre hergebrachte Lebensweise. Sie mögen sogar gespürt haben, daß die Zuwanderer die Vorboten neuer Wellen der Urbanisierung und Industrialisierung waren, die den alten Teil von Winston Parva und seine Lebensweise an der Wurzel zu untergraben drohten. Auf diese Bedrohung reagierten sie – vor allem das Netzwerk alter Familien – mit einer starken Betonung des traditionellen „Dorfgeistes" und einem hohen Maß an Intoleranz gegenüber Nachbarn, die sich nicht anpaßten.

Entsprechend war der „Dorf"klatsch strukturiert. Seine Intoleranz, seine Funktion als eine Schranke der Integration, die gegenüber Abweichlern innerhalb der eigenen Gemeinde stark genug hervortrat, war noch ausgeprägter (wenn auch als Mittel der sozialen Kontrolle weniger effektiv) gegenüber den Bewohnern der „Siedlung", gegenüber Normbrechern außerhalb. Daß die meisten „Dörfler" von ihren Nachbarn „da drüben" nichts Gutes erwarteten, wurde bereits dargelegt. Die Kennworte, die sie für sie hatten, die Geschichten, die sie über sie erzählten, waren durchweg so zugespitzt, daß sie die exklusive Überlegenheit der eigenen Werteskala, Verhaltens- und Lebensweise hervorhoben und die totale Unterlegenheit der Wertungen etc. in der „Siedlung". Kein Zweifel, daß alles das unschuldig und in gutem Glauben geschah; es hatte nicht den Charakter einer geplanten Fabrikation und Propaganda. Die „Dörfler", als geschlossene Gruppe, vermochten durch Mechanismen einer wechselseitigen Verstärkung erwünschter Ansichten und einer stetigen Konkurrenz um Anerkennung alles, was sie bei sich und ihren Nachbarn nicht sehen wollten, von ihrer Wahrnehmung auszublenden und alles, was sie sehen wollten, scharf zu akzentuieren. Diese Tatsache erklärte zur Genüge die Verzerrung ihrer Vorstellungsbilder.

Es war bezeichnend, daß die älteren „Dorf"bewohner die soziale Distanz zwischen sich und den „Siedlungs"leuten noch nach 20 Jahren dadurch unterstrichen, daß sie die anderen „Evakuierte", „Flüchtlinge" und „Cockneys" nannten. Der Leiter einer Kirchengemeinde, Mitglied einer seit drei Generationen im „Dorf" ansässigen Familie, faßte diese Position in den bereits angeführten Sätzen zusammen: „Sie sind anders als die Leute hier. Ein paar von ihnen beteiligen sich am Dorfleben, aber es sind nur ein paar. Ich weiß nicht, woran es liegt, aber sie sind ein kosmopolitischer Haufen hinter der Bahnlinie." Man kann nachfühlen, wie verwirrend es für die „Dörfler" gewesen sein muß, daß sich die neuen Nachbarn nicht an ihre kommunalen Standards hielten, von denen sie implizit glaubten, daß sie die Standards aller anständigen Engländer seien. Ebenso deutlich wird die Unfähigkeit der geschlossenen Gruppe, auch die andere Seite zu sehen, sowie die Paradoxie der Forderungen, die aus ihrer unschuldigen Selbstbezogenheit folgten: Sie lehnten die andere Gruppe als „kosmopolitische" Außenseiter ab und hinderten sie durch ihren Schmähklatsch daran, an ihrem eigenen Gemeindeleben teilzunehmen; und zugleich warfen sie ihnen vor, daß sie nicht an ihrem Gemeindeleben teilnahmen.

Kinder im „Dorf" hörten die wiederholten Schimpfgeschichten über die „Siedlung" von ihren Eltern und brachten ihrerseits aus der Schule jede Geschichte über „Siedlungs"kinder nach Hause, die den Glauben an deren Minderwertigkeit zu bestätigen schien. So wurde in einem Interview mit einer „Dorf"familie von den Eltern, im Beisein ihrer 13jährigen Tochter, das Thema Schulbildung und deren Wichtigkeit für die jüngere Generation aufgeworfen. Die Mutter stellte fest, daß eine gute Schulbildung bei manchen Menschen verschwendet sei, und nannte als Beispiel „die Frau aus der Siedlung beim Elternabend letzte Woche. Die Direktorin redet davon, wie hübsch die Schuluniformen machen, und da steht diese Frau auf und sagt, sie kann sie sich nicht leisten, weil ihr Mann im Gefängnis ist." Der Vater schnaubte angewidert, die Tochter lachte, und die Mutter fuhr fort, daß es „Leute wie die aus der Siedlung sind, die Winston Parva verdorben haben".

Der begreifliche Ärger von Menschen, die ihr Möglichstes taten, um ihren kommunalen Standards der Wohlanständigkeit und Respektabilität gerecht zu werden, über eine Minorität von Zuwanderern, die hinter diesen Standards zurückblieben, fand seinen Niederschlag in einer Tradition globaler Verurteilung der Nachbarschaft „hinter der Bahnlinie". Kinder übernahmen die summarische Ablehnung der „Siedlung" von ihren Eltern und gebrauchten sie, da sie in solchen Dingen offener und rücksichtsloser waren, als eine Waffe gegen Schulkameraden von dort. Ablehnender Klatsch und Diskriminierung, die vielleicht zunächst auf Erwachsene beschränkt waren, verhärteten sich im Fortgang der Generationen, weil die Jüngeren die abschätzigen Haltungen und Glaubensaxiome schon früh im Leben lernten. Das relative „Alter" der Tradition: daß sie von Eltern an Kinder und von diesen, wenn sie erwachsen waren, an ihre Kinder weitergereicht wurde, verstärkte und vertiefte die Auswirkungen der Gruppenbezogenheit auf Schimpfklatsch, Diskriminierung, Vorurteile und die Glaubensvorstellungen, die in alledem verkörpert waren; es erhöhte ihre axiomatische Starrheit und ihre Unzugänglichkeit für Tatsachenargumente.

Ein Gruppenglaube ist häufig schon deshalb unzugänglich für widersprechende Tatsachen oder berichtigende Argumente, weil er von vielen Menschen geteilt wird, mit denen man in engem Verkehr steht. Sein kommunaler Charakter läßt ihn als absolut wahr erscheinen. Das gilt vor allem dann, wenn man mit ihm seit früher Kindheit in einem dicht geknüpften Sozialverband aufgewachsen ist, wo seine Doktrinen für selbstverständlich genommen werden, und noch mehr, wenn auch die eigenen Eltern und Großeltern mit ihm aufgewachsen sind. Unter solchen Bedingungen wird das Empfinden, daß der Glaube wahr ist, fast unausrottbar; es mag sich als ein starkes Gefühl erhalten, auch wenn man auf einer rationaleren Ebene dahin gelangt ist, seine Doktrinen als falsch zu erkennen und zu verwerfen.

Der Glaube, der sich im „Dorf"klatsch über die „Siedlung" äußerte, hatte seine Rigidität offenbar in einem solchen Prozeß gewonnen. Die ihm zugrunde liegenden Gefühle hatten sich im Zuge von zwei oder drei Generationen entfaltet und verhärtet. In den Augen der „alten Familien", die – Jung und Alt – hinter den Mauern ihrer dicht gefügten Gemeinde lebten, waren sie axiomatisch und selbstverständlich geworden: jeder, den man gut kannte, glaubte daran. Gemeinsame Vorurteile dieser Art, die ineins die Überlegenheit der eigenen, die Unterlegenheit einer anderen, interdependenten Gruppe behaupten und rechtfertigen und die durch die öffentliche Meinung der ganzen eigenen Gemeinde gestützt werden, haben ein großes Beharrungsvermögen. Sie abzuschütteln oder ihnen entgegenzutreten, hätte ein ungewöhnliches Maß an Kraft und persönlichem Mut erfordert; es hätte bedeutet, daß das betreffende Individuum die Mißbilligung seiner Gruppengenossen provozierte und Gefahr lief, sämtlichen Druckmitteln und Sanktionen ausgesetzt zu werden, über die ein derart geschlossener Sozialverband gegenüber nicht-konformen Mitgliedern verfügt.

Wie jede eng geknüpfte Menschengruppe wirkte das „Dorf" als ein Regelkreis wechselseitiger Bewunderung. Die Übertreibung der eigenen „guten" und der „schlechten" Merkmale von Nachbarn war eines der kollektiven Symptome. Von daher erklärt es sich, daß viele Menschen im „Dorf", die in ihrer Rolle als Individuen gutherzig, vernünftig und fair erschienen, in der Einstellung zu Außenseitern, wenn sie in ihrer Rolle als Vertreter ihrer Gemeinde redeten und handelten, eher unfreundlich, gehässig, unerbittlich und verständnislos waren. Auch in dieser Hinsicht spiegelte der „Dorf"klatsch die Struktur und Lage der Klatschgruppe wider. Er war kennzeichnend für eine alte Gemeinde mit einem hochgradigen Zusammenhalt. Gewiß half er den Zusammenhalt bewahren und vielleicht verstärken, aber er schuf ihn nicht. Analoges galt für die Eigentümlichkeiten des Klatsches in der „Siedlung". In dieser schlecht integrierten Nachbarschaft war auch der Klatsch diffus. Es gab kaum Hinweise, daß er einen integrierenden Effekt hatte. Für viele „respektable" „Siedlungs"familien lieferte die Minderheit ihrer „berüchtigten" Nachbarn dankbare Gesprächsthemen. Ihre Mitglieder tauschten häufig abschätzige Beobachtungen über sie aus und erzählten einander auch sonst Neuigkeiten von gemeinsamem Interesse. Aber sie hatten weniger miteinander gemein als die „Dorf"familien, und ihre Tendenz, „unter sich zu bleiben", setzte dem Austausch von Klatschnachrichten Grenzen. Eines der wiederkehrenden Klatschthemen in den Untersuchungsjahren war die merkliche Zunahme der Autos, die vor manchen Häusern in Zone 3 standen. Unter anderen Bedingungen hätte diese Tatsache zur Erhöhung des Prestiges der betreffenden Familien oder gar des ganzen Wohnviertels beigetragen. Statt dessen konnte man von „Siedlungs"leuten oft sarkastische Kommentare über die Besitzer dieser Wagen hören: „Es sind die großen Familien, die einen Wagen haben", meinte eine Hausfrau, „sie finanzieren sie von ihrer Familienbeihilfe." Oder: „Die sind doch alle auf Abzahlung gekauft. Ich muß es wissen; ich arbeite für eine Firma, die hier in der Gegend mit Autos handelt."

Aber der Klatsch über die „berüchtigte" Minderheit unter Mitgliedern der Mehrheitsfamilien von Zone 3 konnte bei den letzteren per se keine Solidarität stiften. Er konnte nichts schaffen, was nicht durch andere, fundamentalere Faktoren ihrer Lage ermöglicht worden war. In einer Situation, in der die meisten „respektablen" Familien der „Siedlung" zögerten, mit Nachbarfamilien allzu „eng" zu werden, wirkte der Klatsch nicht als ein integrierender Faktor. Das Fehlen ausgedehnter Familiennetzwerke, lokaler Gremien und Vereinigungen oder auch nur geeigneter Gebäude, die als Versammlungsorte hätten dienen können, verhinderte hier die Bildung vergleichbarer Klatschzentren und Klatschkanäle, wie sie im „Dorf" bestanden. Von der Atmosphäre der Vertrautheit und einer häufig auf langer Bekanntschaft beruhenden Intimität, die den Klatschfluß im älteren Ortsteil erleichterte, war im neueren nichts zu spüren.

Auch in der „Siedlung", wie im „Dorf", erzählten die Menschen einander die jüngsten Geschichten von Trunkenheit, Gewalt, Promiskuität oder Schmutz, die sich vor ihrer Haustür abgespielt hatten. Aber sie sprachen darüber mit größerer Reserve und oft genug mit einer gewissen Peinlichkeit. Sie konnten über diese ungesitteten, unordentlichen Ereignisse nicht ebenso frei und mit demselben Überlegenheitsgefühl reden wie die „Dörfler", weil sie in ihrer eigenen Nachbarschaft vorfielen; ihr eigenes Leben und ihr eigener Status wurden davon sehr viel unmittelbarer berührt. Was hier wie auch sonst den Status einer Familie beeinflußte, war offenbar nicht nur, wer man selbst war, sondern auch, wer die Leute waren, die man zu Nachbarn hatte. Es beeinflußte die eigene wie die Rangeinstufung durch andere. Die schlechte Meinung, die auch die „respektablen" Familien der „Siedlung" von ihrem Wohnbezirk hatten, trug dazu bei, daß sie nicht dichter zusammenwachsen konnten. Daß sie ebenfalls miteinander klatschten, änderte substantiell nichts an ihrer Lage. Es führte nicht zu einer festeren Integration.

So gilt die Vorstellung, daß der Klatsch eine integrierende Funktion habe, nur mit Einschränkungen. Sie schreibt dem Klatsch Eigentümlichkeiten einer Sache oder Person zu, die von sich aus als kausales Agens zu wirken vermag, fast unabhängig von der Menschengruppe, die derart miteinander verkehrt. Tatsächlich ist es eine bloße Sprachfigur, wenn wir sagen, der Klatsch habe diese oder jene Funktion. Denn „Klatsch" ist einfach ein Kategorialname für etwas, das Menschen in Gruppen tun. Und der Begriff „Funktion" sieht – in diesem wie in ähnlichen Fällen – verdächtig nach einer Verkleidung für den älteren Ursachenbegriff aus. Wenn man dem Klatsch eine integrierende Funktion zuschreibt, kann leicht der Eindruck entstehen, als ob er die Ursache für die Folge „Integration" sei. Man sollte wohl richtiger sagen, daß eine besser integrierte Gruppe wahrscheinlich freier klatschen wird als eine schlechter integrierte und daß im ersten Fall das Klatschen der Menschen ihren bereits vorhandenen Zusammenhalt stärkt.

Muster und Inhalt des Klatsches sind verschieden je nach der Struktur und Lage der Menschengruppen, die klatschen. Dafür spricht jedenfalls der Vergleich zwischen der Rolle, die der Klatsch in den beiden Arbeiterbezirken von Winston Parva spielte. In der relativ gut integrierten Nachbarschaft des „Dorfes" hatte der Klatsch eine integrierende Funktion. In der schlechter integrierten Nachbarschaft der „Siedlung" wirkte er in keiner erkennbaren Weise integrierend. Solange man nicht eine Kategorie von Gruppenaktivitäten wie den Klatsch auf die tatsächliche Gruppe bezieht, deren Mitglieder in dieser Weise agieren, und die erstere nicht aus der letzteren erklärt, bleibt die soziologische Aufgabe unvollendet.

Der Klatsch freilich hat immer zwei Pole – Menschen, die klatschen, und andere, über die sie klatschen. Wo seine Subjekte und seine Objekte verschiedenen Gruppen angehören, ist der Bezugsrahmen nicht nur die Gruppe der Klatscher selbst, sondern die Lage und Struktur beider Gruppen und deren Verhältnis zueinander. Ohne diesen weiteren Rahmen läßt sich die entscheidende Frage, warum Gruppenklatsch überhaupt – wie es bei dem „Dorf"klatsch über die „Siedlung" der Fall war – ein effektives Mittel zur Kränkung und Demütigung von Mitgliedern einer anderen Gruppe und zur Behauptung des eigenen Vorrangs vor ihnen sein kann, nicht angemessen beantworten.

Ein Gutteil dessen, was die „Dörfler" über die Familien der „Siedlung" zu sagen pflegten, war grob übertrieben oder unwahr. In ihrer Mehrheit hatten die „Siedlungs"bewohner keine „schlechte Moral"; sie „schlugen" sich nicht permanent, waren keine gewohnheitsmäßigen „Säufer" und durchaus nicht unfähig, ihre Kinder im Zaum zu halten. Warum waren sie ohnmächtig, diese Fehldarstellungen zurechtzurücken? Warum konnten sie beschämt werden, wenn ein „Dörfler" in ihrer Gegenwart ein demütigendes Kennwort, Symbol ihres niedrigeren Status, wie „Rattengasse" verwendete? Warum konnten sie es nicht an sich abtropfen lassen oder mit einer gleichen Flut von Insinuationen und Verzerrungen heimzahlen?

Einige der organisatorischen Erklärungen sind bereits genannt worden: Die „Dörfler" waren geeinter als die „Siedlungs"leute, sie schlossen ihnen gegenüber ihre Reihen, und ihre Einheit verlieh ihren Aussagen über die anderen Kraft und den Schein der Wahrheit, wie weit sie auch neben der Realität lagen. Die Menschen der „Siedlung" konnten sich nicht wehren oder rächen, weil sie nicht die Macht dazu hatten. Um jedoch die Figuration in ihrer Tiefe zu sehen, muß man zusätzlich zu ihren organisatorischen Aspekten, also etwa der Monopolisierung von Schlüsselpositionen durch die Mitglieder des Netzwerks alter Familien, auch die persönlichen Aspekte in sein Bild einbeziehen.

Die Mehrheit der „Siedlungs"bewohner konnte die Verleumdungen nicht heimzahlen, weil ihr eigenes Gewissen weitgehend auf der Seite der Verleumder stand. Sie mißbilligten es genau wie die „Dörfler", wenn man seine Kinder nicht „im Griff" hatte, wenn man sich betrank oder laut und gewalttätig war. Selbst wenn keiner dieser Vorwürfe auf sie selbst zutraf, wußten sie nur zu gut, daß sie auf manche ihrer Nachbarn zutrafen. Sie konnten durch Anspielungen auf das schlechte Verhalten ihrer Nachbarn beschämt werden, weil die Schande, der üble Ruf ihres Wohnbezirks dadurch, daß sie mit solchen Menschen dort lebten, nach den Regeln des Affektdenkens automatisch auch ihre Schande wurde. Wie so oft wurden in ihrem Fall Mängel, die bei einigen Mitgliedern einer Gruppe hervortraten, emotional auf sämtliche Gruppenmitglieder übertragen. Der Schimpfklatsch des „Dorfes", alle die lauten oder leisen Äußerungen der Ablehnung und Verachtung, die gegen die „Siedlungs"leute gerichtet wurden, gewannen Macht über sie, wie wohlanständig und ordentlich sie auch in ihrem individuellen Verhalten sein mochten, weil eine Ebene ihrer selbst, ihr eigenes „Gewissen", die abschätzige Meinung der „Dörfler" über ihre Nachbarschaft teilte. Es war diese stillschweigende Übereinstimmung, die ihre Fähigkeit zur Gegenwehr und Selbstbehauptung lähmte. Sie fühlten sich in der Tat beschämt, wenn jemand einen Schimpfnamen für die Gruppe ausrief, zu der sie gehörten, oder ihnen direkt oder indirekt Vergehen und schlechte Eigenschaften anlastete, die sich de facto in ihrer Gruppe nur bei der „Minorität der Schlechtesten" fanden. Daß Individuen ohne jedes eigene Verdienst mit Schande (oder auch Lob) bedacht werden, nur weil sie einer Gruppe angehören, von der es heißt, daß sie die Schande (oder das Lob) verdient, ist ein universelles Faktum. Menschen können andere, mit denen sie streiten oder kämpfen, oft dadurch entwaffnen oder mundtot machen, daß sie ihnen einen demütigenden und beschmutzenden Gruppennamen oder ein Stück Schimpfklatsch, das sich auf ihre Gruppe bezieht, ins Gesicht schleudern – vorausgesetzt, sie gehören einer Gruppe an, die mit Erfolg einen im Vergleich zu ihren Gegnern überlegenen Status beansprucht. In all diesen Fällen vermögen die Objekte des Angriffs nicht zurückzuschlagen, weil sie, auch wenn sie persönlich über die Anschuldigungen oder Vorwürfe erhaben sind, nicht einmal bei sich selbst die Identifizierung mit der stigmatisierten Einheit abweisen können. Schmähungen, die das eigene Scham- oder Schuldgefühl einer Gruppe in bezug auf bestimmte Unterlegenheitssymbole, bestimmte Zeichen der ihnen zugeschriebenen Minderwertigkeit mobilisieren und auf diese Weise ihr Vermögen zur Gegenwehr lähmen, sind daher ein Teil des sozialen Apparats, mit dem herrschende, ranghöhere Gruppen ihre Herrschaft und Überlegenheit gegenüber rangniedrigeren Gruppen aufrechterhalten. Einzelne Mitglieder der unterlegenen Einheit werden dabei immer über einen Kamm geschoren. Sie können der Gruppenstigmatisierung nicht individuell entgehen, so wenig wie sie individuell dem niedrigeren Status ihrer Gruppe entkommen können.

Man hört und liest heute oft, daß die Individuen zeitgenössischer Gesellschaften nicht mehr so fest an ihre Gruppen gebunden seien wie in früheren Zeiten, als sie an Sippen, Stämme, Kasten oder Staaten gebunden waren und entsprechend beurteilt und behandelt wurden. Aber der Unterschied ist höchstens ein gradueller. Das Beispiel der „Siedlungs"bewohner in Winston Parva zeigt en miniature, wie sehr das Schicksal von Individuen auch noch in heutigen Industriegesellschaften, durch ihre eigene und die Identifizierung anderer, von der Beschaffenheit und Lage einer ihrer Gruppen abhängen kann. Allein weil sie in einer bestimmten Nachbarschaft lebten, wurden hier Individuen nach dem Bild, das andere von ihrer Nachbarschaft hatten, beurteilt und behandelt – und beurteilten sie sich ein Stück weit ebenso. Und diese Abhängigkeit einzelner Menschen von dem Status und Image der Gruppen, zu denen sie gehören, ihre starke Identifizierung mit ihnen in der Einschätzung durch andere und in der eigenen Selbstachtung ist nicht auf Gesellschaftseinheiten beschränkt, die – wie Nachbarschaften – einen hohen Grad an individueller sozialer Mobilität aufweisen. Sie zeigt sich auch in Einheiten wie Nationen, Klassen oder ethnischen Minderheiten, wo die Bande der Identifizierung von Individuen mit ihrer Gruppe und ihre stellvertretende Teilhabe an den kollektiven Attributen viel weniger elastisch sind. Die kollektive Schande, die solchen Gruppen durch andere, mächtigere Gruppen angeheftet wird und die sich in Standardbeschimpfungen und stereotypem Schmähklatsch niederschlägt, ist gewöhnlich als ein Teil der individuellen Identität tief in der Persönlichkeitsstruktur ihrer Mitglieder verankert und kann als solcher nicht leicht abgeschüttelt werden.

Und nicht weniger tief in der individuellen Persönlichkeitsstruktur verankert ist ihr Gegenteil: der Glaube an die Begnadung oder die kollektiven Vorzüge, die viele Gruppen sich selbst zuschreiben und die ihnen häufig auch von anderen Gruppen, die sie als minderwertig betrachten, zuerkannt werden. Wieder kann Winston Parva als Beispiel dienen. Offenbar glaubten die „Dörfler", und vor allem die Mitglieder des Netzwerks alter Familien, in moderater Form ein solches „Gruppencharisma" zu besitzen. Es stellte ein Zentrum ihres Selbstbildes dar – nicht ihres Selbstbildes als einzelne Individuen, sondern als Kollektiv, als Mitglieder einer bestimmten Gruppe. Es half, ihr Zusammenleben und ihre Bemühungen um dessen Erhaltung sinnvoller zu machen. Aber der gruppencharismatische Anspruch erfüllte seine bindende, seine Funktion als Erhalter der Gruppe wie so oft nur dadurch, daß er schroffe Barrieren gegen andere Gruppen aufrichtete, deren Mitglieder – dem Anspruch nach für immer – von der Teilhabe an den vermeintlichen Vorzügen der Dazugehörigen ausgeschlossen waren. Durch diese Erhöhung der eigenen Gruppenmitglieder verwies das Charisma die Mitglieder anderer, interdependenter Gruppen automatisch in eine unterlegene Position. Das Gruppencharisma, das die alteingesessenen „Dörfler" beanspruchten, hatte seinen Stachel. Es diente nicht einfach der Grenzziehung zwischen denen, die dazugehörten, und denen, die nicht, sondern hatte darüber hinaus die Funktion einer Waffe, die Außenseiter in Schranken hielt, die zur Wahrung der Reinheit und Integrität der Gruppe beitrug. Es war eine Verteidigungs- wie eine Angriffswaffe. Es erklärte die Nicht-Teilhabe an der Begnadung und den spezifischen Vorzügen, die von den Mitgliedern der ausgezeichneten Gruppe für sich behauptet wurden, eo ipso zu einem Zeichen der Schande.

Was so im „Dorf" von Winston Parva sichtbar wurde, war nur ein mildes, kleinformatiges Beispiel für ein Muster, das sich, und zwar häufig in einer schärferen, virulenteren Form, in der Beziehung vieler alt-etablierter Gruppen – Nationen, Klassen, ethnischer Mehrheiten oder was auch immer – zu ihren jeweiligen Außenseitergruppen beobachten läßt, ob diese erfolgreich niedergehalten werden oder bereits im Aufstieg begriffen sind. Überall sind das Gruppencharisma, das man sich selbst, und die Gruppenschande, die man Außenseitern zuweist, komplementär.[2] Und wie im „Dorf" finden diese Zwillingsgegebenheiten überall ihren Ausdruck in stereotypen Formen des Selbstlobs und der kollektiven Beschimpfung oder Schmähung von Außenseitern. Selbst das „unwürdigste" Mitglied einer charismatischen Gruppe wird, qua Identifizierung, Merkmale und Werte für sich in Anspruch nehmen, die der ganzen Gruppe zugeschrieben werden und die de facto dort vielleicht nur bei einer „Minorität der Besten" anzutreffen sind.

Einmal mehr zeigt sich hier, wie eng die Struktur des Klatsches mit der Struktur der klatschenden Gruppe verknüpft ist. Was zuvor als „Lobklatsch" mit der Tendenz zur Idealisierung und als „Schimpfklatsch" mit der Tendenz zur stereotypen Herabsetzung gekennzeichnet wurde, hängt aufs engste mit dem Glauben an das eigene Gruppencharisma und an die Gruppenschande anderer zusammen. In altetablierten Sozialeinheiten, in denen junge Menschen und vielleicht schon ihre Eltern und Großeltern solche Glaubensaxiome und die entsprechenden Symbole von Lob und Schimpf seit ihrer Kindheit absorbiert haben, durchtränken positive und negative Bilder dieser Art zutiefst das individuelle Selbstbild. Die kollektive Identität, und als ein Teil davon der kollektive Stolz und gruppencharismatische Ansprüche, ist mitbestimmend für die Gestaltung der individuellen Identität im eigenen wie im Erleben anderer. Kein Individuum wächst heran ohne diese Verankerung seiner persönlichen Identität in der Identifizierung mit einer oder mehreren Gruppen, auch wenn sie schwach sein und im späteren Leben vergessen werden mag, und ohne eine gewisse Kenntnis der damit verbundenen Sprachmittel, in denen Erhöhung und Demütigung, Lob- und Schimpfklatsch, Gruppenüberlegenheit und -unterlegenheit zum Ausdruck kommen.

Anmerkungen

1 Es spricht vieles dafür, daß auch die Stellung einer Gesellschaft in der langfristigen Menschheitsentwicklung etwas mit der relativen Nähe oder Ferne, Kongruenz oder Diskrepanz zwischen Glaubensvorstellungen und beobachtbaren Fakten zu tun hat. Alles in allem scheinen Ferne und Diskrepanz, vor allem was Vorstellungen über die „Natur" betrifft, in einfacheren Gesellschaften größer zu sein als in differenzierteren. Aber das ist gerade der springende Punkt. Einfachere Gesellschaften sind zugleich sehr viel unsicherer und stärker bedroht, weil sie – zum Teil wegen solcher Diskrepanzen – ein geringeres Maß an Kontrolle über die „Natur", über sich selbst und über einander haben. Und umgekehrt: Weil ihre Kontrolle geringer ist, leben sie in größerer Unsicherheit. Dies in der Tat ist eine der fundamentalsten menschlichen Fallen.

2 Die Probleme von „Gruppencharisma und Gruppenschande" werden ausführlicher in einem Vortrag erörtert, den N. Elias unter diesem Titel am 29. April 1964 auf dem 15. Deutschen Soziologentag (zur Hundertjahrfeier von Max Webers Geburtstag) in Heidelberg gehalten hat.

Der Paukboden der satisfaktionsfähigen Gesellschaft

aus: Studien über die Deutschen, Frankfurt a.M. 1989, S. 125-133

Es wurde bereits erläutert, daß die Erziehung junger Männer – von Studentinnen war damals erst sehr langsam und ausnahmsweise die Rede – im Sinne eines vereinheitlichten Oberschichtenkanons zu den ungeplanten Funktionen der schlagenden Studentenverbindungen gehörte. Insbesondere die Bluttaufe der Mensur trug dazu bei, Abkömmlinge aus ehrenhaftem, aber nicht sehr distinguiertem Hause in Verhalten und Anschauung an die Gesinnung und Gesittung der „alten" Familien anzugleichen.

Die eigenartige Erziehung, die diese Korporationen ihren Mitgliedern angedeihen ließen, entsprach zunächst einem durch den Charakter der deutschen – und nicht nur der deutschen – Universitäten geschaffenen Bedürfnis. Ihrer ganzen Einrichtung nach waren die Universitäten primär Unterrichtsanstalten. Zweifellos kam es vor, daß Universitätslehrer mit ihrer Funktion als Produzenten und Übermittler von Wissen zugleich auch erzieherische Aufgaben erfüllten, und sie hatten in solchen Fällen einen gewissen Einfluß auf das persönliche, nahmen Anteil an dem geselligen Leben von Studenten. Aber die Regel war das nicht. Damals wie heute überließen die Universitäten ihre jungen Adepten in dieser Hinsicht sich selbst.

Die Studentenverbindungen an deutschen Universitäten füllten also eine Lücke. Erstsemester lebten vielleicht zum ersten Mal außerhalb ihrer Familie, möglicherweise in einer Stadt, in der sie kaum einen Menschen kannten. Sicherlich wurden manche von ihnen bereits von Hause an eine bestimmte Verbindung empfohlen; aber es geschah auch immer wieder, daß Verbindungen selbst unter den Neuankömmlingen nach geeignetem Nachwuchs Ausschau hielten und versuchten, diesen oder jenen zu „keilen". Der Eintritt in eine Verbindung erleichterte das Leben eines Neuankömmlings in verschiedener Weise. Er erleichterte ihm den Kontakt mit anderen Studenten; er half ihm schnell aus der Einsamkeit heraus und je nachdem aus der Ungewißheit in seiner neuen Situation. In der Verbindung erwartete ihn ein volles Programm geselliger Veranstaltungen, das zunächst oft wenig Zeit für die Studien ließ – Frühschoppen, Morgenspaziergang, Paukboden, Bierabend, Kegeln, Kartenspielen oder feierlicher Kommers. Gewiß verlangte das Verbindungsleben Gehorsam und Unterordnung unter die Älteren, aber den Neuen packte man zu Beginn nicht so scharf an; es gab eine gewisse Schonzeit für Füchse. Vielleicht empfanden es Novizen auch als wohltuend, daß sich alles in einer genau geregelten Form abspielte. Sie waren unter ihresgleichen und brauchten sich nur vom Strome treiben zu lassen, brauchten nur den Verbindungsregeln und deren Vertretern, den älteren Studenten, zu folgen, und alles war in Ordnung. Die Universitäten unterrichteten, die Verbindungen erzogen. Sie boten dem einzelnen Gesellschaft und Geselligkeit, eine Fülle von Aufgaben und, in Gestalt der Alten Herren, das Versprechen auf ein Beziehungsgeflecht im späteren Leben, also auf Hilfe bei der Karriere.

Zunächst aber hatte die Formalisierung des Zusammenlebens im Rahmen einer studentischen Verbindung noch viel von der Wildheit jugendlicher Gruppen an sich. Es gehörte zu den Grundzügen dieses studentischen Charaktertrainings, daß es das Ausleben von vergleichsweise infantilen und barbarischen Impulsen, die zuvor bei vielen Novizen wohl schon durch Gewissenskontrollen vom Handeln abgedrängt waren, nicht nur erlaubte, sondern erzwang; und daß es dieses Ausleben verbotener Impulse zugleich durch ein Gitter genau zu befolgender Rituale aufs strengste einhegte. Für die Neuen, die „krassen Füchse", war es kaum ganz leicht, sich dem Zwang dieses paradoxen Studentenkanons zu fügen, der das Ausleben wilder und zuvor mit strikten Tabus belegter Impulse, wie etwa das zielbewußte Blutigschlagen anderer Menschen, und zugleich die zeremonielle Fesselung dieses Auslebens durch strenge Beachtung eines engmaschigen Gerüstes von Verhaltensvorschriften forderte.

Die Eingewöhnung der Neuen in diesen Zwang zum Ausleben des Verbotenen und zur gleichzeitigen Bewältigung des Auslebens durch eine rigide Formalisierung wurde durch die Herrschaftsstruktur der Verbindungen ermöglicht. Jede solche Verbindung war ein Männerverband von Altersgruppen, innerhalb dessen die Senioren in genauester Abstufung Befehls- und Entscheidungsgewalt über die Junioren hatten. Dieser Beziehung zwischen den Altersgruppen fehlte es nicht an Kameradschaft, Zuneigung und Freundlichkeit – jeder Neue hatte sich unter den Älteren einen Leibburschen zu wählen, der ihm, trotz der Distanz der Jahrgänge, in seinem schwierigen Übergang beistand, so gut er es vermochte. Aber bei aller Unterstützung, die man den Neuen gewähren konnte, war die Herrschaftsapparatur der Verbindungen zugleich auch starr und unerbittlich. Senioren wie Junioren waren ihre Gefangenen. Sie bildete diejenige Fremdzwangapparatur, die notwendig war, um den Jüngeren die Stärke zur Bewältigung des explosiven studentischen Verhaltenskanons zu geben, also mit anderen Worten, um sie bei der Gewöhnung daran in Zucht zu halten. Älteren, denen die völlige Identifizierung mit ihrer Verbindung bereits gelungen war, half der Fremdzwang der korporativen Geselligkeit ebenfalls, inmitten dieses kompetitiven Lebens mit seinem hohen Konkurrenzdruck, seinem Wett-Trinken, seinen leichten und schweren Duellen, seinem Hin und Her von Entfesselung und ritueller Fesselung alle Gefahren zu vermeiden und sich selbst ständig in der Gewalt zu haben.

Die größte der Gefahren war natürlich die „Dimission", die Ausweisung aus der Verbindung. Diese Drohung hing über allen Mitgliedern. Sie stärkte die Herrschaftsgewalt der Senioren über die Jüngeren und die Herrschaft der ganzen Verbindung über den einzelnen; denn ein Mensch, der aus seiner Verbindung „herausflog", war für die Zukunft gezeichnet. Mit dem Zusammenwachsen einer über ganz Deutschland reichenden satisfaktionsfähigen Gesellschaft gab es in einem solchen Fall kein Entrinnen mehr. Das Stigma der verlorenen Verbindungszugehörigkeit belastete einen Studenten nicht nur in seiner Universitätsstadt. Wenn er in eine andere Stadt überwechselte, holte ihn die Nachricht bald ein und folgte ihm über das ganze Land, wann immer er Eingang in die Kreise der satisfaktionsfähigen Gesellschaft suchte. Andere Gruppen mochten ihm offenstehen. Aber oft genug war sein Selbst- und Standesbewußtsein, also seine persönliche Identität, auf die Zugehörigkeit zu jenen Kreisen abgestellt. Die Bedrohung mit dem Verlust der Zugehörigkeit zu seiner Verbindung war also ein sehr ernstes Zuchtmittel, das dazu beitrug, auch widerstrebende Studenten bei der Stange zu halten oder gegebenenfalls ihren Widerstand gegen die Verbindungsrituale zu überwinden.

Andererseits bot die Verbindung eine große Zahl kompensatorischer Freuden für die nie erlöschende Furcht vor den Zwängen, vor dem Versagen bei der Mensur, vor dem Ausgeliefertsein an einen stärkeren und geschickteren Schläger, vor Versäumnissen bei der Beachtung des Bierkomments, vor irgendeiner Entgleisung bei der Wahrung der Formen, bevor sie zur zweiten Natur geworden – einer Entgleisung, die so gefährliche Folgen haben konnte. Zu den Kompensationen gehörte das Eingebettetsein in eine Gruppe, die Teilnahme an den gemeinsamen Trinkabenden, am gemeinsamen Singen der alten Lieder im Zuge der wachsenden Bierseligkeit, der Aufzug im vollen Wichs der bunten Bänder bei feierlichen Gelegenheiten, das Herausgehobensein aus der Masse, der Stolz, die schweren Prüfungen, die in die Höhe führen, überstanden zu haben und so zu den Oberen zu gehören. Die Herrschaftsstruktur, die hierarchische Zwangsapparatur dieser Studentenverbindungen wirft zugleich auch einiges Licht auf die Eigentümlichkeiten der Persönlichkeitsstruktur, die sich in ihrem Rahmen entwickelte. Sie war nicht auf das ausgerichtet, was Max Weber zu Recht oder Unrecht als „protestantische Gewissensbildung" bezeichnet hat: auf den Aufbau einer Selbstkontrollinstanz, mit deren Hilfe der einzelne sich ganz allein, was immer andere Menschen sagten, zu steuern vermochte – für sich selbst entscheidend und verantwortlich nur seinem Gewissen und seinem Gott. Die Erziehung der Korps und Burschenschaften zielte vielmehr, unbeabsichtigt, auf die Bildung einer Persönlichkeit, die zur Zähmung ihrer eigenen Impulse in hohem Maße auf soziale Verstärkung, auf die Kontrolle durch andere Menschen angewiesen war. Der Mensch, der durch das Training der Mensuren ging, benötigte zur Zähmung seiner sozial verstärkten Kampfimpulse eine unterstützende Gesellschaft mit einer klaren Über- und Unterordnung, mit einer Hierarchie des Befehlens und Gehorchens. Er entwickelte eine Persönlichkeitsstruktur, bei der die Selbstzwänge, also auch das eigene Gewissen, der Unterstützung durch den Fremdzwang einer starken Herrschaft bedurften, um funktionieren zu können. Die Autonomie des individuellen Gewissens war begrenzt. Es war durch eine unsichtbare Nabelschnur mit einer Gesellschaftsstruktur verbunden, die eine streng formalisierte Hierarchie der Befehlsgewalten einschloß. Sich selbst überlassen, waren die Selbstkontrollen, auf deren Herausbildung das typische Verbindungsleben der Studenten abgestimmt war, zu schwach, um den zum Teil gerade durch dieses Leben wieder an die Oberfläche gebrachten Impulsen zu widerstehen. Die Gesellschaft war, mit einem Wort, so eingerichtet, daß sie in dem einzelnen Menschen, den sie heranzog, ein Bedürfnis nach einer Gesellschaft dieser Art produzierte. Auf deren Direktiven war die individuelle Gewissensinstanz angewiesen. Allein zu schwach, um die elementaren Triebimpulse in Schach zu halten, bedurfte sie der Befehle von anderen oder des Befehlens an andere, damit sie voll wirksam werden konnte. Die Gewissensbildung, die durch das Charaktertraining der Verbindungen geprägt wurde, zeigt also eine enge Verwandtschaft mit der von Offizieren, die ebenfalls von Grund auf in eine Hierarchie des Befehlens und Gehorchens eingespannt sind.

Nun ist das Bild von Gruppen, die so beschaffen sind, daß die zugehörigen Individuen ein ganz auf sich gestelltes, völlig autonom funktionierendes Gewissen entwickeln, zweifellos eine idealtypische Übertreibung. Realiter ist kein Mensch, es sei denn, er ist krank, in seinen Entschlüssen – seiner Selbststeuerung – je völlig unabhängig von dem, was sein Handlungsentwurf, ausgeführt, für andere wie für ihn selbst bedeuten mag. Beobachtbar ist eigentlich nur ein Mehr oder Weniger an relativer Autonomie des individuellen Gewissens, ein höherer Anteil von Selbstzwängen oder von Fremdzwängen an der Entscheidung des einzelnen Menschen. Was also zuvor gesagt wurde, kann nur heißen, daß die individuelle Charakterstruktur, auf deren Heranbildung die Erziehung mit Hilfe des studentischen und militärischen Ehrenkanons abgestellt war, eine relativ hohe Abhängigkeit des individuellen Gewissens von der Meinung anderer Menschen und damit auch eine relativ hohe Angewiesenheit auf die Unterstützung der eigenen Selbstkontrollen bei der Bewältigung kurzfristiger Triebimpulse, auf die Verstärkung durch Fremdzwänge, einschloß. Der Begriff der Ehre selbst weist auf diese Struktur hin. Denn so sehr das Bewußtsein der eigenen Ehre die Selbststeuerung lenkt, die Furcht vor dem Verlust der Ehre in den Augen der Wir-Gruppe hat immer eine zentrale Funktion als Verstärkerin des Selbstzwanges, der nötig ist, um sich so zu verhalten, wie es der Ehrenkanon verlangt.

Dem entspricht es, daß der Ehrbegriff, als beobachtbare soziale, nicht als philosophische Gegebenheit betrachtet, seine zentrale Rolle in enggeknüpften Menschengruppen, und zwar besonders in Kriegergruppen und deren Derivaten, spielt. Ursprünglich waren es vor allem Kriegergeschichten, die sich durch einen Ehrenkanon legitimierten, also durch die Paarung von Gewalttätigkeit und Mut. Pazifizierte bürgerliche Schichten legitimierten sich, um es formelhaft zu sagen, weit mehr durch das begriffliche Symbol der Ehrenhaftigkeit oder der Ehrlichkeit. Der Ehrbegriff ist denen, die Ehre haben, ein Mittel und Zeichen der sozialen Distinktion: Durch ihn heben sich adlige Herrenschichten von den anderen Gruppen ihrer Gesellschaft ab, also auch von denjenigen Mittelschichten, die sich in erster Linie durch einen Moralkanon legitimieren. Der Vergleich zeigt den Unterschied. Der Moralkanon von Mittelschichten erfordert und repräsentiert ein höheres Maß an Individualisierung, an relativer Autonomie der individuellen Selbstkontrollen als der Ehrenkanon – wenn er auch faktisch, also als gesellschaftliche Gegebenheit, nie die absolute Autonomie besitzt, die ihm gewöhnlich in philosophischen Untersuchungen dessen, was sein soll, zugeschrieben wird.

Wie dem auch sei, der Vergleich des Ehrenkanons von Kriegerschichten mit dem Moralkanon von Mittelschichten macht deutlich, weshalb der erstere so eng mit einer Herrschaftsstruktur Hand in Hand geht, die auf einer strikten Hierarchisierung der menschlichen Beziehungen, einer klaren Ordnung des Befehlens und Gehorchens beruht, während der letztere, der mittelständische Kanon der Moral, explizit den Anspruch auf Geltung für alle Menschen zu erheben scheint und so implizit das Postulat der Gleichheit aller Menschen bekundet. Es gehört zur Eigentümlichkeit der deutschen Studentenverbindungen, daß der mittelständische Moralkanon, dessen grandioseste philosophische Ausprägung Kants Kritik der praktischen Vernunft ist, eigentlich nur in der Frühzeit einer Gruppe von ihnen, der Burschenschaften, eine gewisse Rolle spielte. Schon dort mischte er sich in spezifischer Weise mit dem Ehrenkanon der Oberschicht. Als sich nach 1871 beträchtliche Teile der deutschen Mittelklassen, im Rahmen des neuen deutschen Kaiserreichs, mehr und mehr an die adligen deutschen Oberklassen anschlossen, verloren sich auch bei den vorwiegend mittelständischen Burschenschaften alle früheren Elemente des Moralkanons. Auch ihre Erziehungsziele, wie geselliges Leben, orientierten sich nun, nicht anders als die der Korps und der sonstigen schlagenden Verbindungen, an dem reinen Ehrenkanon ohne moralische Beimischungen.

Ähnliches gilt von der Hierarchisierung. In der Frühzeit der Burschenschaften versuchten einige ihrer Mitglieder, wie schon erwähnt, gemäß den Gleichheitstendenzen bürgerlicher Schichten in einer Periode der Adelsherrschaft das manchmal brutale Regime der Älteren über die Jüngeren abzuschaffen oder jedenfalls zu mildern. Nun, am Ende des Jahrhunderts, waren die Rituale der Seniorenherrschaft – in geregelterer Form – auch in den Burschenschaften zu festen Gebräuchen geworden. Vielleicht war die Seniorenherrschaft in diesen Studentenverbindungen leichter zu ertragen als in den Erwachsenengesellschaften, weil sie in den ersteren kurzlebiger war. Die studentischen Altersgruppen zirkulierten relativ schnell. Hatten die Jüngeren heute unter der Herrschaft der Älteren zu leiden, so wußten sie, daß sie selbst in ca. zwei Jahren an deren Stelle treten würden. Die Offiziersmaxime, Junge zu striktem Gehorsam zu erziehen, damit sie als Ältere selbst befehlen können, war auch im Kanon der Studentenverbindungen ein tragendes Element. Nur die Mittel waren etwas verschieden.

Zu den eigentümlichsten Formalitäten der Studentenverbindungen gehörten die streng ritualisierten Trinkgelage. Diese selbst hatten eine lange Geschichte. Der Bierkomment der deutschen Studentenverbindungen war der späte Ausläufer einer deutschen Tradition, die sich mindestens bis ins 16./17. Jahrhundert zurückverfolgen läßt. Damals, in einem Zeitalter unaufhörlicher Kriege, in dem Deutschland schließlich zum zentralen Schauplatz für die gewaltsame Ausfechtung aller größeren europäischen Konflikte wurde, entwickelte sich in seinen Gebieten eine Art von Trinkepidemie, und zwar nicht in der Gestalt des individualisierten Alkoholismus unserer Tage, sondern in der des Gruppenzechens. In dieser Zeit griffen, vielleicht als Kompensation für die Nöte des nicht enden wollenden Krieges, auch an den Höfen Rituale des Zu- und Wett-Trinkens um sich, die dem Trinkgelage den Charakter eines Kampfspiels verliehen.

Auch in seiner Spätform, war dieser deutsche Kanon des Zu- und Wett-Trinkens für die deutschen Studentenkorporationen sowohl zu einer formalisierten Art der Geselligkeit wie zu einem Erziehungsmittel, zu einem Instrument der Herrschaft der Älteren über die Jüngeren geworden. Denn für die Jüngeren bestand auf diesen Zechgelagen Trinkzwang – sie mußten lernen „nachzukommen", wenn ein Älterer ihnen zutrank, ob es ihnen schmeckte oder nicht; sie mußten lernen, einigermaßen an sich zu halten, auch wenn sie mehr oder weniger betrunken waren, und, wenn ihnen übel wurde, sich der dazu bestimmten Vorkehrungen zu bedienen. Man trank sich zu, man „rieb

Salamander", man sang die alten Lieder: „Frei, frei, frei ist der Bursch". Man wurde im Lauf des Gelages fröhlicher, freier, ja ausgelassener; aber es war eine in höchstem Maße ritualisierte, durch ein Gerüst von Zwängen eingehegte Fröhlichkeit. Sie stärkte die Kampfgelüste – „woll'n mal sehen, wieviel die Neuen da vertragen" –, man trank ihnen zu, mehr und mehr, man trank mit- und gegeneinander um die Wette. Wer mehr vertrug, war Sieger. Die Fröhlichkeit stärkte das Gefühl der Zusammengehörigkeit, man war beieinander. Beim Singen verschmolzen die Stimmen, in deren Chor stellte sich die Gruppe selber dar, und der einzelne ging in ihr auf, die Barrieren schwanden. Und am Tage waren sie wieder da.

Um die Jahrhundertwende ging von den Alten Herren eine Bewegung gegen den Trinkzwang aus. Sie wiesen auf die schädlichen Folgen des übermäßige Alkoholgenusses hin und plädierten für die Lockerung der Zwänge des Bierkomments, befürworteten sogar die Duldung alkoholgegnerischer Mitglieder – mit welchem Erfolg, ist schwer zu sagen.

Ähnlich stand es mit den Mensuren. Bis in die 60er Jahre des 19. Jahrhunderts hinein hatten die Studentenmensuren noch den Charakter eines wirklichen Duells. Tatsächliche Streitigkeiten unter Studenten wie Offizieren wurden hier mit blanken Waffen ausgetragen. Dementsprechend war der Zweikampf vergleichsweise wenig ritualisiert. Die Gegner hatten erhebliche Bewegungsfreiheit, sie konnten seitwärts treten, mit dem Kopf ausweichen und den Oberkörper leicht nach vorne beugen, um einen Hieb besser anzubringen. Als mit der Einigung des deutschen Reiches im Jahre 1871 selbst die ehemals oppositionellen Burschenschaften, gleich den Korps und anderen schlagenden Verbindungen, sich mehr und mehr als Vertreter des neuen Deutschland, als Helfer der kaiserlichen Regierung verstanden, differenzierten sich die studentischen Duellriten in bezeichnender Weise. Ein Teil der Zweikampfriten behielt den Charakter von Duellen, mit ihrer Hilfe versuchten Menschen der gehobenen Klassen, die es als unter ihrer Würde betrachteten, sich wie das gemeine Volk gegenseitig zu verprügeln, ihren Zorn und Haß aufeinander in einer etwas geregelteren, ihrem Stande angemesseneren Art und Weise auszuagieren. In dieser Form konnte der eine den anderen schwer verletzen oder auch töten.

Zugleich aber entwickelte sich nun, im Einklang mit der Funktion studentischer Korporationen als Prägestätte für Mitglieder der neuen deutschen Oberschichten, eine besondere Form des Zweikampfes zu einem Erziehungsmittel eigentümlicher Art. Man verlangte von den Mitgliedern der Verbindung, daß sie lernten, sich gegenseitig mit der Waffe in der Hand blutige Verletzungen beizubringen, und zwar ausschließlich im Gesicht, am Schädel oder auch an den Ohren, die keinen größeren Schaden hinterließen als ein paar schwere Narben am Kopf. Man nannte diese Art des Zweikampfes, die als reines Zuchtmittel diente, Bestimmungsmensur. Die Chargierten zweier schlagender Verbindungen bestimmten, welche ihrer jungen Leute miteinander fechten sollten. Auch Ältere schlugen sich auf Verabredung. Hier handelte es sich also nicht mehr darum, eine Beleidigung, die verletzte Ehre im Zweikampf zu rächen oder im Waffengang seinem Zorn und Ärger über einen anderen Menschen, mit dem man sich gestritten hatte oder den man nicht leiden konnte, Ausdruck zu geben. Bei diesen Zweikämpfen auf Verabredung focht man gegen jemanden, den man sich in den meisten Fällen nicht selber ausgesucht hatte, man kämpfte gegen ihn allenfalls für die Ehre seiner Verbindung und im übrigen ganz einfach als Pflichtübung. Jeder Angehörige einer schlagenden Verbindung war nicht nur verpflichtet, im Semester soundsoviele Bestimmungsmensuren auszutragen, sondern man wachte auch darüber, daß er sich gut dabei hielt. Wer diesen strengen Regeln nicht genügte, wurde hinausgeworfen – mit allen Folgen eines Ausschlusses aus der satisfaktionsfähigen Gesellschaft des geeinten Deutschland.

Fürstendiener und Künstlergenie

aus: Mozart. Zur Soziologie eines Genies, Frankfurt a.M. 1991, S. 24-33

Die meisten Menschen, die eine Laufbahn als Musiker einschlugen, waren ihrer sozialen Herkunft nach nicht-adlig, in unserer Terminologie bürgerlich. Wenn sie innerhalb der höfischen Gesellschaft Karriere machen, also Entfaltungschancen für ihr Talent als ausführende oder schaffende Musiker finden wollten, mußten sie sich entsprechend ihrer niedrigeren Position nicht nur in ihrem musikalischen Geschmack, sondern auch in ihrer Kleidung, in ihrem ganzen menschlichen Gepräge dem höfischen Kanon des Verhaltens und Empfindens fügen. In unseren Tagen geschieht diese Anpassung an ein Establishment, je nach der Verteilung der Machtgewichte, von der Seite sozial abhängiger Menschen als etwas relativ Selbstverständliches. Angestellte eines großen Konzerns oder Warenhauses, besonders wenn sie um Aufstiegschancen bemüht sind, lernen gewöhnlich recht schnell, ihr Verhalten auf den Kanon ihres Establishments abzustimmen. Allerdings ist das Machtgefälle zwischen wirtschaftlichen Establishments und Außenseitern in Gesellschaften, in denen es noch einen relativ freien Markt für Angebot und Nachfrage und in einigen Bereichen auch für die Besetzung von Berufspositionen gibt, erheblich geringer als das zwischen absolut regierenden Fürsten oder deren Räten und ihren Hofmusikern – obgleich sich Künstler, die in der höfischen Gesellschaft berühmt und à la mode waren, mancherlei herausnehmen konnten. Der berühmte Gluck, ein Mann kleinbürgerlicher Herkunft, der sich in seinem persönlichen Verhalten mit großer Verve die Subtilitäten des herrschenden Kanons zu eigen gemacht hatte, konnte sich wie jeder andere höfische Mensch einiges leisten, bis hin zu Grobheiten. Es gab also nicht nur einen höfischen Adel, sondern auch ein höfisches Bürgertum.

Bis zu einem gewissen Grad gehörte Mozarts Vater zu dieser Klasse. Er war ein Angestellter, genauer: ein Bediensteter des Erzbischofs von Salzburg, der damals natürlich ein regierender Fürst – in einem Kleinstaat – war. Wie alle Herrscher seinesgleichen hatte der Erzbischof, zwar im reduzierten Maßstab, aber doch die volle Ämterorganisation, die zur Ausstattung eines absolutistischen Hofes gehörte, darunter eben auch eine Kapelle. Leopold Mozart war sein Vizekapellmeister. Solche Ämter wurden mehr oder weniger in der gleichen Weise besetzt und bezahlt wie im 19. Jahrhundert die Angestelltenpositionen eines Privatunternehmens. Nur waren die Zeichen der Untertänigkeit, die man von höfischen Bediensteten erwartete, entsprechend dem größeren Machtgefälle wahrscheinlich noch ostentativer, und das gleiche gilt für die selbstverständlichen Überlegenheitsgesten der Herrscher.

Vielleicht sollte man hinzufügen, daß die Beziehungen zwischen Herrscher und Bediensteten – auch solchen des mittleren Ranges, zu denen Leopold Mozart zählte – selbst am Kaiserhof von Wien und gewiß erst recht am Kleinhof des Salzburger Erzbischofs eine weit persönlichere war als die zwischen Direktor und mittleren Angestellten in einem größeren kaufmännischen Unternehmen unserer Tage. In der Regel entschieden die Fürsten selbst über die Besetzung von Positionen in ihrer Kapelle. Die soziale Distanz war ungeheuer groß, die körperliche, die räumliche Distanz ganz gering. Man war immer in der Nähe, der Dienstherr immer da.

Während die normale soziale Lage eines Musikers zu Mozarts Lebenszeit die eines Bediensteten am Hofe war, wo er den Befehlen eines mächtigen, sozial höherstehenden Menschen unterworfen war, gab es innerhalb dieser Gesellschaft doch auch Ausnahmen. Einzelne Musiker konnten durch ihr besonderes Talent, ob als Virtuose oder als Komponist, dem höfischen Publikum in solchem Maße gefallen, daß sie auch über den lokalen Hof hinaus, an dem sie angestellt waren, Ruhm und Ansehen in hohen und höchsten Kreisen genossen. In solchen Fällen mochte ein bürgerlicher Musiker von höfischen Adligen beinahe wie ein Gleichstehender behandelt werden. Er wurde, wie das bei Mozart der Fall war, an die Höfe der Mächtigen geladen, um sich dort zu produzieren, Kaiser und Könige brachten ihr Vergnügen an seiner Kunst und ihre Bewunderung für seine Leistung unverhüllt zum Ausdruck. Er durfte – zumeist gegen eine Vorführung am Klavier – an ihrer Tafel speisen, wurde auf Reisen oft genug in ihren Häusern untergebracht und war dementsprechend mit ihrem Lebensstil wie mit ihrem Geschmack aufs innigste vertraut.

Es ist bezeichnend für einen großen höfisch-bürgerlichen Künstler, daß er gewissermaßen in zwei sozialen Welten lebte. Das ganze Leben und Schaffen Mozarts war von diesem Zwiespalt geprägt. Auf der einen Seite bewegte er sich in höfisch-aristokratischen Zirkeln, deren musikalische Geschmackstradition er adoptiert hatte und wo man von ihm ein Verhalten gemäß dem höfischen Kanon erwartete. Auf der anderen Seite repräsentierte er einen spezifischen Typ dessen, was wir mit einer allzu groben Kategorie das „Kleinbürgertum" seiner Zeit nennen müssen. Er gehörte zum Kreis der mittleren Hofangestellten, also der Welt, für die Engländer die Wendung below stairs (etwa: „im Souterrain") haben. In England freilich übertrug sich der herrschende Kanon des Verhaltens und Empfindens charakteristischerweise sehr weitgehend auf das Personal des aristokratischen Großhaushalts (kaum jemand konnte sich mit dem englischen Butler alten Stils an Kenntnis des Gentlemenskanons messen, allenfalls noch der Portier internationaler Hotels). Das war im habsburgischen Österreich, soweit sich sehen läßt, anders. Der im Verkehrskreis von Mozarts Eltern übliche Verhaltenskanon unterschied sich, wie später genauer zu zeigen sein wird, sehr viel mehr von dem höfisch-herrschaftlichen.

Leopold Mozart, der Fürstendiener und höfische Bürger, erzog den jungen Wolfgang nicht nur entsprechend dem Kanon des höfischen Musikgeschmacks, sondern bemühte sich auch, ihn in seinem Verhalten und Empfinden auf den höfischen Kanon abzustimmen. Im Blick auf die musikalische Tradition, die der Sohn übernahm, gelang ihm einigermaßen, was er anstrebte. Im Blick auf das menschliche Verhalten und Empfinden schlug sein Versuch, aus Mozart einen Mann von Welt zu machen, völlig fehl. Er wollte ihm etwas von der Kunst der höfischen Diplomatie, des Sich-Einschmeichelns bei den Mächtigen durch geschickte Umschreibungen, beibringen und erreichte das Gegenteil. Wolfgang Mozart blieb in seinem Gebaren ganz geradezu; so wie er eine ungeheure Spontaneität des Gefühls in seiner Musik hatte, so hatte er auch im persönlichen Verkehr eine außerordentliche Direktheit. Er fand es schwer zu verbergen oder nur indirekt anzudeuten, was er fühlte, und haßte im Grunde einen Umgang mit Menschen, der ihn zwang, Umschreibungen zu gebrauchen, also um den heißen Brei zu reden. Obwohl er am Rande eines kleinen

Hofes aufwuchs und später von einem Hof zum anderen reiste, eignete er sich nie den besonderen höfischen Schliff an; er wurde nie ein Weltmann, ein homme du monde, ein gentlemen im Sinne des 18. Jahrhunderts. Trotz der Bemühungen seines Vaters behielt er zeit seines Lebens das menschliche Gepräge eines recht bürgerlichen Bürgers.

Seine Haltung war keineswegs ungebrochen. Er war nicht ohne Empfinden für die Überlegenheit, die einem Menschen der höfische Schliff verlieh, und sicher nicht frei von dem Verlangen, sich als gentleman, als honnête homme, als Mann von Ehre zu erweisen. Tatsächlich spricht er nicht selten von seiner „Ehre" – diesen Zentralbegriff des höfisch-aristokratischen Kanons hatte Mozart in sein Selbstbild eingefügt. Allerdings verwendete er ihn nicht ganz im Sinne des höfischen Modells; er wollte damit seinen Anspruch auf Gleichwertigkeit mit den höfischen Menschen zum Ausdruck bringen. Und natürlich, da es ihm ja nicht an einer schauspielerischen Ader fehlte, versuchte er sich wie diese zu geben. Er lernte von klein auf, sich in der höfischen Manier zu kleiden, Perücke mit eingeschlossen, lernte wohl auch, in der richtigen Weise zu schreiten und Komplimente zu machen. Aber man könnte sich denken, daß der Spitzbube in ihm schon früh begann, sich über das Gehabe und Getue zu mokieren.

Über die Rolle, die Mozarts Animosität gegen den höfischen Adel in seinen Werken spielt, ist mancherlei geschrieben worden. Man kann dazu aber nichts Zuverlässiges sagen, wenn man nicht prüft, wie Mozart sich selbst im Verhältnis zu der Herrenschicht seiner Zeit sah.

Seine Situation war eine sehr besondere: er stand als sozial Abhängiger und Untergebener höfischen Aristokraten gegenüber, denen er sich zugleich im Bewußtsein seiner außerordentlichen musikalischen Begabung als gleichwertig, wenn nicht überlegen fühlte; er war, mit einem Wort, ein „Genie", ein ungewöhnlich begabter schöpferischer Mensch, geboren in eine Gesellschaft, die den romantischen Geniebegriff noch nicht kannte, deren sozialer Kanon dem hochindividualisierten genialen Künstler noch keinen legitimen Platz in ihrer Mitte bot. Welche Bedeutung, so fragt man sich, hatte das menschlich betrachtet für Mozart und seine Entwicklung? Gewiß kann man hier nur raten; es fehlt (obwohl nicht ganz) an Material. Aber auch wenn man sich nur diese sonderbare und in mancher Hinsicht einzigartige Situation vor Augen führt, gewinnt man einen unentbehrlichen Schlüssel zum Verständnis Mozarts. Ohne eine solche Rekonstruktion, ohne Gespür für die Struktur seiner gesellschaftlichen Lage – ein Genie vor der Geniezeit – bleibt einem der Zugang zu ihm verstellt.

Mozarts eigene Reaktion auf diese Lage war vielschichtig. Mit begrifflichen Schwarz-Weiß-Zeichnungen, mit Worten wie „Freundschaft" oder „Feindschaft" kommt man den Spannungen und Konflikten, um die es hier geht, nicht bei. Mozart erlebte eine Grundambivalenz des bürgerlichen Künstlers in der höfischen Gesellschaft, die sich auf die Formel bringen läßt: Identifizierung mit dem höfischen Adel und dessen Geschmack, Erbitterung über die Erniedrigung durch ihn.

Da ist zunächst das Offensichtlichste: seine zunehmende Animosität gegenüber höfischen Aristokraten, die ihn als Untergebenen behandelten. Sie mag untergründig schon lange im Wachsen gewesen sein. Auch dem Wunderkind relativ niedriger Herkunft wird die Behandlung von oben herab, die Erniedrigung des Bürgerlichen, die für einen Großteil des höfischen Adels damals noch zum selbstverständlichen Repertoire des Umgangs gehörte, kaum ganz erspart geblieben sein.

Völlig unzweideutig kommt Mozarts tiefer Ärger über die Art, wie höfische Adlige mit ihm umsprangen, in seinen Briefen der Pariser Zeit zum Ausdruck. Er muß zu ihnen gehen, muß alles tun, um ihre Gunst zu gewinnen; denn er ist auf Stellensuche und braucht ihre Empfehlungen. Wenn er auf dieser Reise keinen Posten findet, muß er zurück nach Salzburg, zur Familie, zum Vater, der seine Reise vorwiegend finanziert hat, möglicherweise zu dem Fürstbischof, der ihm befehlen kann, was für eine Musik er schreiben und aufführen soll. Die Bedingungen dort empfindet er wie ein Gefängnis. So antichambriert er in Paris bei hohen Damen und Herren, die ihn behandeln als das, was er tatsächlich ist, als Bediensteten – wenn auch vielleicht nicht ganz so schroff wie ihren Kutscher; denn er kann ja sehr gut Musik machen. Er aber, Mozart, weiß, daß die meisten, nicht alle, um deren Wohlwollen er bittet, kaum eine Ahnung von seiner Musik haben und gewiß keine von seiner außerordentlichen Begabung. Ihrer wurde er, wie man annehmen kann, schon in der Zeit seiner Erfolge als Wunderkind gewahr. Dann allmählich mag sich das Bewußtsein des Außergewöhnlichen seiner musikalischen Phantasie – mit vielerlei Zweifeln – verfestigt haben. Und nun muß er, der wohl in seinen eigenen Augen nie aufgehört hat, ein Wunderkind zu sein, von einem Hof zum andern um eine Stellung betteln gehen. Es ist ziemlich sicher, daß er das nicht vorausgesehen hatte. Seine Briefe spiegeln ein wenig von seiner Enttäuschung – und seiner Entrüstung.

Von Paris an scheint also bei ihm der Eindruck stärker geworden zu sein, daß es sich nicht nur um diesen oder jenen höfischen Aristokraten handelte, der ihn in ärgerlicher Weise erniedrigte, sondern daß die gesellschaftliche Welt, in der er lebte, irgendwie falsch eingerichtet war. Man darf das nicht mißverstehen. Soweit sich sehen läßt, war

Mozart an allgemeinen, relativ abstrakten humanitären oder politischen Idealen nicht interessiert. Sein sozialer Protest drückte sich allenfalls in Gedanken aus wie: „die besten und wahrsten freünde sind die arme – die Reiche wissen nichts von freündschaft!" Er fand die Behandlung, die ihm zuteil wurde, ungerecht; empörte sich darüber und kämpfte auf seine Weise dagegen. Aber es war und blieb ein höchst persönlicher Kampf. Nicht zuletzt deswegen mußte er ihn verlieren.

Hinzu kam, wie gesagt, daß Mozart in seinem persönlichen Gebaren wenig von der gelassenen Eleganz, dem Esprit, der Leichtigkeit etwas plänkelnder Wortgefechte besaß, mit der man in höfischen Kreisen sein Boot durch verborgene Klippen und Untiefen auf das erwünschte Ziel zusteuerte. Es ist schwer zu entscheiden, ob er sich den höfischen Kanon des Empfindens und Verhaltens, dessen Verkörperung in seiner Lage der Stellensuche für den Erfolg mindestens ebenso wichtig war wie musikalische Qualifikationen, nicht zu eigen machen wollte oder nicht zu eigen machen konnte. Mag sein, daß beides mitwirkte, Unvermögen und Unwille. Aber wie auch immer, man stößt hier auf das Symptom eines Kanonkonflikts, der sich zumindest ebenso in seiner Person wie zwischen ihm und anderen Personen abspielte. Mozart liebte es, sich elegant im Sinne des höfischen Kanons zu kleiden. Die Kunst des höfischen Verhaltens jedoch, mit der man die Menschen dieser Kreise für sich einnahm und von der es zu einem guten Teil abhing, wieweit sie sich für einen Stellensuchenden einsetzten, beherrschte er nicht besonders gut. Auch die spezifische Kunst der Menschenkenntnis, die es Hofleuten ermöglichte, Zugehörige wie Nicht-Zugehörige nach ihren Kriterien im Nu zu plazieren und daraufhin sofort ihr Verhalten zu ihnen einzurichten, fehlte ihm fast ganz.

Mozart auf der Stellensuche in Paris ist eine Episode, die man nicht so leicht vergißt. Er war ärgerlich und verletzt über seine Behandlung und im Grunde ahnungslos, was da vor sich ging. Mozarts Revolte auf eigene Hand, sein Versuch, die Zwangslage zu durchbrechen, in der er als Untergeordneter von einem hochstehenden Aristokraten und dessen Kommandogewalt auch über seine Musik abhängig war, bereitete sich langsam vor.

Ausgewählte Bibliographie der Werke von Norbert Elias

Über den Prozeß der Zivilisation. Soziogenetische und psychogenetische Untersuchungen. 2 Bände, Basel 1939; als Taschenbuch: Frankfurt a.M. 1976 *(zitiert als: PZ I und PZ II)*
Die höfische Gesellschaft. Untersuchungen zur Soziologie des Königtums und der höfischen Aristokratie, Neuwied/Berlin 1969; als Taschenbuch: Frankfurt a.M. 1983 *(zitiert als: HG)*
Was ist Soziologie? München 1970 *(zitiert als: WiS)*
Adorno-Rede. Respekt und Kritik, in: Norbert Elias/Wolf Lepenies: Zwei Reden anläßlich der Verleihung des Theodor W. Adorno-Preises, Frankfurt a.M. 1977
Über die Einsamkeit der Sterbenden in unseren Tagen, Frankfurt a.m. 1982 *(zitiert als: Einsamkeit)*
Engagement und Distanzierung, in: N.E.: Engagement und Distanzierung. Arbeiten zur Wissenssoziologie I, Frankfurt a.m. 1983 *(zitiert als: ED)*
Die Fischer im Mahlstrom, in: N.E.: Engagement und Distanzierung, a.a.O. *(zitiert als: FiM)*
Gedanken über die große Evolution. Zwei Fragmente, in: N.E.: Engagement und Distanzierung, a.a.O. *(zitiert als: Fragment I und Fragment II)*
Sport im Zivilisationsprozeß. Studien zur Figurationssoziologie (gemeinsam mit Eric Dunning), herausgegeben von Wilhelm Hopf, Münster 1983
Über die Zeit. Arbeiten zur Wissenssoziologie II, herausgegeben von Michael Schröter, Frankfurt a.m. 1984
Notizen zum Lebenslauf, in: Peter Gleichmann/Johan Goudsblom/Hermann Korte: Macht und Zivilisation. Materialien zu Norbert Elias' Zivilisationstheorie II, Frankfurt a.m. 1984 *(zitiert als: Notizen)*
Humana conditio. Betrachtungen zur Entwicklung der Menschheit am 40. Jahrestag eines Kriegsendes (8. Mai 1985), Frankfurt a.M. 1985
Das Credo eines Metaphysikers. Kommentare zu Poppers „Logik der Forschung", in: ZfS XIV *(zitiert als: Credo)*
Die Gesellschaft der Individuen, herausgegeben von Michael Schröter, Frankfurt a.M. 1987
Los der Menschen. Gedichte/Nachdichtungen, Frankfurt a.M. 1987
Studien über die Deutschen. Machtkämpfe und Habitusentwicklung im 19. und 20. Jahrhundert, Frankfurt a.M. 1989

Etablierte und Außenseiter (gemeinsam mit John L. Scotson), Frankfurt a.M. 1990
Biographisches Interview (mit A.J. Heerma van Voss und A. van Stolk), in: Norbert Elias über sich selbst, Frankfurt a.M. 1990
Mozart. Zur Soziologie eines Genies, herausgegeben von Michael Schröter, Frankfurt a.M. 1991

MIX
Papier aus verantwortungsvollen Quellen
Paper from responsible sources
FSC® C105338

If you have any concerns about our products,
you can contact us on
ProductSafety@springernature.com

In case Publisher is established outside the EU,
the EU authorized representative is:
**Springer Nature Customer Service Center GmbH
Europaplatz 3, 69115 Heidelberg, Germany**

Printed by Libri Plureos GmbH
in Hamburg, Germany